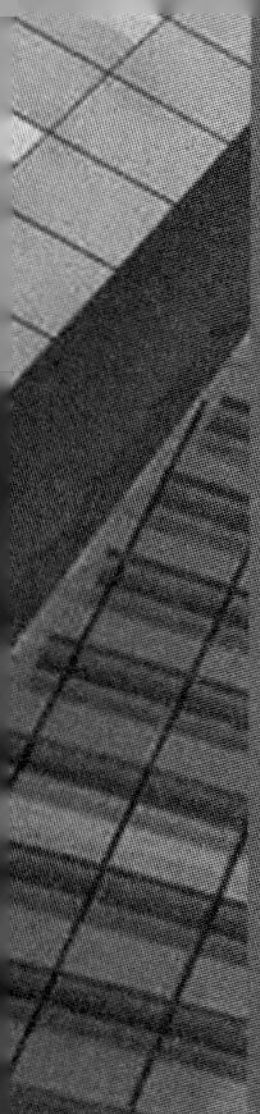

金融市场学

主编　黄琛　余异　黄惠喆

江西高校出版社
JIANGXI UNIVERSITIES AND COLLEGES PRESS

图书在版编目(CIP)数据

金融市场学/黄琛,余异,黄惠喆主编.--南昌:江西高校出版社,2021.3(2022.3 重印)
ISBN 978-7-5762-0866-5

Ⅰ.①金… Ⅱ.①黄… ②余… ③黄… Ⅲ.①金融市场 Ⅳ.①F830.9

中国版本图书馆 CIP 数据核字(2021)第 014918 号

出版发行	江西高校出版社
社　　址	江西省南昌市洪都北大道 96 号
总编室电话	(0791)88504319
销售电话	(0791)88522516
网　　址	www.juacp.com
印　　刷	天津画中画印刷有限公司
经　　销	全国新华书店
开　　本	787mm×1092mm　1/16
印　　张	13
字　　数	260 千字
版　　次	2021 年 3 月第 1 版
	2022 年 3 月第 2 次印刷
书　　号	ISBN 978-7-5762-0866-5
定　　价	48.00 元

赣版权登字-07-2021-112

目录

CONTENTS

第一章　总　　论

引入案例

纽约是世界上最重要的国际金融中心之一。1810年，纽约就已取代费城，成为美国国内最大的金融和商业中心。但当时国际金融交易都集中在伦敦，第一次世界大战期间及战后，纽约迅速发展为国际金融中心。第二次世界大战以后，纽约金融市场在国际金融领域的地位进一步增强。

第一，美国凭借自己在战争时期积攒的强大的经济和金融实力，建立了以美元为中心的资本主义货币体系，使美元成为世界最主要的储备货币和国际清算货币。第二，西方资本主义国家和发展中国家的外汇储备中，大部分是美元资产，存放在美国，由纽约联邦储备银行代为保管。第三，纽约联邦储备银行是贯彻执行美国货币政策及外汇政策的主要机构，它在金融市场的活动直接影响市场利率和汇率的变化。第四，世界各地的美元买卖，包括欧洲美元市场和亚洲美元市场的交易，都必须在美国进行，因此纽约成为世界美元交易的清算中心。第五，美国外汇管制较松，资金调动比较自由。纽约不仅有许多大银行，而且商业银行、储蓄银行、投资银行、证券交易所及保险公司等金融机构云集，许多外国银行也在纽约设有分支机构。

（资料来源：黄育华《国际金融中心的历史考察与现状分析》，《中国城市经济》，2004年第12期）

第一节　金融市场的定义

一、金融市场的概念

金融市场是资金流通的场所，以交易金融资产为目的。按照金融商品的交易内容，金融市场有广义和狭义之分。广义的金融市场是把社会的一切金融业务，如银行存款业务、贷款业务、保险业务、信托业务、贵金属买卖业务、外汇买卖业务、金融同业资金拆借业务和各类有价证券的买卖都列入金融市场的范围内；狭义的金融市场则把存贷款业务、保险业务、信托业务排除在外，只把金融同业间的资金借贷、外汇买卖和各种有价证券交易活动看作典型的金融市场行为。

金融市场融通资金的具体途径主要有两条:

一是由资金不足的单位发行金融工具,通过与资金有余的单位直接协商,由资金有余的单位购入资金不足的单位所发行的金融工具,从而融入资金。资金不足的单位也可以在公开市场上,通过经纪人或交易商将发行的金融工具卖给资金有余的单位,实现两者之间的资金融通。这种融资途径称为直接融资。

二是通过金融机构发行间接金融工具的形式吸收资金有余的单位的资金,再由金融机构向资金不足的单位融通资金,即间接融资。两种融资途径构成现代金融市场活动的基本内容。

二、金融市场的构成要素

金融市场的主体、金融市场的客体和组织方式是现代金融市场的要素。

(一)金融市场的主体——金融市场的参与者

按不同的分类方法,金融市场的主体可以划分为几大类。首先,按照资金的关系划分,金融市场的主体可分为资金供应方、资金需求方、中介机构、管理者和国家金融监管机构四类。金融市场的资金供应方主要是经常出现资金盈余的工商企业、公司、单位、个人以及海外投资者。金融市场的资金需求方主要是公司、企业部门和政府部门。由于它们进行超过自身资金能力的投资,因此容易出现资金不足的情况。中介机构则是指商业银行、投资银行和其他非银行金融机构。这些机构直接充当资金供、需方的中介人,或是通过各种形式吸收资金,然后再分配出去。管理者及国家金融监管机构主要是根据法律规定对国家的金融体系进行监督管理。其职责包括按照规定监督管理金融市场,发布有关金融监督管理和业务的命令和规章,监督管理金融机构的合法合规运作等。

其次,按照参与金融市场活动的主体来划分,金融市场的参与者大致分为六类,即金融机构、工商企业、家庭或个人、政府部门、海外投资者、中央银行。

1. 金融机构

金融市场的第一个主体是金融机构,它是金融市场运行的主导力量。无论是短期金融市场的拆借市场、贴现市场、抵押市场、外汇市场,还是长期金融市场的股票、债券发行市场,证券交易市场,黄金市场,国际金融市场都离不开金融机构。金融机构一般分为存款性金融机构和非存款性金融机构。

(1)存款性金融机构。这类金融机构一般包括以下几类:

①商业银行。在存款性金融机构中,商业银行是最主要的一种存款性金融机构。商业银行在金融市场上具有很大的作用:第一,供应资金。商业银行是短期金融市场上的主要投资者,它通过同业拆放、票据贴现、抵押放款、买进债券等方式为市场供应资金。第二,筹集资金。商业银行要向金融市场供应资金,光靠自身的资本(资金)是远远不够的,它还必须在金融市场上筹集资金,如通过吸收储蓄存款、售出短期债券、再贴现等方式拆

入资金。第三,提供金融工具,如存款单、信用卡、支票、承兑汇票。商业银行一方面出售这些金融工具吸收资金,另一方面又购入工商企业或政府的股票、债券运用资金。第四,充当金融市场交易媒介。商业银行是短期金融市场的交易媒介。它们类似于批发商,一方面大量买进国库券、政府债券(买进有价证券是为了出卖有价证券,从中获得手续费或买卖差价),另一方面又化整为零地向企业和公众推销这些有价证券。商业银行既是金融市场的资金供应者,又是资金需求者,它们掌握着金融市场上的大部分资金,因而对市场上的资金流动和市场的行情有着巨大的影响。

目前我国商业银行主要包括四大国有股份制商业银行、新兴的股份制商业银行、城市商业银行、农村商业银行等。

②储蓄机构。在西方国家有一种专门以吸收储蓄存款作为资金来源的金融机构,这就是储蓄机构。储蓄机构的大部分资金用来发放不动产抵押贷款、投资国债和其他证券。与商业银行相比,储蓄机构的资产业务期限长,抵押贷款比重高。政府常利用储蓄机构来实现某些经济目标。在金融市场上,它们与商业银行一样,既是资金的供应者,又是资金的需求者。

③信用合作社。信用合作社是由某些具有共同利益的人组织起来的互助性质的会员组织,其资金来源主要是会员的存款。其资金用于为会员提供短期贷款、消费信贷、票据贴现以及证券投资,也有部分资金用于同业拆借和转存款等。随着金融市场竞争的加剧和金融市场的发展,信用合作社的业务有拓展的趋势,其资金来源及运用原来以会员为主,现在逐渐多元化,因而信用合作社在金融市场上的作用也越来越大。

(2)非存款性金融机构。金融市场上另一类重要的金融机构参与者就是非存款性金融机构。和存款性金融机构吸收公众存款不一样,它们主要是通过发行证券或以契约性的方式聚集社会闲散资金。非存款性金融机构主要有:

①投资银行。投资银行是资本市场上从事证券的发行、买卖及相关业务的一种金融机构。最初的投资银行是为满足长期证券的发行及推销要求而产生的。目前,投资银行的业务除了证券的承销,还涉及证券的自营买卖、公司理财、企业购并、咨询服务、基金管理和风险资本管理等。在金融市场上,一方面,投资银行为需要资金的单位(包括企业和政府部门)提供筹集资金的服务;另一方面,投资银行充当投资者买卖证券的经纪人和交易商。在当今世界,投资银行已成为资本市场最重要的金融中介机构,无论是在一级市场还是二级市场都发挥着重要的作用。

②保险公司。保险公司包括人寿保险公司及财产和灾害保险公司。人寿保险公司是为人们因意外事故或死亡造成的经济损失提供保险的金融机构。财产和灾害保险公司是为企业及居民提供财产意外损失保险的金融机构。保险公司的主要资金来源于按一定标准收取的保险费。一般来说,人寿保险具有保险金支付的可预测性,并且只有当契约规定

的事件发生时或到约定的期限时才支付。因此,保险费实际上是一种稳定的资金来源。这与财产和灾害保险公司不同,财产和灾害事故的发生具有偶然性和不确定性。它们之间的差别决定了其资金运用方向不同。人寿保险公司的资金运用以追求高收益为目标,主要投资高收益、高风险的证券如股票,也有一部分用作贷款。因此,人寿保险公司是金融市场上的主要资金供应者之一。在一些西方国家,人寿保险公司是金融市场上最大、最活跃的机构投资者。财产和灾害保险公司在资金的运用上注重资金的流动性,以货币市场上的金融工具为主,还有一部分资金用于投资安全性较高的政府债券、信用级别高的企业债券等。

③养老基金。养老基金是一种类似于人寿保险公司的专门金融组织。其资金来源是公众为退休生活所准备的储蓄金,通常由资方(雇佣方)和劳方共同缴纳,也有单独由资方缴纳的。养老金的缴纳一般由政府立法加以规定,因此其资金来源是有保证的。与人寿保险一样,养老基金也能较精确地估算未来若干年应支付的养老金,因此,其资金主要用于投资长期公司债券、股票和长期贷款。养老基金也是金融市场上的主要资金供应者之一。

2. 工商企业

工商企业是指专门从事商品生产和商品流通的独立经济核算单位。它拥有一定数量的资金(包括固定资产和流动资金),依法履行登记、批准手续,在银行开设账户,具有法人资格,能独立承担民事责任。工商企业是国民经济的细胞,也是金融市场运行的基础。金融市场的其他主体都与工商企业有着密不可分的联系。工商企业要向政府部门交纳税款,向金融部门借款并支付利息,向投资者筹资并支付利息和红利,向企业内部职工支付工资。企业之间也要相互交换商品,支付原材料费等货款。同时,工商企业还要向上述部门和个人销售商品获得收入,作为上述各项资金的来源。

3. 家庭或个人

家庭或个人是金融市场上的资金供应者。在世界各国,家庭或个人一般都是收入大于支出的投资者。他们在金融市场进行投资,对金融市场运行起到的作用主要表现在投资的总量上。他们对各种金融资产选择的偏好不同:有的家庭或个人的投资目的是获得高额的利息或红利收入,他们会选择股票或一些信用级别低的债券,相应地,承担的风险也就更大;有的家庭或个人投资以安全为第一考虑要素,他们会选择债券基金、货币基金、国债等风险较小的投资方式。

4. 政府部门

政府部门是金融市场上资金的主要需求者。政府为弥补财政赤字或通过扩大政府开支的政策来刺激经济的增长,都要靠向金融市场发行国债来弥补财政收入的不足。因此,政府部门是短期金融市场和长期金融市场的主要参与者。它在短期金融市场上发行国库券,在长期金融市场上发行公债、地方政府债券和政府担保债券。目前,世界上一些发达国家(如美国、日本)的国债(指未还本的内债)发行数量高得惊人,但仍然能销售出去,无论是金融机构、企业单位还是个人或家庭都大量购买。国债的大量发行,使它已经渗透到社会的各个角落,几乎所有金融机构、企业以及家庭或个人都保有或多或少的国债。因此,国债对金融市场的影响很大。相应地,政府部门这一主体在金融市场上也占有重要的地位。

5. 海外投资者

随着经济全球化和金融市场一体化进程的加快,各国对金融市场管理的放松以及吸引外资政策的普遍化,金融市场正向自由化、国际化方向发展。在国际金融市场上,筹资与投资的海外投资者越来越多,海外资金大量流入与流出。经济发展过程中,国际投资的作用明显增强,对金融市场的影响越来越大。

6. 中央银行

有了前面五种主体,金融市场就可以正常地运行了。为了加强对货币市场的管理和实现货币政策目标,国家需要中央银行介入金融市场。中央银行在金融市场上有三重身份。第一是以资金供应者的身份出现。为了刺激经济增长和增加就业,中央银行通过在金融市场上买进有价证券和再贷款、再贴现来直接增加货币供应量,或通过降低法定存款准备金率,提高商业银行的信用扩张能力来间接增加货币供应量。第二是以资金需求者的身份出现。为了抑制通货膨胀和改善国际收支,中央银行通过在金融市场上卖出有价证券、央行票据,收回贷款,直接减少货币供应,或通过提高法定存款准备金率,致使商业银行收缩信用倍数来间接减少货币供应量。第三是以中介者的身份出现,即充当各金融机构的结算银行,利用它们在自己账户上的存款,结清它们之间的债权债务。中央银行利用这三重身份,实现金融市场上资金总供给与总需求的平衡。

(二)金融市场的客体——金融工具

1. 金融工具的概念

金融工具是金融市场上资金运行的载体,又称信用工具、金融商品、金融资产,或称交易工具、金融市场运行工具等。当资金缺乏部门向资金盈余部门借入资金,或发行者向投资者筹集资金时,以书面形式发行或流通的信用凭证或文本,叫作金融工具。金融工具确定了债务人的义务和债权人的权利,是具有法律效力的契约。任何金融工具都具有双重性质:对于金融工具的发行者(借款者),它是一种债务;对于投资者(贷款者),它是一种债权资产。每种金融工具因交易的不同需要而各有其特殊的内容,但有些内容是相同的,如票面金额、发行者(出票人)签章、期限、利率(单利或复利)。

2. 金融工具的种类

金融市场工具主要包括两大类：一类是金融市场参与者为筹资、投资而创造的工具；另一类是金融市场参与者为保值、投机而创造的工具。无论哪一类工具，都是资金供求关系的具体反映，是供求双方共同选择资金借贷形式的具体表现。金融市场工具种类繁多，可按不同的标准进行分类：以职能为标准，可分为投资筹资工具（如股票、债券）和保值投机工具（如期货合同、期权合同）；以收益高低为标准，可分为高收益工具（如股票、公司债券）和低收益工具（如政府债券、金融机构债券）；以期限长短为标准，可分为短期工具（1年期以下的各种债券）和长期工具（1年期以上的各种债券、股票）；以安全程度为标准，可分为高风险工具（如股票）、中风险工具（如公司债）和低风险工具（如政府债券）；以发行人为标准，可分为公司筹资工具（如公司股票、公司债券、短期商业债券）、政府筹资工具（如政府债券）、金融机构筹资工具（如大额可转让定期存单）和个人筹资工具（房地产抵押单）。

3. 金融工具的特征

（1）偿还期。偿还期是指债务人在必须偿付信用凭证所载明的债务前所剩余的债务时间。偿还期具有相对性，因为除了股票、开放型基金单位，任何一种金融工具都要注明自发行日至到期日的期限，即债务人必须全部偿还债务之前所剩余的时间。例如，2015年7月发行的某种债券，债券上注明2020年7月到期，其偿还期为5年。但如果债券的持有人在2019年7月把它转让给甲，那么对甲来说，这张债券的偿还期就不是5年，而是1年。1年后，他就可以得到这张债券的偿付。因此，对金融工具的持有人来说，实际的偿还期是持有人得到金融工具之日开始至到期日止。

（2）流动性。流动性是指金融工具在极短的时间内迅速变卖为现金而不至于亏损的能力，因此它又叫变现力。一般来说，政府发行的国库券和银行的活期存款变现最容易，因而流动性最强。有些金融工具，或短期内不易脱手，或在变现过程中需耗费相当高的交易成本，其流动性随之相应地减小。一般来说，流动性与偿还期成反比，偿还期越长，流动性越小；流动性与债务人的信誉成正比，债务人信誉越高，流动性越强。

（3）风险性。风险性是指金融工具的本息遭受损失的可能性。风险是针对本息的安全程度来说的。风险大体可分为两类：一类是违约风险，即债务人不履行合约、不按时归还本息的风险。这种风险的大小视债务人的信誉而定，对某一特定的债务人（如某股份公司）而言，其所发行的不同金融工具也有风险的差别。另一类是市场风险，如市场利率上升引起金融市场价格下降的风险，通货膨胀、货币贬值使本息遭受实际损失的风险。一般来说，风险和偿还期成正比，即偿还期越长，风险越大；反之，亦然。

（4）收益性。收益性以收益率来表示，它是指金融工具给持有者带来的净收益与预付的本金的比率。收益率包括多种内容:一是名义收益率,即金融工具的票面收益与本金的比率。例如,某一债券面值为100元,3年还本,每年利息6元,每年的名义收益率则为6%。一般的金融工具(如债券)大都标明了年利息率,它就是名义收益率,也叫息票率。二是当年收益率,即金融工具的当年收益或名义收益与成本价格的比率。例如,按110元购买一种年息为15元的债券,5年到期,每年能提供13.64%的收益。三是折扣与积累。折扣是按低于面值的价格购买某一金融工具时,面值与买价之间的差额。这一差额与成本价格之比就是折扣率。积累是按低于面值的价格购买某一金融工具的价值升值。这种升值是购买日期与到期日(到期时按面值偿付)之间的升值。例如,美国短期国库券就是折价发行的。一张面值为100美元的3个月期的国库券,按九八折发行,其折扣率为2.04%,积累为2美元。四是升水率与分期偿付。升水是购买一种金融工具所支付的超过面值的金额。这一金额与成本价格之比就是升水率。分期偿付是按升水率购买一种金融工具的价格贬值,这种贬值是金融工具从购买日期与到期日期或偿付日期(到期时按面值偿还)之间的贬值。五是应计利息。它是指一种金融工具从最近一次偿付日期起到转让交割时止已经积累的利息总额。

(三)金融市场的组织方式

有了交易双方和交易对象,只是有了形成市场的可能性,还需要有一种形式把交易双方和交易对象结合起来,使交易双方相互关联,共同确定交易价格,最终实现转让交易对象的目的。这种形式便是市场的组织方式。金融市场组织方式主要有两种:一种是拍卖方式,另一种是柜台方式。

1. 拍卖方式

金融市场工具的拍卖是在交易所内进行的。在以拍卖方式组织的金融市场上,所有的金融交易都采取拍卖的形式做成。金融交易中的拍卖和其他商品的拍卖一样,由买卖双方通过公开竞价的方式来确定买卖的成交价格。通常,由出售人报出要出售的金融市场工具的要价,购买人再报出买价,最后出售人将金融市场工具出售给出价最高的购买人。

2. 柜台方式

柜台方式与拍卖方式不同。它不是通过交易所把众多的交易集中起来,而是通过作为交易中介的证券交易公司来买卖金融工具。金融市场工具的实际买卖双方分别同证券交易公司进行交易,或将要出售的工具卖给证券交易公司,或从证券交易公司那里买进想要买的工具。

第二节　金融市场的类型

一、按标的物划分

金融市场按标的物划分为货币市场、资本市场、外汇市场、大宗商品市场和金融衍生市场。

1. 货币市场

货币市场是指以期限为一年及一年以下的金融资产为交易标的物的短期金融市场，它的主要功能是保持金融资产的流动性。它一方面满足了借款者的短期资金需求，另一方面为暂时闲置的资金找到了出路。在美国金融史上，早期的货币市场概念是狭义的，主要指对证券经纪商和交易商进行通知放款的市场。后来，货币市场的概念得到进一步扩展，主要指短期资金市场。一般来说，货币市场上的资金借贷以三到六个月期最为普遍，而债券则以六到九个月期为多。该类市场信用工具随时可以在发达的二级市场上出售变现，具有很强的流动性，功能近似于货币，故称货币市场。该市场主要经营短期资金的借贷，故又称短期资金市场。

2. 资本市场

资本市场是指期限为一年以上的金融资产交易的市场。一般来说，资本市场包括两大部分：一是银行中长期存贷款市场，二是有价证券市场。本章主要着眼于后者。通常，资本市场主要指的是债券市场和股票市场。它与货币市场的区别有：①期限有差别。资本市场上交易的金融工具期限均为一年以上，最长者可达数十年。有些甚至无期限，如股票。而货币市场上一般交易的是一年以内的金融工具，期限最短的只有几日甚至几小时。②作用不同。货币市场所融通的资金，大多用于工商企业短期周转资金。而在资本市场上融通的资金，大多用于企业的创建、更新，扩充设备和储存原料。政府在资本市场上筹集的长期资金则主要用于兴办公共事业和保持财政收支平衡。③风险不同。货币市场的信用工具，由于期限短，流动性高，价格不会发生剧烈的变化，因此风险较小。资本市场的信用工具，由于期限长，流动性较低，价格变动幅度较大，因此风险较高。

3. 外汇市场

如同货币市场一样，外汇市场也是各种短期金融资产交易的市场。不同的是，货币市场交易的是同一种货币或以同一种货币计价的票据，而外汇市场上的交易是以不同的货币计值的两种票据之间的交换。在货币市场上，所有的贷款和金融资产的交易都受政府的管制。但在外汇市场上，一国政府只能干预或管制本国的货币。

外汇市场的主要功能有：①通过外汇市场的外汇储备买卖和货币兑换业务，使各国间债权债务关系的货币清偿和资本的国际流动得以形成，实现购买力的国际转移；②外汇市场集中了各国政府、企业、公司等单位的闲置资金，并对国际贸易中的进、出口商进行借贷融资，从而加速了国际资金周转，调剂了国际资金余缺；③外汇市场拥有发达的通信设施及手段，将世界各地的外汇交易主体连成一个网络，缩短了远程货币收付时间，提高了资金的使用效率；④进、出口商利用市场上的远期外汇买卖业务，可有效地避免或减少汇率变动带来的风险，从而促进国际贸易的发展。此外，外汇市场提供的各种外汇资金的供求信息及其价格动态，有助于各国政府和企业正确地做出相关决策。

4. 大宗商品市场

大宗商品包括四个类别，即能源商品、基础原材料、大宗农产品和贵金属。商品交易所是相关的大宗商品交易场所，即各类大宗商品市场，如著名的纽约商品交易所、芝加哥商品交易所。黄金市场早在 19 世纪初就已形成，现在世界上已有 40 多个黄金市场。其中，伦敦、纽约、苏黎世、芝加哥和香港的黄金市场被称为五大国际黄金市场。

5. 金融衍生市场

金融衍生市场是各种衍生金融工具进行交易的市场。所谓金融衍生工具，是指由原生性金融商品或基础性金融工具创造出的新型金融工具。它一般表现为一些合约，这些合约的价值由其交易的金融资产的价格决定。合约一般包括远期合约、期货合约、期权合约、互换合约。金融衍生工具在金融交易中具有套期保值、防范风险的作用，其种类仍在不断增加。金融衍生工具同时也是投机的对象，其交易所带来的风险也应引起注意。

二、按中介机构的特征划分

金融市场的形成与资金融通密切相关。在正常的经济生活中，总有资金暂时闲置者及资金短缺者存在，金融市场为这两者提供了互通有无的通道。根据中介机构的特征，金融市场分为直接金融市场和间接金融市场。

直接金融市场指的是资金需求者直接从资金所有者那里融通资金的市场，一般指的是通过发行债券或股票的方式在金融市场上筹集资金的融资市场。间接金融市场是以银行等信用中介机构作为媒介来进行资金融通的市场。在间接金融市场上，资金所有者将手中的资金贷放给银行等信用中介机构，然后再由这些机构转贷给资金需求者。在这个过程中，不管这笔资金最终归谁使用，资金所有者都只拥有对信用中介机构的债权，对最终使用者没有任何权利要求。

直接金融市场与间接金融市场的差别并不在于是否有金融中介机构介入，而主要在于中介机构的特征有差异。直接金融市场上也有金融中介机构，只不过这类公司与银行不同，它们不是资金中介，大多是信息中介和服务中介。本书重点讨论直接金融市场。

三、按金融资产的发行和流通特征划分

按金融资产的发行和流通特征，金融市场可以划分为初级市场、次级市场、第三市场

和第四市场。

资金需求者将金融资产首次出售给公众时所形成的交易市场称为初级市场、发行市场或一级市场。金融资产的发行方式主要有两种:一是将金融资产销售给特定的机构;二是将金融资产广泛地发售给社会公众。前者称为私募发行,其发行对象一般为机构投资者;后者称为公募发行,其发行对象为社会公众。私募又分为包销和代销两种。所谓包销,是指金融资产的发行人与银行等金融机构协商,由银行等承销机构按照商定的条件把全部证券承接下来销售给公众。包销期满后,无论证券是否已经推销出去,包销机构都要如数付给发行人应得的资金。代销是发行人自己承担全部发行风险,只将公开销售事务委托投资银行等机构办理的一种方式。代销商能销售多少就销售多少,代销商只收取手续费等费用,不承担任何风险。此外,还有一种自办发行或称自销的方式,一般通过私下洽商的方式将证券直接销售给为数不多的个人及团体投资者。目前国际上流行的是包销方式。

证券发行后,各种证券在不同的投资者之间买卖流通所形成的市场即为次级市场,又称流通市场或二级市场。它分为两种:一是场内市场,即证券交易所;二是场外交易市场。证券交易所是依照国家有关法律规定,经政府主管机关批准设立的证券集中竞价的有形场所。场外交易市场又称柜台交易市场或店头交易市场,它是在证券交易所之外进行证券买卖的市场。原则上,在场外交易的证券以未上市的证券为主。然而现在的情况发生了很大的变化,不少上市证券,尤其是政府债券、地方和公司债券纷纷涌入场外交易市场进行交易。

初级市场是次级市场的基础和前提,没有初级市场就没有次级市场,无论是在流动性上还是在价格的确定上,次级市场都受到初级市场的影响。

此外,一些发达的市场经济国家还存在着第三市场和第四市场,实际上它们都是场外市场的一部分。第三市场是原来在交易所上市的证券移到场外进行交易所形成的市场。第三市场的交易相对于交易所交易来说,具有限制更少、成本更低的优点。第四市场是投资者和证券售卖者直接交易形成的市场。其形成的主要原因是机构投资者在证券交易中所占的比例越来越大,他们之间的买卖数额很大,因此,他们希望避开经纪人直接交易,以降低成本。

四、按成交与定价的方式划分

按成交与定价的方式,金融市场可分为公开市场和议价市场。公开市场指的是金融资产的交易价格通过众多的买主和卖主公开竞价而形成的市场。金融资产在到期偿付之前可以自由交易,并且卖给出价最高的买者,一般在有组织的证券交易所进行。在议价市场上,金融资产的定价与成交是通过私下协商或面对面的讨价还价的方式进行的。在发达的市场经济国家,绝大多数债券和中小企业的未上市股票通过这种方式交易。最初,在议价市场交易的证券流通范围不大,交易也不活跃,但随着现代网络及自动化技术的发展,该市场的交易效率已大大提高。

五、按有无固定场所划分

金融市场按有无固定场所可划分为有形市场和无形市场。有形市场是指有固定交易场所的市场,一般指的是证券交易所等固定的交易场地。在证券交易所进行交易首先要开设账户,然后由投资人委托证券商买卖证券,证券商按投资者的要求进行操作。无形市场则是指在证券交易所外进行金融资产交易的总称。它的交易一般通过现代化的电信工具在各金融机构、证券商及投资者之间进行。它是一个无形的网络,金融资产及资金可以在其中迅速地转移。

六、按作用的地域范围划分

金融市场按作用的地域范围可划分为国内金融市场和国际金融市场。国内金融市场是指金融交易的作用范围仅限于一国之内的市场,它包含全国范围内以本币计值的金融资产交易市场,还包括该国范围内的地方性金融市场。国际金融市场则是指跨越国界进行金融资产交易的市场,是进行金融资产国际交易的场所。国际金融市场有狭义和广义之分。狭义的国际金融市场指进行各种国际金融业务的场所,又称传统的国际金融市场,包括货币市场、资本市场、外汇市场、黄金市场以及金融衍生工具市场等。广义的国际金融市场则包括离岸金融市场。所谓离岸金融市场,是非本国居民间从事国际金融交易的市场,其资金来源于所在国的非本国居民或来自国外的外币资金。离岸金融市场基本不受所在国的金融监管机构的管制,并可享受税收方面的优惠待遇,资金出、入境自由。离岸金融市场是一种无形的市场。从广义来看,它只存在于某一城市或地区,而不存在于某个固定的交易场所,由所在地的金融机构与金融资产的国际性交易而形成。

第三节 金融市场的功能

一、聚敛功能

金融市场的聚敛功能是指金融市场具有聚集众多分散的小额资金,使其成为可以投入社会再生产的资金的能力。在这里,金融市场起着资金“蓄水池”的作用。国民经济各部门之间、各部门内部的资金收入和支出时间不总是对称的。所以,一些部门、经济单位在一定的时间内可能存在暂时闲置的资金,而另一些部门、经济单位则存在资金缺口。金融市场为两者提供了沟通的通道。

金融市场之所以具有资金的聚敛功能,原因之一是金融市场创造了金融资产的流动性,现代金融市场正发展成为功能齐全、法规完善的资金融通场所。资金需求者可以很方便地通过直接或间接的融资方式获取资金，而资金供应者也可以通过金融市场为资金找到满意的投资渠道。另一个原因是金融市场根据不同的期限、收益和风险要求，为投资者提供了多样化的金融工具。资金供应者可以依据自己的收益、风险偏好和流动性要求选择自己满意的投资工具，实现资金效益的最大化。

二、配置功能

金融市场的配置功能表现在三个方面：一是资源的配置，二是财富的再分配，三是风险的再分配。

在经济的运行过程中，拥有多余资产的盈余部门可能无法有效地利用部门现有的资产。金融市场将资源从利用效率低的部门转移到利用效率高的部门，从而使社会的经济资源在效率较高或效用较大的领域得到最有效的配置，实现稀缺资源的合理配置和有效利用。在金融市场上，证券价格的波动实际上反映了证券背后所隐含的相关信息。投资者可以通过证券交易过程中所公开的信息及证券价格波动所反映的信息，来判断经济的运行情况以及相关企业、行业的发展前景，从而决定资金和其他经济资源的投向。一般来说，资金总是流向具有潜力，能够为投资者带来较大利益的部门和企业。

金融市场同时也是风险再分配的场所。在经济活动中，风险无时不在、无处不在。不同的主体对风险的厌恶程度是不同的。风险厌恶程度较低的人可以利用各种金融工具把风险转嫁给风险厌恶程度较高的人，从而实现风险的再分配。

三、调节功能

调节功能是指金融市场对宏观经济的调节作用。金融市场是联系储蓄者与投资者的纽带，金融市场的运行机制通过对储蓄者和投资者产生影响来发挥作用。

第一，金融市场具有直接调节作用。在金融市场大量的直接融资活动中，投资者为了自身的利益，一定会谨慎、科学地选择所投资的国家、地区、行业、企业、项目及产品。只有符合市场需要、效益高的投资对象，才能获得投资者的青睐。投资对象在获得资本后，只有保持较高的经济效益和较好的发展势头，才能继续生存下去并进一步扩张。否则，它的证券价格就会下跌，继续在金融市场上筹资就会面临困难，发展就会受到后续资本供应的抑制。这实际上是金融市场通过其特有的引导资本形成与合理配置的机制，首先对微观经济部门产生影响，进而影响到宏观经济活动的一种有效的自发调节机制。

第二，金融市场的存在与发展，为政府对宏观经济活动的间接调控创造了条件。货币政策属于调节宏观经济活动的重要宏观经济政策，其具体的调控工具有存款准备金、再贴现、公开市场操作等。金融部门、企业等是金融市场的主体，为货币政策的实施奠定了基础。金融市场既提供实施货币政策的场所，也提供实施货币政策的决策信息。

四、信息功能

金融市场历来被称为国民经济的“晴雨表”和“气象台”，是公认的国民经济信号系统。

这实际上就是金融市场信息功能的写照。

金融市场的信息功能表现在以下几个方面:①证券买卖大部分在证券交易所进行,人们可以随时通过这个有形的市场了解到各种上市证券的交易行情,并据此判断投资机会。在一个有效的金融市场上,个股价格的升降变化,反映了该公司经营管理和经济效益的状况;一个企业的贷款运行情况,反映了该企业的资金周转状况及其质量。此外,一个有组织的市场,一般会要求上市公司定期或不定期地公布经营信息和财务报表,这有助于人们了解及推断上市公司及相关企业、行业的发展前景。所以,金融市场首先是反映微观经济运行状况的指示器。②金融市场交易直接和间接地反映了国家货币供应量的变动情况。货币政策的实施情况、银根的松紧、通货膨胀的程度以及货币供应量的变化,均会反映在金融市场上。因此,金融市场所反映的宏观经济运行方面的信息,有利于政府部门及时制定和调整宏观经济政策。③由于证券交易的需要,金融市场有大量的专业人员长期从事商情研究和分析。他们每日与各类工商企业直接接触,能了解到企业的发展动态。④金融市场有着广泛而及时的收集和传播信息的通信网络。整个世界的金融市场已连成一体,人们能够通过网络及时了解世界经济的发展变化情况。

第四节 金融市场的发展趋势

一、资产证券化

所谓资产证券化(asset securitization),是指把流动性较差的资产,如金融机构的一些长期固定利率放款或企业的应收账款等通过商业银行或投资银行的集中及重新组合,以这些资产做抵押来发行证券,实现相关债权的流动化。资产证券化最早起源于美国。最初是储蓄银行、储蓄贷款协会等机构的住房抵押贷款证券化,接着商业银行也纷纷仿效,对其债权实行证券化,以增强资产的流动性和市场性。从20世纪80年代后期开始,证券化已成为国际金融市场的一个显著特点,以银行为中心的传统融资借贷活动开始发生新的变化。

1. 资产证券化的趋势

资产证券化的主要特点是将原来不具有流动性的融资形式变成具有流动性的市场性融资。以住房抵押贷款证券化为例,住房抵押贷款虽然信用度较好,但是属于小额债权,且现金流动不稳定。因此,有关金融机构就将若干小额债权集中起来,通过政府机构担保,使其转换成流动性较高的住房抵押证券。再以信用度较低的借款人融资的证券化为例,一些信用度较低的风险企业和中小企业,其资金大都依靠商业银行贷款,因为受自身信用度的限制,它们难以在资本市场上筹资。但是,随着流通市场的扩大,这种低信用等级的企业发行的债券迅速增加，出现了一种高收益的债券市场。这种高收益债券可视为银行向低信用企业融资证券化的一种形式。此外，某些信用度较低的发展中国家也开始出现贷款证券化的趋势，以提高其流动性，解决不断积累的债务问题。

随着20世纪80年代以来住房抵押证券市场的不断扩大，资产证券化又有了一些新的变化：①将住房抵押贷款证券化的做法应用到其他小额债权上，对这些小额债权进行证券化。这使资产证券化的领域大大拓宽，如汽车贷款、房屋净值贷款和大型设备的租赁。②商业不动产融资的流动化。从1984年起，市场上出现了公募形式的商业不动产担保证券。它以商业不动产的租金收入作为还债金，与原所有者完全分离。③担保抵押债券，即将住房抵押凭证、住房抵押贷款等汇集起来，以此为担保所发行的债券。其发行方式是由某个金融企业作为发行人，收买住房抵押凭证并设立集合基金，再以此为担保同时发行3—4组债券，发行者以抵押集合基金每月产生的流动资金为资金来源，在对各组债券支付利息的同时，只对其中的某一组债券的持有人偿还本金。发行此种债券在某种程度上是为解决住房抵押凭证在到期偿还时现金流动不稳定的问题。当前，西方国家资产的证券化趋势正深入金融活动的各个方面，不仅传统银行贷款证券化，而且以证券形式持有的资产占全部金融资产的比例越来越大。社会资产金融资产化、融资方式非中介化都是这种趋势的反映。在证券信用阶段，融资活动以有价证券为载体。有价证券集价值的储藏功能、价值的流通功能于一身，这意味着短期资金可以长期化，长期资金亦可短期化，从而更好地适应现代化大生产发展对资金调节的要求。

2. 资产证券化趋势产生的原因

资产证券化在20世纪80年代以后已成为一种国际性的趋势，与以下几个原因是分不开的。

(1)金融管制的放松和金融创新的发展

20世纪70年代以来，西方世界出现了一种经济自由化的思潮，强调市场机制的作用。与此同时，银行等金融机构的经营环境也发生了巨大的变化。20世纪30年代的经济大萧条已经成为遥远的过去，而经济的“胀”则成为困扰西方发达国家的主要问题。这一时期，市场利率大幅波动，各类金融机构之间的竞争日趋激烈，一些以20世纪30年代经济危机的经验总结为基础而制定的金融管制法规，与现实的经济环境不相适应。因此，西方发达国家纷纷采取放松管制的措施，刺激本国金融业的发展。在这一过程中，金融创新起了推波助澜的作用。金融创新本身是适应市场需要的产物，也是金融机构规避管制的结果。金融管制的放松和金融创新的发展，使金融市场更加活跃，从而奠定了资产证券化的基础。

(2)国际债务危机的出现

国际债务危机的出现导致了巨额呆账的产生。一些国际性的大银行深受债务拖欠之苦,希望通过加强资产的流动性来解决资金周转困难的问题,而发行证券无疑是途径之一。资产证券化,既可使原有的债权得到重新安排,又可以使新增的债权免受流动性差的困扰。因此,越来越多的银行开始介入国际证券市场。银行的介入,又对资产证券化起着巨大的推动作用。

(3)现代电信及自动化技术的发展

现代电信及自动化技术的发展为资产的证券化创造了良好的条件:一方面,随着信息传递和处理技术的发展,获取信息的成本大大降低,完全依赖金融机构的服务以消除借贷者之间信息不对称的情况已有了很大的改观;另一方面,交易过程中计算机技术的广泛使用,使数据处理的成本大大降低,信息流通渠道更加畅通,从而使证券交易成本大幅度下降。另外,交易技术的改进,也为新的金融工具的开发创造了条件。这些都促进了资产证券化的发展。

3. 资产证券化趋势的影响

资产证券化的影响主要表现在以下几个方面:首先,对投资者来说,资产证券化为投资者提供了更多可供选择的新证券。投资者可以根据自己的资金规模及偏好来进行组合投资。其次,对金融机构来说,通过资产证券化,金融机构可以改善资产的流动性,对原有呆账债权的转换、资金周转效率的提高具有很大的促进作用。资产证券化,也是金融机构获取成本较低的资金、增加收入的一个新渠道。再次,对整个金融市场来说,资产证券化为金融市场增加了新的交易手段,这种趋势的持续将不断推动金融市场的发展,增加市场的活力。

我们应看到资产证券化有利的一面,也应看到,资产证券化中的许多资产实际上是一些长期贷款和应收账款的集合,它们固有的风险不可避免地会影响到新证券本身。资产证券化涉及发起人、还本付息者、担保人、受托者及投资者等多个当事人,从而使传统贷款功能分散给几个有限责任承担者。资产证券化中的风险具有一定的复杂性,一旦处理不当,就会影响到整个金融体系的稳定。2007 年在美国首先爆发进而影响全球的次贷危机就是一个最典型的例子。同时,资产证券化也使金融监管当局在信贷扩张及货币供应量的估计上面临更复杂的问题,对金融的调控监管会产生一定的不利影响。

二、金融全球化

金融市场全球化已成为当今世界的一个重要趋势。20 世纪 70 年代末期以来,西方国家兴起的金融自由化浪潮,使各国政府纷纷放宽对金融活动的管制。随着外汇、信贷及利率等管制的放松,资本在国家间能够自由流动,国际利率开始趋同。目前,国际金融市场正在形成一个密切联系的整体市场,在任何一个主要市场上都可以进行相同品种的金融交易。由于时差的原因,由伦敦、纽约、东京和新加坡等国际金融中心组成的市场可以实现24小时不间断的金融交易,世界上任何一个局部市场的波动都可能马上传递给其他市场。这就是金融全球化。

1. 金融全球化的内容

金融体系是一个复杂的整体,金融全球化意味着资金可以实现国际自由流动,金融交易的币种、范围可以超越国界。它具体包括以下内容:

(1)市场交易的国际化

金融全球化实际上意味着各金融子市场交易的国际化。在资产证券化趋势的影响下,传统的以国际银行为主的间接信贷市场已让位于直接的证券买卖和发行。各国间资金的流动必然涉及各国货币的交易及兑换,这对外汇市场的全球化提出了要求。

首先,从国际货币市场交易的全球化来看,国际货币市场主要指欧洲货币市场,涉及银行间的拆借、定期存单的发行及交易和各国银行进行的贷款活动。西方主要发达国家和部分发展中国家的银行及一些大型金融机构通过欧洲货币市场筹集或运用短期资金,参与国际金融市场的活动。一些跨国公司也通过国际货币市场发行短期商业票据来融通资金。

其次,从国际资本市场交易的全球化来看。为适应企业跨国经营和国内企业对外融资的需要,一些国家的政府和一些大企业纷纷进入国际资本市场融资。国际资本市场融资是指在国际资本市场上通过发行国际债券、股票及其他有价证券向外国投资者筹集资金。

再次,从外汇市场全球一体化的角度来看。由于外汇市场涉及各国间的货币交易,因此,它的国际性更加明显。尤其是浮动汇率制实行以来,各国中央银行为了稳定汇率,在外汇市场上进行的外币买卖使外汇市场交易更加活跃。外汇市场上的新工具层出不穷,如互换、期权。

(2)市场参与者的国际化

金融市场的全球化还表现在市场参与者的国际化。传统的以大银行和主权国政府为代表的国际金融活动主体正被越来越多样化的国际参与者替代。企业、投资银行、保险公司、投资基金,甚至私人投资者都纷纷步入国际金融市场,参与国际投资组合,以分散投资风险,获取高收益。在这个过程中,银行和各种非银行金融机构纷纷向全球各金融中心扩散,代理国内或国外资金供求者的投资与资金需求者的筹资活动,或直接在金融市场上参与以盈利为目的的交易活动。特别值得一提的是,近几十年来,各国金融机构之间并购重组浪潮风起云涌,各种各样的投资基金在全球金融市场上得到空前发展,大大促进了金融市场交易的国际化。金融全球化的发展与国际经济形势交织在一起,这种趋势正以前所未有的速度向前发展。

2. 金融全球化的原因

(1)金融管制的放松

金融管制的放松,各国对金融机构跨国经营限制的减少、对外汇管制政策的放宽,大大促进了国际资本的流动及金融市场的国际化。

(2)现代电子通信技术的快速发展

现代计算机及自动化技术的发展,使国际金融交易信息传递更及时,交易成本更低,手续更简便,这构成了现代金融市场全球化的技术基础。

(3)金融创新的影响

20 世纪 70 年代以来,国际金融创新浪潮使许多新型的金融工具产生,有的金融工具本身就具有国际性质,如利率互换、货币互换。

(4)国际金融市场上投资主体的变化

如前文所述,国际金融市场的参与者已越来越多样化,特别是各种类型的投资基金的兴起大大改变了投资结构及交易性质,产生了一批专为套利而参与买卖的机构投资者。它们为了获利必然频频出没于世界各地的金融市场,以寻找获利机会。这种频繁的交易加强了各国市场间的联系。

3. 金融全球化的影响

金融全球化促进了国际资本的流动,有利于稀缺资源在国际范围内的合理配置,促进世界经济的共同增长。金融市场的全球化也为投资者在国际金融市场上寻找投资机会,合理配置资产持有结构,利用套期保值技术分散风险创造了条件。金融工具丰富的市场也为筹资者提供了更多的选择机会,有利于筹资者获得低成本的资金。这些都是金融全球化有利的一面。

金融全球化的不利影响首先表现在对国际金融风险的防范上。由于全球金融市场的联系更加紧密,利率和汇率波动或局部的金融动荡一旦发生,会马上传递到全球各大金融中心,使金融风险的控制更为复杂。其次,金融全球化的不利影响增加了政府实施货币政策与进行金融监管的难度。由于国际资本流动加快,一些政策变量的国际影响增强,政府在实施货币政策和进行宏观调控时往往更难估计其传导过程和影响。再次,涉及国际金融机构和国际资本的流动问题,往往不是一国政府所能左右的,这也给政府金融监管部门在金融监管及维护金融稳定上增加了一定的困难。

总体来看,金融全球化是大势所趋。通过国际协调及共同监管,建立新型的金融体系,是各国政府在金融全球化面前必须解决的一项重要课题。

三、金融自由化

金融自由化的趋势是指 20 世纪 70 年代中期以来在西方国家,特别是发达国家所出现的逐渐放松甚至取消对金融活动的一些管制措施的过程。金融自由化和金融证券化、全球化在进入20世纪90年代以后，表现得尤其突出。它们相互影响，互为因果，共同促进。

1. 金融自由化的内容

由于金融业的活动涉及全社会各部门的利益，一旦某个金融机构倒闭，必然牵连很多部门，引起一些不利的连锁反应，甚至导致金融市场动荡和金融危机的产生。因此，基于安全和稳健的考虑，金融业是受政府管制最严厉的部门之一。20世纪70年代中期以来，无论是过去管制较严的国家，还是管制较为宽松的国家，都出现了放松管制的趋势。主要表现为：

(1)减少或取消国与国之间对金融机构活动范围的限制

这是直到现在为止金融业务活动全球化的最主要的推动因素之一。国与国之间相互开放本国的金融市场，允许外国银行等金融机构在本国经营和国内金融机构一样的业务，给予外国金融机构国民待遇，使国际金融交易更加活跃，金融的全球化进程大大加快。

(2)放松或解除外汇管制

英国已于20世纪70年代末取消了外汇管制，法国和日本随后也逐渐取消了外汇管制。美国在外汇管制较为宽松的情况下，于20世纪90年代取消了对外资银行账户的某些外汇管制，使资本的国际流动性大大加强，促进了国际金融的一体化。

(3)减少对金融机构业务范围的限制，允许金融机构之间适当交叉业务

在西方国家，除了少数实行全能银行制度的国家(如奥地利、瑞士)，绝大多数国家在20世纪30年代的经济危机的基础上建立起严格的分业经营制度，即银行业务和证券业务的严格分离。但这一管制措施在20世纪70年代末期以来已经有缓和的趋势。特别是进入20世纪80年代后期以来，金融业竞争日趋激烈，金融国际化进程加快，各国为了抢占国际金融市场，提高本国金融机构在国际金融竞争中的地位，在国际金融领域对这些限制大大放宽。

(4)放宽或取消对银行的利率管制

美国已经取消了《Q条例》所规定的银行存款利率上限。其他一些主要发达国家也纷纷效仿，这导致银行领域内自由化的快速发展。除了对上述管制措施的放宽或解除，西方各国对金融创新活动的鼓励，对新金融工具交易的支持与放任，实际上也是金融自由化兴起的重要表现。

2. 金融自由化的原因

从金融自由化的内容可以看出，自由化实际上是对不适应经济金融环境变化的管制措施的废除，这与其背后的基本经济金融因素的变化是分不开的。主要表现为：

(1)经济自由主义思潮的兴起

由于20世纪70年代以来西方经济“滞胀”，凯恩斯学派的经济思想遭到质疑，新经济

自由主义思潮兴起。如20世纪70年代兴起的货币学派和供应学派都强调市场机制的作用,反对政府的过度干预。这两个学派在当时受到了较广泛的欢迎,为金融自由化奠定了理论和实践基础。

(2)金融创新的作用

20世纪70年代末和80年代初,西方国家出现了两位数的恶性通货膨胀,导致市场利率高涨。银行等金融机构受存款利率上限的限制,在市场竞争中处于不利的地位。为了缓解经营困境,并应付来自国内外金融同业之间的竞争,各银行纷纷采取金融创新措施以规避管制,加上现代通信技术的发展,一些新的金融工具不断被开发出来。这些新的金融工具有效地避开和绕过原有的管制条例,使监管者意识到许多旧的条例已不适应形势的变化,从而客观上促进了管制的放松。

3. 金融自由化的影响

金融自由化导致金融竞争更加激烈,这在一定程度上促进了金融业经营效率的提高。在金融自由化过程中,产生了许多新型的信用工具及交易手段,大大方便了市场参与者投、融资,降低了交易成本。金融自由化也极大地促进了资本的国际自由流动,有利于资源的合理配置,在一定程度上促进了国际贸易和世界经济的发展。金融自由化也同样面临着诸多问题。国际资本的自由流动,既带来了机遇,也产生了风险。金融市场管制的放松,对金融机构的稳健经营提出了较高的要求,一旦风险未处理好就有可能危及金融体系的稳定,并导致金融市场动荡和经济危机的产生。金融自由化还给货币政策的实施及金融监管带来了困难。

面对金融自由化利弊兼有的特点,国际金融界对金融自由化有一些不同的看法,赞成者有之,批评者有之,还有一些人持折中的观点。实际上,自由化并不意味着没有政府的干预和管制,任何时候政府都没有对金融业的运行放任不管,只是在不同的时间某些趋势占上风罢了。问题的关键不在于要管制还是要自由化,而是如何采取适当的管制措施适应新的发展态势以趋利避害。无论从历史还是从现实来看,金融业的发展都是一个“管制—放松—再管制”的循环过程。

四、金融工程化

1. 金融工程化的内容

所谓金融工程化,是指将工程思维引入金融领域,综合采用各种工程技术方法(主要有数学建模、数值计算、网络图解、仿真模拟等)设计、开发新型的金融产品,创造性地解决金融问题。这里的新型和创造性指的是金融领域中思想的跃进,对已有观念的重新理解与运用,或者是对已有的金融产品进行分解和重新组合。

2. 金融工程化的原因

金融工程化的动力来自20世纪70年代以来社会经济制度的变革和电子技术的进步。

(1)社会经济制度的变革

20 世纪 70 年代以来,国际金融领域内社会经济制度最大的变革是布雷顿森林体系解体。汇率的浮动化使得国际贸易和国际投资活动的风险大大增加,工商企业不仅要应付经营风险,还要面对汇率波动的风险。为保证国际贸易和国际投资的稳定,各国货币当局力图通过货币政策控制汇率的波动幅度,其中最常用的手段是调整贴现率。这样汇率的波动就传导到了利率上。20 世纪 70 年代另一个重大的冲击是石油提价引起的基础商品价格的剧烈变动。这些变化共同对风险管理技术提出了更高的要求。

(2)电子技术的进步

今天的金融市场日益依赖信息的传播速度、交易商的交流能力、个人计算机以及复杂的分析软件,金融工程采用图解、数值计算和仿真技术等工程手段来研究问题,金融工程的研究直接而紧密地联系着金融市场。大部分真正有实际意义的金融工程研究,必须有计算机技术的支持:图解法需要计算机制表和作图软件的辅助,数值计算和仿真则需要很强的运算能力,经常用到百万甚至上亿次的计算。如果没有计算机的高速运算和设计,这些技术就失去了意义。电信网络的发展能够实现即时的数据传送,这样才有可能在全球范围内进行交易。技术的进步使得许多古老的交易思想旧貌换新颜,在新的条件下显示出更大的活力。如利用股票现货与股指期货之间的价格不均衡性来获利的计算机程序交易,其基本的套利策略本身是十分陈旧的。这种策略被应用于谷物交易已经有一个多世纪了,但是将该策略应用到股票现货与股指期货上则需要复杂的数学建模、高速运算以及电子证券交易等条件的支持。

3. 金融工程化的影响

金融工程化的趋势为人们创造性地消除金融风险提供了空间。金融工程的出现标志着高科技在金融领域的应用,它极大地提高了金融市场的效率。值得注意的是,金融工程化也是一把双刃剑:1997 年的东南亚金融危机中,国际炒家正是利用它来设计精巧的套利和投机策略,从而直接导致这一地区金融、经济动荡;反之,在金融市场日益开放的背景下,各国政府和货币当局要维持经济和金融的稳定,也必须借助这些高科技手段。

习　　题

一、单项选择题

1. 金融资产发行后进行买卖的市场被称为(　　)。

A. 初级市场　　B. 次级市场　　C. 第三市场　　D. 第四市场

2. 参与金融市场交易的主要目的是实施货币政策的金融机构是(　　)。

A. 保险公司　　B. 中央银行　　C. 商业银行　　D. 政府

3. 金融市场的交易机制的核心是(　　)。

A. 价格机制　　B. 市场机制　　C. 风险机制　　D. 收益机制

4. 能将小额分散资金汇聚成能够投入社会再生产的资金的集合功能是(　　)。

A. 聚敛功能　　B. 配置功能　　C. 调节功能　　D. 反映功能

二、判断题

1. 金融市场是货币资金融通市场,在金融市场上交易的对象是同质的货币资金。

2. 间接融资是指货币资金的需求者借助一定的金融工具直接向资金供应者融通资金的方式。

3. 资本市场是以期限为 3 年以上的金融资产为交易工具的中长期资金融通市场。

4. 金融衍生工具是指建立在基础工具或基础金额变量之上,其价格取决于后者价格变动的衍生品。

三、简答题

1. 简述金融市场的含义、特征及分类。

2. 简述一级市场与二级市场的关系。

3. 简述金融市场的主体以及金融中介机构的类型和作用。

第二章　货币市场

引入案例

上海银行间同业拆放利率(Shanghai interbank offered rate,简称 Shibor),以位于上海的全国银行间同业拆借中心为技术平台计算、发布并命名,是由信用等级较高的银行组成的报价团自主报出的人民币同业拆出利率计算确定的算术平均利率,是单利、无担保、批发性利率。目前,向社会公布的 Shibor 品种包括隔夜、1 周、2 周、1 个月、3 个月、6 个月、9 个月和 1 年。

Shibor 报价银行团现由 18 家商业银行组成。报价银行是公开市场一级交易商或外汇市场做市商,在中国货币市场上人民币交易相对活跃,信息披露比较充分的银行。中国人民银行成立了 Shibor 工作小组,依据《上海银行间同业拆放利率(Shibor)实施准则》确定和调整报价银行团成员,监督和管理 Shibor 的运行,规范报价行与指定发布人的行为。

全国银行间同业拆借中心受权 Shibor 的报价计算和信息发布。每个交易日根据各报价行的报价,剔除最高、最低各 4 个报价,对其余报价进行算术平均计算后,得出每一期限品种的 Shibor,并于 11:00 对外发布。

(资料来源:上海银行间同业拆放利率官网)

第一节　货币市场概述

根据金融工具成熟期限的长短,金融市场分为货币市场和资本市场。货币市场是一年期以内的短期金融工具交易所形成的供求关系及其运行机制的总和。货币市场为金融资产与货币的交换提供了便利,其活动的主旨是保持资金的流动性,以便随时获得现实的货币。它一方面满足资金需求者的短期资金需要,另一方面也为资金盈余者提供暂时闲置的资金,获取盈利的机会。货币市场的基本作用是将两者联系起来,使借贷活动成为可能。

一、货币市场的特征

货币市场具有以下基本特征:

1. 期限较短。货币市场上的交易主要是满足短期资金的供求和周转需要,因而短期金融工具是货币市场存在与发展的基础。在货币市场上,交易的短期金融工具一般期限较短,最短的只有一天,最长的也不超过一年,较为普遍的是3—6个月。

2. 流动性强。货币市场上的交易资金仅仅代表了暂时的现金过剩,其交易者主要追求安全性和流动性。相应地,货币市场上的短期金融工具因期限短、质量高而具有极强的变现能力。

3. 交易量大。货币市场的参与者一般为大型金融机构或资金供求量巨大而资质尚佳的非金融机构。它们几乎每天都进行巨额资金的调度与交易,具有资金批发交易的性质。货币市场是目前世界上交易量最大的金融体系,为众多金融机构、政府机构和大型非金融公司提供借贷服务。

4. 效率最高。货币市场是世界上最有效率的市场之一。它的效率反映在市场的广度、深度和弹性上。货币市场的广度是指货币市场的参与者和交易工具的多样化;货币市场的深度是指货币市场交易的活跃程度;货币市场的弹性则是指货币市场在应付突发事件及大手笔成交之后价格的迅速调整能力。

货币市场就其结构而言,可分为同业拆借市场、回购协议市场、大额可转让定期存单市场、短期政府债券市场、票据市场及货币市场共同基金市场等若干个子市场。

二、货币市场的参与者

货币市场的参与者包括三大类,即资金需求者(借入者)、资金提供者(贷出者)和金融中介服务机构。在货币市场上,很难确定谁是资金借入者,谁是资金贷出者,因为同一机构常常在货币市场上同时进行借贷经营与操作,如图2-1所示(该图引自罗斯《货币与资本市场(第8版)》,中国人民大学出版社,2006年版第279页)。具体而言,货币市场的参与者通常包括下列机构与个人。

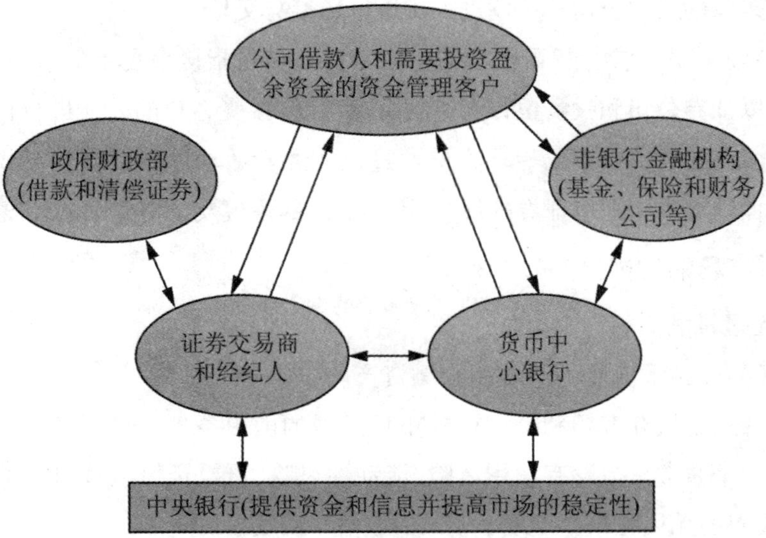

图2-1 货币市场结构图

1. 商业银行。商业银行参与货币市场的主要目的是进行头寸管理。商业银行的头寸规模取决于各项资金来源和各项未到期金融资产的差额,其数额不宜太多也不宜太少。这决定了银行经营的一项重要内容就是通过参与货币市场进行货币借贷和证券买卖,从而实现头寸的有效调度。商业银行的经营性质与经营规模决定了它在货币市场上交易频繁而且数额巨大,商业银行是货币市场参与者中的大户。

2. 非银行金融机构。保险公司和基金公司等非银行金融机构也是货币市场的重要参与者,其主要目的是利用货币市场提供的低风险、高流动性的金融工具,实现最佳的投资组合。各类金融工具的市场价格、风险及收益率的频繁变动,使得这些金融机构频繁出入货币市场,从而实现资产组合调整的目标。

3. 中央银行。中央银行参与货币市场的主要目的是通过进行公开市场交易,实现货币政策目标。作为中央银行最主要的货币政策工具,公开市场业务对市场的规模、市场的流动性均有较高的要求。货币市场因拥有大量信誉较高、流动性较强的短期国债,而成为中央银行进行公开市场交易的理想场所。出于实施货币政策的需要,中央银行在货币市场上的活动往往十分频繁并且规模较大。

4. 政府。政府参与货币市场的主要目的是筹集资金以弥补财政赤字,以及解决财政收支过程中短期资金不足的问题。由于政府参与货币市场意在筹措短期资金,因此其市场活动主要集中于发行市场。从国外的经验来看,国债的规模越大,政府参与货币市场的程度越高,短期国债发行与交易对货币市场的影响就越大。

5. 工商企业。企业参与货币市场活动的目的是调整流动性资产的比重,并取得短期投资收益。非金融企业在经营过程中会形成一定数量的短期闲置资金,将其投入流动性高的货币市场,即可获得相对可观的利息收入,且风险较小。一般来说,只有那些信誉良好、资金实力雄厚的大型公司才可能进入货币市场参与交易。

6. 金融专业人员。参与货币市场的金融专业人员是指该市场上的经纪人、交易商和承销商,一般以证券公司和投资银行人员的身份出现,接受客户的委托进行证券发行与交易,或进行自营交易。货币市场专业人员通过以上经营活动可以取得佣金收入和差价收入,收入的高低则取决于上市证券的规模、市场交易的规模及价格变动的幅度等。

三、货币市场的功能

(一)确定基准利率

货币市场为金融系统提供了各种金融资产赖以定价的基础——基准利率,从而构成了金融市场,特别是债券市场和衍生证券市场发展的前提条件。在不考虑通货膨胀率的情况下,基准利率通常是指没有信用风险、流动性风险、再投资风险等风险的一种无风险利率。不同期限的无风险利率形成了基准的收益率曲线。

货币市场从两个方面促成了无风险收益率曲线的形成:

①高信用品质的短期证券(主要是短期国库券)的发行确定了1年以内的无风险利率,比如美国和法国的3个月、6个月和1年期的国库券。即使没有这种高品质的短期证券,货币市场上的同业拆借利率、(国债)回购利率以及互换利率也可以承担这个角色。不过,从金融工具的信用风险和流动性角度看,市场在长期内更愿意以短期国库券作为确定短期无风险利率的载体。比如,马来西亚、捷克等发展中国家或转型国家曾经将政府机构债券收益率、高品质公司债券收益率以及互换利率作为基准利率,但现在均转向了短期国库券;再比如,美国在克林顿政府时期累积了大量的政府盈余,但是为了保证短期国库券的流动性,从而确保其作为短期无风险利率载体的地位,美国财政部减少了中、长期国债的发行,尽力保持短期国库券的发行规模。

②为了形成中、长期的无风险利率,发行高品质的中、长期债券(一般是国债)必不可少。然而,这些中、长期债券顺利发行和交易的关键就在于它们是否具有充分的流动性。货币市场为这些债券提供了流动性便利,进而使中、长期的基准利率得以顺利确定。

(二)提供短期流动性

货币市场为各经济当事人提供了进行流动性管理的便利渠道。对资金短缺者来说,货币市场是比银行贷款更廉价的资金来源渠道。在政府筹资方面,货币市场提供的流动性降低了政府债券的流动性,从而使政府筹资成本大幅下降,而具有高度流动性的货币市场是政府进行有效的国库现金管理的基础。对于资金盈余者来说,货币市场使得短期的盈余资金也能获得合理的回报率。

机构投资者在金融系统中正扮演着越来越重要的角色,而货币市场的流动性管理功能对于机构投资者来说更关键。货币市场的发展从三个方面为机构投资者提供了流动性管理的手段,从而促成了有效价格的形成和市场的稳定:①各种短期货币市场工具是调整流动性的便利工具,如同业拆借、国债回购;②货币市场上的中介组织,特别是货币市场基金为机构投资者提供了流动性管理服务;③货币市场是公司债券市场和金融衍生市场发展的基础。

(三)提供市场化的宏观经济、金融管理手段

货币市场所具有的以上两个基本功能是资本市场发展的基础。同时,货币市场也为宏观政策当局的监管及总需求管理提供了具有高度透明性和市场化的方便途径。首先,完善的货币市场是货币政策及金融监管当局从直接的强制性管制措施转向间接的市场化操作的前提条件。主要表现在三个方面:首先,货币市场为公开市场业务提供了可供操作的工具,如同业拆借、国债回购;货币市场同资本市场乃至实体经济的联系构成了市场化货币政策得以有效施行的各种传导渠道;货币市场的发展推动了债券市场和衍生品市场的发展,为金融机构管理信用风险和利率风险提供了基本的工具。其次,货币市场为政府财政收支的管理提供了市场化的手段。从政府财政筹资的角度看,发行政府债券要优于税收手段和向中央银行借款:与征税相比,发行政府债券不会对经济当事人的行为产生负面的影响,在合理的控制下,发行政府债券不会对私人投资产生挤出效应;与向中央银行借款相比,发行政府债券不会产生直接而巨大的通货膨胀压力。此外,通过发行债券筹资可以使政府债务"显明化",从而增加财政透明度,强化财政纪律。政府债务的公开有助于减少政府对其他经济当事人实施的各种隐含担保。如前文所述,货币市场的发展是政府债券顺利发行的前提:在一个具有众多参与者的货币市场上,政府债券可以获得良好的流动性,从而降低政府筹资的成本。

除了帮助政府发行债券、筹资,发达的货币市场还有利于国库的现金管理。目前,各国政府管理国库现金主要有两种模式:①在商业银行开设存款账户,如美国、德国、加拿大;②直接在货币市场进行日常操作,如英国、法国、荷兰。无论哪种模式,归根结底都依赖发达的货币市场。事实上,许多发展中国家正是因为缺乏完善的货币市场,才使得国库现金管理变得混乱无序,而这导致了中央银行难以进行市场化的货币政策操作,从而进一步抑制了货币市场的发展,最终形成了一个恶性循环。

四、货币市场的形式

货币市场既有无形市场,又有有形市场,以无形市场为主。

货币市场的参与者主要是各类大型机构,而以机构为主要参与者的市场具有交易规模大、客户数量较少、交易频繁的特点。这些特点决定了在货币市场上,大多数交易都是由交易双方通过电话或其他电子联系方式直接完成的,这种交易市场称为场外交易市场(OTC)。在场外交易市场中,交易双方可以在任何一个角落,因此场外交易市场没有固定的场所,只有在交易双方发生交易时才存在。

有些与货币市场相关的工具如短期国债、国债期货,在芝加哥期货交易所(CBOT)、香港联交所和上海证券交易所这样的金融交易所进行买卖交易,这些是场所固定的有形市场。

有形市场(如交易所)的交易只能在一定的"营业时间"内进行,而场外交易市场则可以在世界范围内一天 24 小时不间断地交易,这使得贷款者能够在世界任何一个市场寻求最高的利率,也使得借款者总是在寻找最廉价的资金。

五、货币市场的利率

货币市场各种金融工具的交易利率围绕基准利率波动。在国际货币市场上,比较典型的基准利率有美国联邦基金利率、伦敦银行同业拆借利率和香港银行同业拆借利率等。其中,伦敦银行同业拆借利率最有影响力,也是使用最广泛的短期利率标准。

伦敦银行同业拆借利率(LIBOR)是伦敦金融市场上银行间相互拆借英镑、欧洲美元及欧元等货币时的利率。LIBOR 由部分有代表性的银行组成的审核委员会决定,每天由 BBA(British Bankers' Association)在上午 11 点发布。除了英镑的 LIBOR,还有美元、欧元、日元等货币的LIBOR。目前,伦敦银行同业拆借利率已成为国际金融市场上的一种关键利率,一些浮动利率的融资工具在发行时也以该利率作为浮动的依据和参照物。

另一个在亚洲货币市场颇有影响的基准利率是香港同业拆借利率(HIBOR)。它是香港银行同业之间买卖港元投资工具所选定的利率,时间为隔夜到一年不等。香港同业拆借利率的确定:由香港银行公会指定的20家银行于香港时间早上11时提供报价,剔除最高的3个报价和最低的3个报价,其余14个报价的平均值作为期间基准利率报出。

第二节　同业拆借市场

同业拆借市场的形成源于存款准备金制度的实施。最先实行存款准备金制度的中央银行是英格兰银行,它最初的目的是方便资金清算,限制银行券的过度发行以及保护银行体系的支付能力。1913年制定的美国《联邦储备银行法》第一次真正以法律形式规定商业银行必须将一定比例的存款上缴联邦储备银行,作为法定的存款准备金。该法规定:联邦储备体系的会员银行,必须按规定的比率向联邦储备银行提交存款准备金,而不能将全部存款都用于放贷、投资及其他营利性业务。会员银行在联邦储备银行账户上的存款抵充法定存款准备金后的部分,为会员银行的超额存款准备金(也称超额存款储备)。会员银行实际存入的准备金若低于应存入数额的2%,就必须按当时的贴现率加2%的利率交付罚息。由于清算业务活动和日常收付数额的变化,总会出现有的银行存款准备金多余,有的银行存款准备金不足,存款准备金不足的银行必须按规定补足。这样,在存款准备金多余的银行和不足的银行之间,客观上就存在互相调剂的需求。同业拆借市场便应运而生。1921年,在美国纽约形成了以调剂联邦储备银行会员银行的准备金头寸为内容的联邦基金市场,实际上就是美国的同业拆借市场。在英国,伦敦同业拆借市场的形成,则建立在银行间票据交换过程的基础之上。各家银行在轧平票据交换的差额时,有的银行头寸不足,就要向头寸多余的银行拆入资金。因此,不同银行之间出现经常性的资金拆借行为。

在经历了20世纪30年代的经济危机之后,西方各国普遍强化了中央银行的作用,相继引入法定存款准备金制度作为控制商业银行信用规模的手段。与此相适应,同业拆借市场也得到较快的发展。

在经历了较长时间的发展过程之后,当今世界各国的同业拆借市场无论是在交易内容、开放程度方面,还是在融资规模、功能作用方面,都发生了深刻的变化。同业拆借市场已成为金融机构特别是商业银行进行资产负债管理的重要工具,也是中央银行检测银根状况、进行金融调控的重要窗口。

一、同业拆借市场的特点

1. 融资期限短。同业拆借市场出现之初,主要是为了调剂商业银行临时性的资金不足或盈余,因此期限多为1日或者几日。随着同业拆借市场逐步成为解决金融机构资金流动性与营利性的矛盾,为各类金融机构解决短期资金需求和短期资金运用的重要渠道,同业拆借的期限已发展至隔夜、数日到1年不等。

2. 交易金额大。在同业拆借市场上进行资金借贷或融通,没有单位交易额限制,交易额较大,一般也不需要以担保或抵押品作为借贷条件,完全是一种信用资金借贷式交易,双方都以自己的信用做担保,都严格遵守交易协议。

3. 市场准入标准严格。由于同业拆借市场上交易主体之间交易频繁,规模巨大,且多为信用交易,因此各国金融监管当局都对同业拆借市场的准入标准进行了严格的限制,即必须都是商业银行或中央银行指定的其他金融机构。

4. 交易便捷。同业拆借市场交易手段先进,手续简便,成交迅捷。市场上的交易商可以通过电话洽商或通过专业经纪人进行交易,这是一种无形市场,通常无书面合约,交易效率高。

5. 利率决定市场化。同业拆借利率可以由融资双方根据资金供求关系及其他影响因素自主协定,也可借助中介人、经纪商,通过市场公开竞标确定。无论是交易双方直接协商议价还是通过中介进行竞价匹配,都充分反映了市场上的资金供求状况及增减变化。

二、同业拆借市场的交易原理

在正常情况下,商业银行可用于贷款和投资的资金数额只能小于或等于负债额与法定存款准备金余额之差。但在实际经营活动中,资金流入和流出是经常性且不确定的,因此商业银行无法时刻保证中央银行的存款准备金账户余额恰好等于法定准备金余额。如果准备金存款账户上的余额大于法定准备金余额,即拥有超额准备金,就意味着商业银行有闲置资金,也就产生了相应的利息损失;如果准备金存款账户上的余额等于或小于法定准备金余额,在出现有利的投资机会而又无法筹集到所需资金时,商业银行就只能放弃投资机会或出售资产、收回贷款等。为了解决这一矛盾,存在多余准备金的银行和存在准备金缺口的银行之间就出现了准备金的借贷。这种准备金余额的买卖活动就构成了传统的银行同业拆借市场。

随着市场的发展,同业拆借市场的参与者也开始呈现出多样化的格局,交易对象也不仅限于商业银行的准备金了,还包括商业银行的存款以及证券交易商和政府拥有的活期存款。拆借的目的除了满足准备金要求,还包括轧平票据交换的差额,解决临时性和季节性的资金要求等,但它们的交易过程都是相同的。

同业拆借市场资金借贷程序简单快捷,借贷双方可以通过电话直接联系或与市场中介人联系。在借贷双方就贷款条件达成协议后,贷款方可直接或通过代理行经中央银行的电子资金转账系统将资金转入借款方的资金账户上,数秒钟即可完成转账程序。归还贷款时,可用同样的方式划转本金和利息,有时利息的支付也可通过向贷款行开出支票进行支付。同业拆借市场的运作程序因交易组织形式和拆借双方所处的地理位置不同而有差异,具体可分为通过中介机构(经纪商)进行的同城拆借、通过中介机构进行的异地拆借、不通过中介机构的同城拆借和不通过中介机构的异地拆借四种情形。

三、同业拆借市场的参与者

商业银行是同业拆借市场的主要参与者,它既是主要的资金供应者,又是主要的资金需求者。由于同业拆借市场期限较短,风险较小,许多银行都把短期闲置资金投放于该市场,以及时调整资产负债结构,保持资产的流动性。那些市场份额有限、承受经营风险能力较低的中小银行,更是把同业拆借市场作为短期资金运用的经常性场所,力图通过该市场提高资产质量,降低经营风险,增加利息收入。

非银行金融机构如证券商、互助储蓄银行、储蓄贷款协会等也是同业拆借市场的重要参与者。它们大多以贷款人的身份出现在市场上,但有时也是资金的需求方,譬如券商的短期拆入业务。此外,外国银行的代理机构和分支机构也是同业拆借市场的参与者。市场容量的扩大使市场功能不断增多,并使得各种金融机构的横向联系日益紧密。

同业拆借市场的交易既可以直接联系交易,也可以通过市场中介完成。同业拆借市场中介指的是那些资金拆入者和资金拆出者联系交易以赚取手续费的经纪商,包括两类:一类是专门从事拆借市场及其他货币市场子市场中介业务的专业经纪商,如日本的短资公司;另一类是非专门从事拆借市场中介业务的兼营经纪商,大多是商业银行,它们不仅充当经纪商,而且参与市场交易。

四、同业拆借市场的拆借期限与利率

同业拆借市场的拆借期限通常以 1 到 2 天为限,短至隔夜,多则 1 到 2 周,一般不超过 1 个月,当然也有少数同业拆借交易的期限接近或达到 1 年的。

同业拆借利率即同业拆借市场的资金价格,通常按年利率以百分数的形式报价。在报价时,同一金融机构报出两个价格,分别为拆入利率和拆出利率。拆入利率表示该金融机构愿意接受的借款利率,拆出利率则表示金融机构愿意提供的贷款利率。通常情况下,一家金融机构的拆入利率低于拆出利率,二者之间的差价为金融机构的收益。由于同业拆借利率波动灵敏,能够及时准确地反映货币市场的资金供求状况,因此成为货币市场的关键利率。许多浮动利率资产交易都把同业拆借利率作为参照利率。

目前,国际货币市场上通用的同业拆借利率是伦敦银行同业拆借利率(LIBOR)。国际金融市场上的大多数浮动利率交易都以 LIBOR 作为基准利率。此外,国际货币市场上较有代表性的同业拆借利率还有美国联邦基金利率(Federal funds rate)、新加坡银行间同业拆借利率(SIBOR)、中国香港银行间同业拆借利率(HIBOR)等。

第三节　回购协议市场

回购协议市场是指通过回购协议进行短期资金融通交易的市场。所谓回购协议(repurchase agreement),是指证券买卖双方在成交的同时,协议约定于未来某一时间以特定价格(原定价格或约定价格)再进行反向交易的行为。从本质上说,回购协议是一种抵押贷款,其抵押品是证券。

一、回购协议市场的形成与发展

回购协议市场最早产生于美国。1918 年,美国联邦储备银行开始进行银行承兑汇票的回购交易,最初目的是融资。从 20 世纪 60 年代开始,当通货膨胀的阴云开始笼罩整个西方世界时,回购协议市场却迎来了意想不到的黄金时期。1969 年,美国联邦政府规定,银行运用政府债券进行回购协议形成的资金来源,可以不受法定存款准备金的限制。这进一步推动了银行踊跃参与回购协议交易,并将回购协议的内容主要集中在国库券和地方政府债券身上。随着市场利率的高涨,大多数公司的财务主管急于为手中掌握的短期资金寻找妥当的投资场所。企业的积极参与也为回购协议市场带来了大批投资者。

除了工商企业和商业银行,美国各级地方政府也是回购协议市场的积极参与者。因为按照美国法律的规定,美国各级地方政府的闲置资金必须投资政府债券或者以银行存款的形式持有,并且要保证资金的完整性,这极大地限制了地方政府在财务上的灵活性。回购协议市场的出现正好提供了既满足必须投资政府债券的要求,又能保障还款的投资渠道。因此政府成为该市场的积极参与者。

目前,美国的回购协议市场依然是世界上规模最大的回购协议市场。拥有上万亿美元短期资金的共同基金是这个市场上的最大投资者。

二、回购协议市场的交易原理

回购协议的期限为一日至数月不等。一笔回购交易涉及两个交易主体和两次交易契约行为。两个交易主体是指以券融资方(卖出回购方、资金需求方)和以资融券方(买入返售方、资金供给方);两次交易契约行为是指开始时的初始交易和回购期满时的回购交易。无论是资金融入方还是资金融出方都要经过两次交易契约行为。

在回购协议签订后,资金需求者同意向资金供应者出质或出售政府债券、政府代理机构债券以及其他债券,以换取即时可用的资金。一般来说,回购协议中所交易的证券主要是政府债券。当回购协议期满时,再用即时可用的资金做相反的交易。从表面上看,资金需求者通过出质或出售债券获得了资金,而实际上资金需求者是从短期金融市场上借入了一笔资金。资金借出者获得了一笔短期内有权支配的债券,但这笔债券到期时要按约定的数量如数交回。因此,出质或出售债券的人实际上是借入资金的人,购入债券的人实际上是借出资金的人。出质或出售债券的一方允许在约定的日期以原来买卖的价格再加上若干利息购回该证券。此时,不论该证券的价格升还是降,都要按约定的价格购回。回购协议的交易过程如图 2-2 所示。

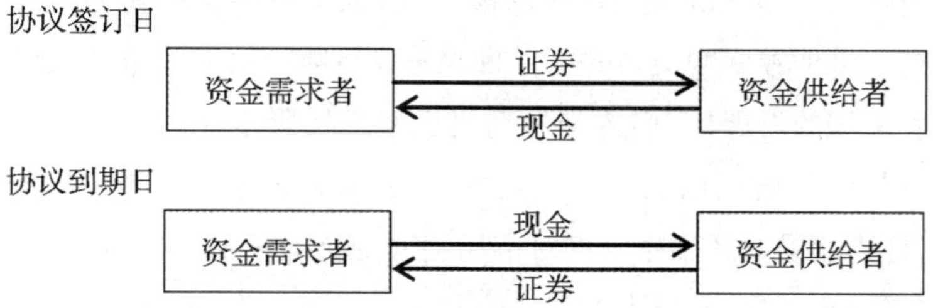

图 2-2 回购协议的交易过程

金融机构之间的短期资金融通一般可以通过同业拆借的形式进行,不一定要用回购协议的办法。非金融行业、政府机构和证券公司等资金供给者通过回购协议可以避免对放款的管制。

三、回购协议市场的参与者

(一)中央银行

中央银行是回购协议市场上最重要的参与者。中央银行参与回购协议市场是为了调整银行系统内的准备金水平,进而影响货币市场利率和货币供应量,抵消季节性或意外因素的干扰和影响。中央银行利用债券回购进行公开市场操作,比在货币市场上直接买卖政府债券的成本更低,方式更加灵活,在某些情况下,效果也更加明显。

(二)各类金融机构

商业银行等存款机构是回购协议市场上最重要的一类参与者。它们参与回购协议市场的主要动机是筹集资金。商业银行和存款机构可选择的筹资渠道很多,其中包括同业拆借市场、可转让定期存单等。与其他的融资方式相比,证券回购有其自身的优势。首先,由于回购协议的风险比较低,因此,其筹集成本也比较低。这对于存款机构,尤其是那些知名度不高,难以通过其他方式筹集到足够资金的中小型商业银行和其他存款机构来说有相当大的吸引力。其次,与同业拆借市场仅限于金融机构之间的交易相比,回购协议市场的参与者更广泛,各种非金融公司、地方政府等均可参加交易,这大大增加了资金的供给,拓展了银行与其他存款机构的融资范围,使得它们在市场谈判中处于比较有利的地位。再次,从期限上来看,证券回购比银行等存款机构的存款和可转让定期存单更加灵活。它既可以短至 1 天,又可以长达几个月。一般情况下,可转让定期存单的期限都在 14 天以上。除此之外,各家银行和存款机构还可以与交易对手签订没有具体期限的、开放式的证券回购,并且每天根据资金需求的情况不断续约,以满足自身业务拓展的需要。

货币市场基金是参与证券回购交易的又一类重要的金融机构。它们主要以投资者的身份出现,通过与交易对手签订逆回购,用资金投资各类货币市场证券,以所赚取的利息分配给基金的股东。有时,基金经理也根据对市场利率变化的预期,利用证券回购来进行投机。

证券交易商是回购协议市场最积极的参与者,也是最早发现和利用证券回购的私人部门。它们最初从事证券回购交易的主要目的是以更廉价的方式融资或以更加灵活的方式投资。但随着市场的发展,它们的交易动机已经不局限于此。它们向任何有意参与证券回购的市场参与者报出正回购与逆回购的价格,并随时准备成交,以维持市场的流动性。除了造市,证券交易商还根据它们对市场利率变化的预期,调整正回购和逆回购的头寸与期限,使二者出现差异,并从未来利率的变化中获利。

(三)非金融公司

第一笔非金融公司的回购交易发生在通用汽车公司和一家政府证券交易商之间。之后,越来越多的非金融公司开始进入回购协议市场,但它们最初是以投资者的身份出现的。第二次世界大战以后,西方发达国家的经济得到了快速的增长,非金融公司积累了大量暂时闲置的资金,迫切需要寻找投资机会。然而,大部分国家还存在利率管制,银行存款的利率相对于非金融公司来说已经失去了吸引力,在高通货膨胀时期也增加了它们持有现金的成本。而投资收益比较高的证券市场,又面临较大的风险。逆回购协议为它们提供了最佳的选择。它们可以暂时买入交易对手的可流通证券,从而赚取利息收入。与其他私人部门发行的货币市场工具相比,证券回购有足额的证券担保,其风险往往低于商业票据、银行承兑汇票和可转让定期存单等。由于以政府或政府机构证券为担保的证券回购可以免交存款准备金,降低了商业银行和存款机构的成本,因此它们能够向非金融公司等交易对手支付高于同期银行存款的利率。

(四)地方政府

地方政府的现金流有很强的季节性。税收或发行市政债券而筹集的资金常常需要放置一段时间后才能用于项目投资。因此,充分利用这些闲置的资金对于地方政府来说是十分重要的。在大部分情况下,由于法律的限制,地方政府不能投资私人部门所发行的货币市场工具,而只能投资风险比较低的政府证券,尤其是国库券。然而,国库券的利率过低,其期限也不一定与地方政府的短期投资期限相匹配,而证券回购利率高于国库券,其风险低于其他私人部门所发行的证券,而且还可以根据地方政府现金流量计划来灵活地安排期限。正因为如此,证券回购很快成为地方政府重要的投资工具。

四、回购协议市场的期限与利率

(一)回购协议市场的期限

证券回购的交易期限可长可短。最短的为隔夜回购,还有期限为几天的证券回购,较长期限(如1—3个月期限)的证券回购叫"定期证券回购"。有的证券回购期限不固定,属于"开放式的证券回购",协议每天经交易双方同意后进行展期,利率根据隔夜证券回购的利率每天重新确定一次。

(二)回购协议市场的利率

证券回购的利率是衡量证券回购交易中借款人(证券出售者)向贷款人(证券购买者)所支付的报酬比例。证券回购利率反映了交易中证券的购买者(投资者)所承担的各种风险。它取决于证券的种类、交易对手的信誉和证券回购的期限等。证券的信用风险越高,证券回购的利率就越高。商业票据、可转让定期存单、银行承兑汇票或抵押担保证券等证券的回购利率会比政府证券或政府机构证券的回购利率高出5—15个基点。同样,证券回购的期限也与其利率的变化成正比,即期限越长,利率越高;反之,利率就越低。也就是说,与其他金融市场一样,回购协议市场的收益率曲线也是向上倾斜的。

第四节 大额可转让定期存单市场

大额可转让定期存单(negotiable certificates of deposits,简称CDs)是20世纪60年代以来金融环境变革的产物。它们是银行和其他存款机构为防止存款流失和满足市场投资者对短期投资工具的需求而发行的一种债务凭证。通过发行大额可转让定期存单,银行和其他存款机构获得了一个稳定的资金来源,增强了贷款能力,也增加了一种负债管理的工具。这种金融创新工具的产生也使投资者丰富了投资组合。

一、大额可转让定期存单的产生和发展

大额可转让定期存单首创于美国。它和商业票据一样都是20世纪60年代美国的银行业为规避《Q条例》而进行金融创新的产物。为了阻止存款外流,银行必须开发出新的存款工具吸引客户。花旗银行集团首先于1961年推出了大额可转让定期存单,兼顾了活期存款的流动性和定期存款的收益性,也合理地规避了金融管制。大额可转让定期存单一上市就受到了投资者的欢迎。

经过几十年的时间,大额可转让定期存单在各方面都得到了极大的发展。从规模上看,美国的大额可转让定期存单交易额从20世纪60年代初的不到10亿美元发展到20世纪80年代初的800多亿美元;从品种上看,从最初的单一品种发展到目前的包括欧洲CDs和储蓄机构CDs在内的多个品种;从范围上看,从最初美国是唯一的发行国发展到包括英国和日本在内的几乎所有发达国家都大量发行。

二、大额可转让定期存单的种类

按照发行者的不同,大额可转让定期存单可以分为四类。

1. 国内存单。国内存单是四种存单中最重要、历史最悠久的一种，由美国国内的银行发行。存单上注明存款的金额、到期日、利率及利息期限。向机构发行的面额为 10 万美元以上，二级市场的最低交易单位为 100 万美元。国内存单的期限由银行和客户协商确定，常常根据客户的流动性要求灵活安排，期限一般为 30 天到 12 个月，也有超过 12 个月的。流通中的未到期国内存单的平均期限为 3 个月左右。初级市场上国内存单的利率一般由市场供求关系决定，也有由发行者和存款者协商决定的。利息的计算通常按距到期日的实际天数计算，一年按 360 天计。利率有固定和浮动之分。在固定利率的条件下，期限为一年以内的国内存单的利息到期时偿还本息；期限超过一年的，每半年支付一次利息。如果是浮动利率，则每个月或每三个月调整一次，主要参照同期的二级市场的利率水平进行调整。国内存单以记名方式或无记名方式发行，大多数以无记名方式发行。

2. 欧洲美元存单。欧洲美元存单是美国境外银行（外国银行和美国银行在外的分支机构）发行的以美元为面值的一种可转让定期存单。欧洲美元存单市场的中心在伦敦，但欧洲美元存单的发行范围并不仅限于欧洲。欧洲美元存单最早出现于 1966 年。它的兴起应归功于美国银行条例，尤其是《Q 条例》对国内货币市场筹资的限制。由于银行在欧洲美元市场不受美国银行条例的限制，可以在国内放款筹资，因此欧洲美元存单数量迅速增加。美国大银行过去是欧洲存单的主要发行者，1982 年之后，日本银行逐渐成为欧洲存单的主要发行者。

3. 扬基存单。美国历史上被称作扬基（Yankee）国，因此扬基存单也叫“美国佬”存单。它是外国银行在美国的分支机构发行的一种可转让定期存单，其发行者主要是西欧和日本等地的著名国际银行的在美分支机构。扬基存单期限一般较短，大多为 3 个月以内。早期，由于扬基存单发行者的资信情况不为投资者所了解，因此只有少数扬基存单由发行者直接出售给同它们建立了关系的客户，大多数扬基存单通过经纪商销售。后来，随着外国银行的资信逐渐为美国投资者所熟悉，扬基存单被人们广泛接受。这时，发行者直接以零售形式出售扬基存单变得更为普遍。外国银行发行的扬基存单之所以能在美国立足，主要是因为以下两个方面的原因：一是这些银行持有美国执照，增加了投资者对扬基存单的安全感；二是扬基存单不受联储条例的限制，无法定准备金要求，在竞争上具有成本优势。外国银行在美国发行证券一般要比美国国内银行支付更高的利息，但由于扬基存单在准备金上可以享受豁免，因此它的成本与国内存单不相上下，甚至更低。

4. 储蓄机构存单。这是出现得较晚的一种存单，是由一些非银行金融机构（储蓄贷款协会、互助储蓄银行、信用合作社）发行的一种可转让定期存单。其中，储蓄贷款协会是主要的发行者。储蓄机构存单因法律规定或实际操作困难而不能流通转让，因此其二级市场规模很小。

三、大额可转让定期存单的市场特征

1. 利率和期限。20 世纪 60 年代，可转让存单主要以固定利率的方式发行，存单上注明特定的利率，并在指定的到期日支付。因此，在当时利率稳定的情况下，可转让存单深受投资者的欢迎。那些既注重收益又要求流动性强的投资者购买短期可转让存单，而更注重收益的投资者则购买期限稍长的存单。从20世纪60年代后期开始，金融市场利率发生了变化，利率波动加剧，并且利率趋于上升。在这种情况下，投资者都希望投资短期的信用工具，可转让存单的期限大大缩短。20世纪60年代，存单的期限为3个月左右，1974年以后缩短为2个月左右。

2. 风险和收益。对投资者来说，可转让存单的风险有两种：信用风险、市场风险。信用风险是指发行存单的银行在存单期满时无法偿付本息的风险。在美国，虽然一般的会员商业银行必须在联邦存款保险公司投保，但由于存单发行面额大，而每户存款享受的最高保险额只有10万美元，因此存单的信用风险依然存在，更不要说没有实行存款保险制度的国家的银行所发行的存单了。而且，近年来国际金融风波不断，信用风险还有加大的趋势。市场风险是指存单持有者急需资金时，存单不能在二级市场上立即出售变现或不能以较合理的价格出售。尽管可转让存单的二级市场非常发达，但其发达程度仍比不上国库券市场，因此可转让存单并非完全没有市场风险。一般来说，存单的收益取决于三个因素：发行银行的信用评级、存单的期限及存单的供求量。另外，收益和风险的高低也与这些因素紧密相连。可转让存单的收益要高于同期的国库券收益，主要原因是国库券的信用风险低并且具有免税优惠。国库券市场的流动性也比存单市场高。在四种存单之间，欧洲存单的利率高于国内存单，一般高0.2%—0.3%。扬基存单的利率和欧洲美元存单的利率差不多，扬基存单的平均利率略低于欧洲存单利率。这有两个原因：①扬基存单受美国法令和条例保护，因而投资者不用承担国家政治风险；②交易商从事扬基存单交易比欧洲存单交易更容易，成本更低。储蓄存单很少流通，因此其利率无法与以上三种存单比较。

四、大额可转让定期存单市场的参与者

大额可转让定期存单的发行者是大型商业银行集团，一般直接通过营业窗口进行信用发行，发行方式则可选择批发式或零售式。发行价格一般是平价，有时为了竞争或促销，也会采用贴现发行。

投资大额可转让定期存单最多的是大企业。它们会尽可能地将暂时闲置的资金运用出去以获得利息收入。然而，在企业的资金流中，资金闲置往往是暂时的，因此闲置资金只能用于投资货币市场的低风险工具。于是，商业银行发行的信誉较高的大额可转让定期存单就成了投资首选。企业可将存单的到期日与预期的企业支付日联系起来，从而完成资金链的衔接。

大额可转让定期存单的积极投资者是金融机构特别是货币市场基金，其次是商业银

行和信托机构(商业银行不能购买自己发行的大额可转让定期存单)。另外,政府机构、中央银行和个人投资者也是大额可转让定期存单的重要投资者。除各类金融机构外,其他投资者在二级市场上买卖大额可转让定期存单时要通过交易中介机构或短资公司等。

五、大额可转让定期存单的价值分析

对许多投资者来说,大额可转让定期存单既有定期存款的利息收入较高的特征,又有活期存款的可随时兑现的优点,是追求稳定收益的投资者的一种较好的选择。

对银行来说,发行存单可以增加资金来源,而且这部分资金可视为定期存款,因而能用于中期放款。发行存单的意义不仅在于增加银行存款,还在于发行存单对银行经营管理起到的作用。发行存单使银行在调整资产的流动性及实施资产负债管理上更加灵活。

大额可转让定期存单市场在很大程度上是通过存单交易商维持的。存单交易商的功能主要有两个:一是以自己的头寸买进存单后再零售给投资者;二是支持存单的二级市场——为存单的不断买卖创造市场。交易商购买存单的资金头寸主要是通过回购协议交易进行的。由于存单的风险比政府证券的风险更大,因此以存单作抵押进行回购协议交易时,买回存单的价格要高于买回政府债券的价格。

第五节　短期政府债券市场

短期政府债券是政府部门以债务人的身份承担到期偿付本息责任的期限为一年以内的债务凭证。从广义上看,政府债券不仅包括国家财政部门发行的债券,而且包括地方政府及政府代理机构发行的证券。狭义的短期政府债券仅指国库券。一般来说,短期政府债券市场主要指的是国库券市场。

国库券最早问世于1877年,由英国经济学家和作家沃尔特·巴佐特发明,英国财政部根据《1877年财政部证券法》发行。沃尔特·巴佐特认为,政府短期资金的筹措应采用与金融界早已熟悉的商业票据相似的工具。后来许多国家都效仿英国的做法,以发行国库券的方式来满足政府对短期资金的需要。1929年,美国财政部根据《1917年第二自由公债法》开始发行国库券。现在,国库券已成为美国货币市场上最重要的金融工具。

一、国库券的含义

国库券是指政府为筹集资金向投资者出具的、承诺在一年以内支付本息的债务凭证。与其他货币市场的信用工具不同,短期国库券交易具有一些较明显的、在很大程度上影响投资者买卖决策的投资特征。主要表现如下:

1. 违约风险小。由于国库券是国家的债务,因此它被认为没有违约风险。相反,即使

是信用等级最高的其他货币市场票据如商业票据、可转让存单,都存在一定的风险,尤其是在经济衰退时期。国库券无违约风险的特征增加了它对投资者的吸引力,还间接地影响到投资者对国库券的需求,因为各种法令和条例赋予了国库券特殊的地位。对商业银行和地方政府来说,利用国库券可以解决其他形式的货币市场票据如商业票据和银行承兑票据所无法解决的问题。例如,银行利用国库券可以很容易地与企业和地方政府等部门进行回购协议交易。

2. 流动性强。国库券的第二个特征是具有较强的可流通性,这一特征使得国库券能在交易成本较低及价格风险较低的情况下迅速变现。国库券之所以具有这一特征,是因为它是一种在高组织性、高效率的竞争市场上交易的短期融资工具。当然,当投资者需要资金时,究竟是出卖国库券还是通过其他手段来筹集资金,在很大程度上取决于其所需资金的期限及筹集资金的机会成本。它包括对风险的考虑、通信费用等从属性交易成本及报价和出价的差额所形成的成本。

3. 面额小。相对于其他货币市场票据,国库券的面额较小。在美国,1970 年以前,国库券的最小面额为 1000 美元。1970 年初,国库券的面额升至 1000—10000 美元,目前为 10000 美元。其面额远远低于其他货币市场票据的面额(大多为 10 万美元)。对许多小投资者来说,国库券通常是能直接从货币市场购买的唯一的有价证券。

4. 收入免税。在美国,国库券免税主要是指免除州及地方所得税。国库券免税优点的体现取决于投资者所在州及地方税率的高低和利率的现有水平。州及地方税率越高,国库券的吸引力越大;市场利率水平越高,国库券的吸引力也越大。国库券免税效应体现在两方面:一是免缴利息税,二是免缴资本利得税。

二、国库券的运行机制

(一)国库券一级市场

国库券一级市场是国库券从发行人手中转移到投资人手中的过程。一级市场主要围绕国库券的发行来运行。国库券的发行有公开招标、承购包销、随时出售和直接发行四种方式。

1. 公开招标方式。公开招标方式是大多数西方发达国家所采取的国库券发行方式。其过程为:财政部(或代理财政部发行国库券的央行)向公众公布计划发行国库券的期限、数额等情况,邀请有资格参加投标的机构前来竞标;投资者对国库券的价格或利率进行竞标;发行人按照一定的顺序(价格从高到低或利率从低到高)将投资者的竞标进行排列和选择,直到发行额满为止。公开招标方式可以最大限度地降低发行成本,提高发行效率,缩短发行期限,最适合国库券的发行。

西方发达国家发行国库券多采用招标方式,但中标国库券价格的确定方法各有不同。

如美国一般采用“美国式招标”。而在法国，发行国库券时，国库要根据市场对国库券的需求和国库的筹资计划选定一个最低价格（或最高利率），竞标者所报出的价格应该高于或等于所选定的价格（低于或等于所选定的利率）。开标的过程与美国式招标一样，也是从最高价格开始选定中标者。与美国式招标不同的是，中标者购买国库券所支付的价格，不是竞标者所报出的价格，而是国库所选定的价格。这种国库券的招标方式叫作“法国式招标”。还有一种具有典型意义的招标方式，叫“荷兰式招标”。中标者虽然也是愿意支付最高价格的竞标人，但他们所支付的价格却是所有中标者的加权平均价格。“荷兰式招标”的最大好处是所有中标者都支付相同的价格，这既可以鼓励竞标者报出高的价格，又避免了歧视性价格所带来的不利影响。

2. 承购包销方式。在以承购包销方式发行国库券时，财政部或代理财政部发行国库券的中央银行与由金融机构和政府证券交易商组成的承销团（也叫辛迪加）签订承购合同，在确定各自的权利和义务的基础上，商定双方满意的价格。承销团按照这一价格认购国库券后，再将国库券出售给二级市场的投资者。

承购包销方式的最大优点是发行时间短，发行效率比较高，因而也是发达国家（如德国和日本）早期常用的一种发行方式。但以这种方式发行国库券时，发行人需要向承销机构支付一定的承销费和手续费，发行成本比较高。此外，发行过程中仍然存在一些非市场性因素，不利于形成市场化的价格和利率。因此，近年来，这种方式已经不再流行。

3. 随时出售方式。随时出售方式也叫连续发行方式，指发行人不预先确定发行条件，而由代理机构或销售网点根据市场情况的变化，随时改变发行条件的一种发行方式。这种方式的主要特点是发售期限不定，发行条件比较灵活，但发售期限过长，不利于在较短的时间内完成国库券的发行计划。

4. 直接发行方式。直接发行方式主要指发行人单方面地确定国债的发行条件，再通过各种渠道（如银行、证券公司的柜台）向投资者直接出售国债的方式。以这种方式发行国债，发行时间长，成本高，发行效率低，市场化程度也很低，因此，在国债市场发达的国家，这种方式已经基本被淘汰。只有少数国家采用这种方式发行面向个人投资者的非上市流通国债。

（二）国库券二级市场

国库券二级市场是一个分散的柜台交易市场，但效率极高。整个市场通过电话、计算机等先进的通信技术连接在一起。市场指令由计算机终端传送，全球市场 24 小时不间断地运转，其中美国的国库券二级市场最发达。

除了商业银行、非银行金融机构和个人投资者，中央银行也是国库券二级市场的积极参与者。中央银行在政府证券市场上公开买卖政府证券（主要是国库券），是国库券二级市场的重要组成部分。这种旨在影响银行准备金、调节货币供应量的公开市场业务，与再贴现率和银行法定存款准备金率，被喻为中央银行的三大货币政策工具。公开市场业务具备其他货币政策工具所不具备的灵活、及时、有效等特点，因此是最重要的货币政策工具。而中央银行公开市场业务的成功实施，在很大程度上依赖于一个高效运转的国库券二级市场。

第六节 票据市场

一、商业票据市场

商业票据是大公司为了筹集资金，以贴现的方式出售给投资者的一种短期无担保承诺凭证。美国的商业票据具有本票的性质，英国的商业票据则具有汇票的性质。商业票据是贷款的一种形式，它没有以发行人的资产作为担保，仅以信用作为保证，如果发行人违约，贷款就要面临不能收回货币的风险。因此能够发行商业票据的一般都是规模巨大、信誉优良的大公司，商业票据市场就是这些信誉优良的大公司所发行的商业票据交易的市场。

（一）商业票据市场的要素

1. 发行者。商业票据的发行视经济及市场状况的变化而变化。一般来说，在高利率时期，发行数量较少；在资金来源稳定时期或在市场利率较低时，发行数量较多。商业票据的发行者包括金融性和非金融性公司。金融性公司主要有三种：附属性公司、与银行有关的公司及独立的金融公司。第一类公司一般附属于某些大的制造公司，如通用汽车承兑公司；第二类公司是银行持股公司的下属子公司；第三类则是独立的金融公司。非金融性公司发行商业票据的频次比金融公司少，发行所得主要解决企业的短期资金需求及季节性开支，如支付工资、交纳税收。

2. 面额及期限。在美国商业票据市场上，大多数商业票据的发行面额都在 10 万美元以上，二级市场商业票据的最低交易规模为 10 万美元。据统计，商业票据市场上每个发行者平均拥有 1.2 亿美元未到期的商业票据，一些较大的单个发行者拥有的未到期商业票据达数十亿美元。商业票据的期限较短，一般不超过 270 天。市场上未到期的商业票据平均期限为 30 天以内，大多数商业票据的期限为 20 至 40 天。

3. 销售。商业票据的销售渠道有两个：①发行者通过自己的销售力量直接出售；②通过商业票据交易商间接销售。采取何种方式主要取决于发行者的成本。非金融性公司主要通过商业票据交易商间接销售，因为他们的短期信用需求通常具有季节性及临时性，建立永久性的商业票据销售队伍不划算。但有一些规模非常大的公司会通过自己的下属金融公司直接销售。这些大公司的未到期商业票据一般在数亿美元以上,其中大多数为大金融公司和银行持股公司。在正常情况下,商业票据的二级市场并不活跃,一是因为商业票据的期限非常短,购买者一般都计划持有至到期日;二是因为商业票据是高度异质性票据,不同经济单位发行的商业票据在期限、面额和利率等方面各有不同,所以其交易不活跃。

4. 信用评估。美国有四家机构对商业票据进行评级(见表 2-1)。商业票据的发行人至少要获得其中一个评级,大部分获得两个评级。商业票据的评级和其他证券的评级一样,也分为投资级和非投资级。一般来说,要成为一级票据必须有两家评级机构对所发行的票据给予"1"的评级;成为二级票据则必须有一家给予"1"的评级,且至少有一家或两家的评级为"2"。二级票据为中等票据,货币市场基金对它的投资会受到限制。

表 2-1 美国商业票据评级

种类	德莱费尔 Duff & Phelps	费奇 Fitch Rating	穆迪 Moody's	标准普尔 Standard & Poor's
投资级	Duff1 +	F-1 +		A-1+1
	Duff1	F-1	P-1	A-1
	Duff1 -			
	Duff2	F-2	P-2	A-2
	Duff3	F-3	P-3	A-3
非投资级	Duff4	F-S	NP	B
				C
违约	Duff5	D		D

(资料来源于弗兰克·J·法博齐、弗朗哥·莫迪利亚尼著,唐旭等人翻译的《资本市场:机构与工具》,经济科学出版社,2000 年版)

5. 发行商业票据的非利息成本。与商业票据发行有关的非利息成本有:①信用额度支持的费用。一般以补偿余额的方式支付,即发行者必须在银行账户中保留一定金额的无息资金;有时则按信用额度的 0.375% 至 0.75% 一次性支付。后一种方法近年来更受商业票据的发行者欢迎。②代理费用。主要是商业银行代理发行及偿付的费用。③信用评估费用。它是发行者支付给信用评估机构的报酬。在美国,国内出票人每年支付 5000 至 25000 美元,国外出票人还要多支付 3500 至 10000 美元。

6. 商业票据评估。商业票据属于以折扣发行的金融工具,进行商业票据评估出于两种考虑:①到期前的价值评估;②确定用于比较多种金融工具的货币市场收益率。一般来说,到期前的价值评估可用式(1)计算:

$$P = F \times \left[1 - \left(\frac{R \times N}{B \times 100}\right)\right] \tag{1}$$

式中 P——评估价值(结算价格);

F——兑付值(未来值);

R——折扣率;

N——到期天数;

B——年基准(360 天或 365 天)。

货币市场收益率的计算步骤如下:

①计算到期时的利润$(F-P)$;

②计算利润与投资额之比$[(F-P)/P]$;

③乘以年基准数。

因此

$$\text{货币市场收益率}(MMY) = \left(\frac{P-S}{S}\right) \times \left(\frac{B \times 100}{N}\right) \tag{2}$$

将式(1)代入式(2),则 MMY 可以用折扣率形式表示为:

$$\text{货币市场收益率}(MMY) = \frac{R/100}{\left[1 - \left(\frac{R \times N}{B \times 100}\right)\right]} \tag{3}$$

例:MOTO 公司发行了一张美国商业票据,基本条款及评估如下:

面值:\$100 000
结算日:4 月 1 日
到期日:5 月 1 日
折扣率:8.83%
年基准:360 天

评估

$$P = 100\ 000 \times \left[1 - \left(\frac{8.83 \times 30}{360 \times 100}\right)\right] = 99\ 264.17$$

$$MMY = \frac{8.83 \times 30}{\left[1 - \left(\frac{8.83 \times 30}{360 \times 100}\right)\right]} = 8.895\ 5\%$$

(二)商业票据市场的新发展

首先,其他国家开始发行自己的商业票据。如 1987 年 11 月,日本大藏省批准日本公司在国内发行商业票据。日本公司发行的以日元标值的商业票据被称为武士商业票据,此外还有欧洲商业票据,即在货币发行国以外发行的以该国货币标值的商业票据。美国商业票据与欧洲商业票据的差异如下:①美国商业票据的期限一般少于 270 天,最常见的期限是 30—50 天,而欧洲商业票据的期限长一些;②在美国,发行者必须拥有未使用过的银行信用额度,而在欧洲商业票据市场上没有这样的要求;③美国商业票据既可以直接发行,也可以通过交易商发行,欧洲商业票据一般是直接发行的;④在欧洲市场上,票据的交易商有很多,但在美国则只有少数几个,且在市场上具有统治地位;⑤欧洲商业票据具有较长的期限，通常能在二级市场上流通，而美国商业票据缺少流动性，投资者一般采取持有策略。其次，出现了外国公司在美国发行的商业票据、由储蓄贷款协会及互助储蓄银行发行的商业票据、信用证支持的商业票据及免税的商业票据等新品种，使得商业票据市场能够吸引更多的资金供求者。

二、银行承兑汇票市场

（一）银行承兑汇票的原理

在商品交易活动中，售货人为了向购货人索取货款而签发的汇票，经付款人在票面上签章表示承诺到期付款后就成为承兑汇票。经购货人承兑的汇票称为商业承兑汇票，经银行承兑的汇票称为银行承兑汇票。银行承兑汇票由银行承担最后付款的责任，实际上是银行将其信用出借给企业，因此企业必须交纳一定的手续费。这里银行是第一责任人，而出票人只负第二责任。以银行承兑票据作为交易对象的市场即为银行承兑票据市场。

银行承兑汇票是为方便商业交易活动而创造出的一种工具，在对外贸易中运用较多。当一笔国际贸易发生时，由于出口商对进口商的信用不了解，加之没有其他的信用协议，出口方担心对方不付款或不按时付款，进口方担心对方不发货或不能按时发货，因此交易很难进行。这时便需要银行信用从中做保证。一般来说，进口商首先要求本国银行开立信用证，作为对国外出口商的保证。信用证授权国外出口商开出以开证行为付款人的汇票。汇票可以是即期的，也可以是远期的。若是即期汇票，则付款银行（开证行）见票付款；若是远期汇票，则付款银行（开证行）在汇票正面签上“承兑”字样，填上到期日并盖章为凭。这样，银行承兑汇票就产生了。

为了进一步解释银行承兑汇票的产生过程，这里列举一笔进、出口贸易来加以说明。假设甲国进口商要从乙国进口一批汽车，并希望在90天后支付货款。进口商要求本国银行按购买数额开出不可撤销的信用证，然后寄给外国出口商。信用证中注明货物装运的详细要求并授权外国出口商按出售价格开出以进口方开证行为付款人的远期汇票。在汽车装船后，出口商开出以甲国开证行为付款人的汇票，并经由乙国通知行将汇票连同有关单据寄往甲国开证行，并要求承兑。甲国开证行审核无误后，在汇票正面加盖“承兑”图章，并填上到期日。承兑后，这张远期汇票便成为甲国（进口国）开证银行的不可撤销负债，开证行承兑后将承兑过的汇票交由乙国的通知行，由通知行退还给开出汇票的出口商。出口商收到汇票后，可要求通知行贴现，并取得现款，相当于提前收回货款。乙国通知行在取得汇票后，可以持有至到期日向甲国承兑行（开证行）收款，也可以将汇票拿到金融市场上出售。

从上面这个简单的例子可以看出，在国际贸易中，运用银行承兑汇票至少具有以下三个优点：①出口商可以立即获得货款进行生产，避免因货物的装运而耽搁时间；②由于乙国银行以本国货币支付给出口商，因此避免了国际贸易中不同货币结算的麻烦及汇率风险;③由于有财力雄厚、信誉优良的银行对货款的支付做担保,因此出口商无须花费财力和时间去调查进口商的信用状况。

(二)银行承兑汇票的市场交易

银行承兑汇票不仅运用于国际贸易,也运用于国内贸易。在一些以货币为国际硬通货的国家如美国,银行承兑汇票还因其他国家周期性或季节性的美元外汇短缺而创造,这种承兑汇票称为外汇承兑汇票。但总的来说,为国际贸易创造的银行承兑汇票占绝大部分。国际贸易承兑主要包括三个部分:为本国出口商融资的承兑、为本国进口商融资的承兑及为其他国家之间的贸易或外国国内的货物包仓储融资的第三国承兑。为国内贸易融资创造的银行承兑汇票主要是银行应国内购货人的请求,对国内售货人签发的向购货人索取货款的汇票承兑,从而承担付款责任而产生的汇票。外汇承兑汇票是指由一国季节性的外汇短缺引起的承兑汇票。它只是单纯的银行承兑汇票,不以指定的交易或库存为基础。这种承兑汇票只在中央银行指定的国家有效,且数量非常少。

银行承兑汇票最常见的期限有30天、60天和90天等几种,也有期限为180天和270天的。交易规模一般为10万美元和50万美元。银行承兑汇票的违约风险较小,但有利率风险。

银行承兑市场被创造出来后,银行既可以自己持有,当作一种投资,也可以拿到二级市场出售。银行可以通过两个渠道出售:一是利用自己的渠道将银行承兑汇票直接销售给投资者,二是通过货币市场交易商将银行承兑汇票销售给投资者。因此,银行承兑汇票二级市场的参与者主要是创造承兑汇票的承兑银行、市场交易商及投资者。

二级市场上的银行分为五个层次。第一层次是若干家国内最大的银行。它们创造的银行承兑汇票最安全,市场性最强,因而利率(贴现率)最低。第二层次是略逊于最大银行的银行。它们创造的银行承兑汇票的利率通常接近第一层次的银行承兑汇票的利率。其余的银行属于第三层次及第四层次。它们的利率远高于前两个层次的银行承兑汇票的利率。第五层次的银行为外国银行在美国的分支机构。它们创造的承兑汇票利率比国内承兑汇票利率高出很多,主要是因为投资者对它们的信誉缺乏足够的信任。

(三)银行承兑汇票的价值分析

同其他货币市场的信用工具相比,银行承兑汇票在某些方面更能吸引储蓄者、银行和投资者,因此它既受借款者欢迎,又受投资者青睐,同时也是银行喜欢的信用工具。

从借款者的角度看,首先,银行承兑汇票较传统银行贷款的利息成本及非利息成本之和低。要求银行承兑汇票的企业实际上就是借款者,必须向银行支付一定的手续费。借款者向银行贴现后将得到现款,故其融资成本为贴息和手续费之和。从银行贷款,除必须支付一定的利息外,借款者还必须在银行保留超过其正常周转资金余额的补偿性最低的存款额。这部分存款没有利息，构成企业的非利息成本。相对而言，使用传统银行贷款的成本比运用银行承兑汇票的成本高。其次，借款者运用银行承兑汇票比发行商业票据更有利。能在商业票据市场上发行商业票据的都是规模大、信誉好的企业。许多借款者没有足够的规模和信誉，无法以竞争性的利率发行商业票据来筹资。这部分企业却可以运用银行承兑汇票来解决资金上的困难，即使是少数能发行商业票据的企业，其发行费用和手续费加上商业票据利息成本后的总筹资成本也高于运用银行承兑汇票的成本。

从银行的角度看，首先，银行运用承兑汇票可以增加经营效益。银行通过创造银行承兑汇票，不必动用自己的资金，即可赚取手续费。当然，有时银行也用自己的资金贴进承兑汇票。但由于银行承兑汇票拥有大的二级市场，而且很容易变现，因此银行承兑汇票不仅不影响其流动性，而且提供了传统银行贷款所无法提供的多样化的投资组合。其次，银行运用承兑汇票可以提高信用能力。一般来说，各国银行法都规定了银行对单个客户提供信用的最高额度。通过创造、贴现或出售符合中央银行要求的银行承兑汇票，银行对单个客户的信用可在原有的基础上增加10%。再次，银行法规定，出售合格的银行承兑汇票所取得的资金不要求缴纳准备金。这样，在流向银行的资金减少的信用紧缩时期，这一措施将刺激银行出售银行承兑汇票，引导资金从非银行部门流向银行部门。

从投资者的角度看，投资者最重视的是投资的收益性、安全性和流动性。投资银行承兑汇票获得的收益与投资其他货币市场的信用工具如商业票据、CDs等工具获得的收益不相上下。银行承兑汇票的承兑银行对汇票持有者负有不可撤销的第一责任，汇票的背书人或出票人承担第二责任，即如果银行到期拒绝付款，则汇票持有人还可以向汇票的背书人或出票人索款。因此，投资银行承兑汇票的安全性非常高。质量好的银行承兑汇票具有公开的贴现市场，可以随时转售，因而具有很高的流动性。

第七节　货币市场基金市场

货币市场基金是20世纪70年代首先在美国出现的一种新型投资理财工具，是伴随着证券市场与共同基金制度的发展而产生和逐渐兴盛起来的一种投资基金类型。

一、货币市场基金市场的产生与发展

货币市场基金是指通过某些特定的发起人成立的基金管理公司，通过出售基金凭证单位的形式募集资金，统一投资于流动性、安全性相对较高的货币市场工具，形成资产组合池。按一定的规则在扣除一定比例的管理费用后，将投资总收益摊薄到每一个基金单位支付给基金凭证持有人。货币市场基金在美国被称为共同基金，在我国被称为货币

基金。

货币市场基金是一种开放式基金，最早出现于1971年的美国，是金融创新的典型产物。20世纪70年代初，美国对商业银行与储蓄银行提供的大部分存款利率均进行管制。而货币市场工具则执行浮动利率，但许多中小投资者无法进入货币市场（因为有最低交易额规定），货币市场基金在此背景下应运而生。到了20世纪70年代末，由于持续的高通货膨胀，市场利率激增，货币市场工具如国库券和商业票据的收益率超过了10%，远远高于银行与储蓄机构为储蓄存款和定期存款所支付的5.5%的利率上限。随着储蓄机构的客户不断从储蓄存款和定期存款中抽出资金，将资金投向收益更高的货币市场基金，货币市场基金的总资产迅速增加，资产总额超过了股票和债券共同基金。因此，货币市场基金迅速发展并且保持活力的原因在于所受管制较少，货币市场基金没有法定的利率上限，而且对提前取款也不会进行罚款。

货币市场基金产生后，其发展速度很快。从目前的发展趋势看，货币市场基金的一部分优势仍然得以保持，如专家理财、投资优等级的短期债券。然而，有一些优势正在逐渐丧失，主要表现为两个方面：(1)货币市场基金没有获得政府有关金融保险机构提供的支付保证。货币市场基金提供支票账户，在某种程度上可被看作一种存款性金融机构，但政府存款保险公司不为货币市场共同基金的投资者的资金提供存款保险。在经营风险出现时，这很容易导致投资者产生损失，不利于基金在市场竞争中争取稳健投资者的参与，尤其是在20世纪80年代以来银行业经营风险增大，银行倒闭事件增多的情况下。一些基金组织在尝试建立私人保险机构或采取限制投资方向，如将基金资金只投资于无风险的政府债券等措施之后，仍然不能完全解除投资者的担忧。(2)投资货币市场基金获得的收益和投资由银行等存款性金融机构创造的货币市场存款账户获得的收益差距正在消失，一是因为银行面对竞争在不断推出新的更有吸引力的信用工具；二是货币市场基金受管制较少的历史正逐渐成为过去。货币市场基金在追求高收益的过程中，必然伴随着高风险。一些货币市场基金出现了巨额亏损，给基金持有人带来了损失，这引发了政府的干预。1991年，证券交易委员会对货币市场基金投资的短期证券级别做了限制，1996年加强了对货币市场基金投资风险较大的衍生金融证券的限制。这表明政府监管机构开始逐渐加强对货币市场基金的监管。

虽然货币市场基金的发展面临一些问题，但是它仍然和其他存款性金融机构一起竞争。目前，在发达的市场经济国家，货币市场基金在全部基金中所占比重最大。

二、货币市场基金的特点

货币市场基金是基金的一种，具有利益共享、风险共担、分散投资、专家理财等基本特点。它是专门投资于货币市场工具的基金。与一般基金相比，它有自身独特的特点：

1. 安全性较高。由于货币市场基金的投资对象主要是一些期限较短、流动性较高的货币市场工具,因此货币市场基金投资组合的期限平均为4—6个月,投资组合所承担的利率风险相对较低。另外,货币市场基金所持有的货币市场工具的发行人都是政府部门或是信用等级较高的金融机构及公司,因此货币市场基金的信用风险也较低。

2. 流动性较高。由于货币市场基金的投资对象流动性高,基金的资产交易转换成现金几乎不会遭受损失,因此,货币市场基金的赎回很方便,二级市场交易非常活跃。投资者可将货币市场基金的投资作为暂时流动性储备。

3. 投资成本较低。货币市场基金的认购和赎回免收手续费,且管理费用也低于一般基金:一般基金的年管理费率约为基金资产净值的1%—2.5%,而货币市场基金的年管理费率只占基金资产净值的0.25%—1%,因此货币市场基金具有投资成本低的特点。

4. 操作便捷且不交所得税。从操作性来讲,投资货币市场基金操作便捷,过程也很简单。货币市场基金是所有基金中最稳健和最基本的投资工具,其操作类似于银行的活期储蓄存款,且月复利分红,不交所得税。

5. 提供一种有限制的存款账户。货币市场基金的投资者可以签发以其基金账户为基础的支票来取现或进行支付,因此,货币市场基金份额具有支票存款的功能,并且还能获取货币市场工具的收益率。当然,货币市场基金账户所开具的支票一般有最低限额的要求。

三、货币市场基金市场的运行机制

货币市场基金属于开放型基金,即基金份额可以随时购买和赎回。当符合条件的基金经理人设立基金的申请经有关部门许可后,他就可着手基金份额的募集。投资者认购基金份额与否一般依据基金的招募说明书来加以判断。基金的发行方式分为公募及私募两种。

通常情况下,货币市场基金的初次认购按照面值进行,一般不收取手续费或收取很少的手续费。由于开放型基金的份额时刻处于变化中,所以货币市场基金的交易实际上是基金持有人增持或退出基金的过程。与其他开放型基金不同,货币市场基金的购买或赎回价格所依据的净资产值是不变的,通常每个基金单位为1元。对于货币市场基金所分配的盈利,投资者可以对它进行再投资,也就是将收益转换为新的基金份额,也可以直接领取现金收益。由于货币市场基金的净资产值是固定不变的,因此,衡量该类基金表现好坏的标准就是其投资收益率。

货币市场基金的基本结构与其他形式的共同基金一样,投资者、基金管理人和基金资产托管人是最基本的三方当事人。

习　题

1. 货币市场的功能是什么？它包括哪些子市场？
2. 同业拆借市场的主要参与者及交易对象是谁？
3. 回购协议市场的交易原理是什么？它与同业拆借市场的区别有哪些？
4. 大额可转让定期存单市场是如何产生的？它有哪些特征？
5. 什么是国库券？它有哪些特征？
6. 商业票据市场和银行承兑票据市场有什么联系？它们的区别有哪些？
7. 货币市场基金有哪些特征？

第三章　债券市场

引入案例

亨通光电债券融资

江苏亨通光电股份有限公司公开发行2018年公司债券（面向合格投资者）（第一期）
在上海证券交易所上市的公告

根据上海证券交易所债券上市的有关规定，江苏亨通光电股份有限公司发行的江苏亨通光电股份有限公司公开发行2018年公司债券（面向合格投资者）（第一期）符合上海证券交易所公司债券上市条件，将于2018年12月25日起在上海证券交易所交易市场集中竞价系统和固定收益证券综合电子平台上市，并面向合格投资者中的机构投资者交易。债券相关要素如表3－1所示：

表3－1　债券相关要素

债券名称	江苏亨通光电股份有限公司公开发行2018年公司债券（面向合格投资者）（第一期）
债券简称	18亨通01
债券代码	155097
信用评级	主体评级AA+，债项评级AA+
评级机构	中诚信证券评估有限公司
是否可参与质押式回购	否
质押券代码（如可质押）	无
发行总额（亿元）	1亿元
债券期限	2年
票面年利率	4.90%
利息种类	固定利率
付息频率	每年付息一次
发行日	2018年12月17日—12月18日
起息日	2018年12月18日
上市日	2018年12月25日
到期日	2020年12月18日
发行价格	100元

中国人民银行公布的数据显示,截至2019年8月末,社会融资规模存量为216.01万亿元,同比增长10.7%。其中,对实体经济发放的人民币贷款余额为146.82万亿元,同比增长12.6%;企业债券余额为21.65万亿元,同比增长11.3%;地方政府专项债券余额为9.21万亿元,同比增长43.1%。8月当月社会融资规模增量为1.98万亿元,较上年同期多376.00亿元。其中,对实体经济发放的人民币贷款增加1.30万亿元,同比少增95.00亿元;企业债券净融资3041.00亿元,同比减少361.00亿元;地方政府专项债券净融资3213.00亿元,同比减少893.00亿元。就整体而言,我国债券市场仍然处于良性发展状态。

然而,长期以来,在债券融资市场上,中国民营企业始终处于尴尬的境地,这严重阻碍了企业的发展。为解决这一难题,2018年10月22日,中国国务院常务会议决定设立民营企业债券融资支持工具,由中国人民银行依法向专业机构提供初始资金支持,委托其按市场化运作、防范风险原则,为经营正常、流动性遇到暂时困难的民营企业发债提供增信支持,以市场化方式帮助民营企业缓解融资难的问题。根据中国人民银行、中国证监会的部署,通过出售信用保护等方式为民营企业债券融资提供增信支持。此次交易所市场民营企业债券融资支持工具,是在前期推出的交易所市场信用保护合约试点的基础上,由中证金融作为交易所市场民营企业债券融资支持工具的实施机构,与债券承销机构共同提供信用保护,重点支持有市场、有前景、技术有竞争力的民营企业债券融资,发挥债券市场公开、透明、引导性强的优势,修复民企债券融资渠道,支持民营经济发展。

在中国证监会的统一部署下,2018年12月14日,上海证券交易所首个民营企业债券融资支持工具正式落地,通过金融工具创新以市场化方式改善民营企业融资环境,促进民营经济发展。

这一次的信用保护工具由中证金融与华泰证券对江苏亨通光电股份有限公司联合创设。亨通光电为上交所民营上市公司,当时主体评级AA+。当日,亨通光电通过簿记建档方式顺利发行公司债(18亨通01)1亿元,发行利率为4.9%,中证金融和华泰证券向该期债券认购机构共出售信用保护合约名义本金3000万元。其中,中证金融提供1500万元名义本金信用保护,华泰证券提供1500万元名义本金信用保护。中证金融和华泰证券同步出售信用保护合约、为民营企业发行人提供信用增进支持,保障民营企业债券的顺利发行,也进一步降低了发行人的融资成本。同日,招商证券对海亮集团当日发行的公司债券出售信用保护合约,以市场化机制为民营企业债券融资提供有效支持。

(资料来源:江苏亨通光电股份有限公司官网、中国人民银行官网、上海证券交易所官网)

第一节 债券市场概述

一、债券的概念

债券是投资者向政府、公司或金融机构提供资金的债权债务合同,该合同载明发行者在指定日期支付利息并在到期日偿还本金的承诺,其要素包括期限、面值与利息、税前支付利息、求偿等级、限制性条款、抵押与担保以及选择权(如赎回与转换条款)。

二、债券的种类

1. 根据发行主体的不同,债券可分为政府债券、企业债券和金融债券。

(1)政府债券

政府债券是指中央政府、政府机构和地方政府发行的债券。它以政府的信誉做保证,因而通常无须抵押品,其风险在各种投资工具中是最小的。2019 年 8 月,中国大陆发行政府债券面额 9939.09 亿元,同比下降 20.64%;当年累计发行政府债券面额 64709.48 亿元,同比上升 22.74%。

(2)企业债券

企业债券是企业为筹措营运资本而发行的债券。该合同要求不管企业业绩如何都应优先偿还其固定收益,否则将在相应破产法的裁决下寻求解决,因而它的风险小于股票,但比政府债券高。2019 年 8 月,中国大陆发行企业债券面额 398.40 亿元,同比上升 86.43%;当年累计发行政府债券面额 2244.29 亿元,同比上升 88.26%。

在 2014 年至 2015 年间,为了妥善管理我国的债券市场,根据中央国债登记结算有限责任公司发布的《我国债券市场概览》,部分债券分类出现了调整。现在所有企业发行的债券被称为企业信用债(一般市场简称“信用债”);2014 年前所发行的跨市场企业债为非上市公司所发行的跨市场债券;2015 年后所说的企业债即企业债券,属于企业信用债之一,细分为中小企业集合债券、项目收益债、可续期债券;不再有“上市公司债”,公司债的发行主体扩展为上市或非上市公众公司。

(3)金融债券

金融债券是银行等金融机构为筹集信贷资金而发行的债券。在我国,这类债券又可以分为政策性金融债券、商业银行债券和非银行金融债券。政策性金融债券是由国家开发银行、中国进出口银行和中国农业发展银行为发行主体的金融债券。基本在银行间发行,有部分试点在交易所市场交易,个别品种可在商业银行柜台交易。商业银行债券的发行主体为境内设立的商业银行法人。非银行金融债的发行主体为境内设立的非银行金融机构法人。这三类债券目前的发行情况见表 3-2 和表 3-3:

表 3-2　债券发行量(按券种)

统计年月:2020 年 11 月

	本月		本年累计	
	面额(亿元)	同比(%)	面额(亿元)	同比(%)
政策性银行债	3,039.90	12.01%	47,222.70	36.43%
国家开发银行	1,645.60	29.61%	21,433.50	23.34%
中国进出口银行	960.00	67.16%	13,108.20	91.39%
中国农业发展银行	434.30	-50.08%	12,681.00	22.10%
商业银行债券	2,122.00	18.55%	18,255.60	27.03%
普通债	655.00	3.48%	6,314.80	83.36%
次级债	0.00	—	0.00	—
混合资本债	0.00	—	0.00	—
二级资本工具	407.00	-33.39%	5,955.80	2.13%
其他一级资本工具	1,060.00	94.14%	5,985.00	17.45%
非银行金融机构债券	334.00	317.50%	1,872.50	6.12%
普通债	334.00	317.50%	1,825.50	3.75%
二级资本工具	0.00	—	47.00	840.00%

表 3-3　债券发行量(按券种)

统计年月:2019 年 8 月

	本月		本年累计	
	面额(亿元)	同比(%)	面额(亿元)	同比(%)
政策性银行债	2,769.80	7.57%	26,862.80	8.76%
国家开发银行	1,500.80	-11.98%	13,634.30	4.60%
中国进出口银行	589.00	—	5,132.80	60.33%
中国农业发展银行	680.00	-21.84%	8,095.70	-4.35%
商业银行债券	1,813.50	124.03%	9,798.50	223.31%
普通债	111.00	-85.25%	2,308.00	13.67%
次级债	0.00	—	0.00	—
混合资本债	0.00	—	0.00	—
二级资本工具	852.50	1,395.61%	4,340.50	333.96%
其他一级资本工具	850.00	—	3,150.00	—
非银行金融机构债券	180.00	51.26%	1,389.50	7.38%
普通债	180.00	51.26%	1,384.50	7.83%
二级资本工具	0.00	—	5.00	-50.00%

对商业银行而言，发行金融债券，表面看来同吸收存款一样，但债券有明确的期限规定，不能提前兑现，所以筹集的资金比存款稳定得多。更重要的是，商业银行可以根据经营管理的需要，主动选择适当的时机发行一定数量的债券以吸引低利率资金，故金融债券的发行通常被看作银行资产负债管理的重要手段。由于银行的资信度比一般公司要高，因此金融债券的信用风险比企业债券低。

2. 根据抵押担保状况的不同，债券分为信用债券、抵押债券、担保信托债券和设备信托证。

（1）信用债券是完全凭公司信誉，不提供任何抵押品而发行的债券。其持有者的求偿权排名在有抵押债权人对抵押物的求偿权之后，对未抵押的公司资产有一般求偿权，即和其他债权人的排名相同。发行这种债券的公司必须有较好的声誉，一般只有大公司才能发行这种债券，而且期限较短，利率较高。

（2）抵押债券是以土地、房屋等不动产为抵押品而发行的一种公司债，也称固定抵押公司债。如果公司不能按期还本付息，债权人有权处理抵押品以资抵偿。在以同一不动产为抵押品多次发行债券时，应按发行顺序分为第一抵押债券和第二抵押债券，前者对抵押品有第一置留权，首先得到清偿；后者只有第二置留权，只能待前者清偿后，用抵押品的剩余款偿还本息。

（3）担保信托债券是以公司持有的各种动产或有价证券为抵押品而发行的公司债券，也称流动抵押公司债。用作抵押品的证券必须交由受托人保管，但公司仍保留投票表决及接受股息的权利。

（4）设备信托证是指公司为了筹资购买设备并以该设备为抵押品而发行的公司债券。发行公司购买设备后，即将设备所有权转交给受托人，再由受托人以出租人的身份将设备租赁给发行公司，发行公司则以承租人的身份分期支付租金，由受托人代为保管及还本付息。到债券本息全部还清后，该设备的所有权才转交给发行公司。这种债券常用于铁路、航空或其他运输部门。

3. 按利率，债券可分为固定利率债券、浮动利率债券。

（1）固定利率债券具有固定的利息率和固定的偿还期，是一种比较传统的债券。这种债券在市场利率相对稳定的情况下比较流行，但在利率急剧变化时，风险较大。固定利率债券是指事先确定利率，每半年或一年付息一次，或一次还本付息的公司债券。这种公司债券最为常见。

（2）浮动利率债券是根据市场利率定期调整的中、长期债券，利率按标准利率（同业拆放利率或银行优惠利率）加减一定的利率基点确定，以防止未来市场利率变动可能造成的价值损失。对某些中小型公司或状况不太稳定的大公司来说，发行固定利率债券有困难或成本过高时，可考虑选择浮动利率债券。浮动利率债券有利于投资人防范利率风险。

4. 按内含选择权，债券可分为可赎回债券、偿还基金债券、可转换债券和带认股权证的债券。

（1）可赎回债券是指公司债券附加早赎和以新偿旧条款，允许发行公司选择在到期日之前购回全部或部分债券。当市场利率降至债券利率以下时，赎回债券或代之以新发行的低利率债券会对债券持有人不利，因而通常规定在债券发行后至少5年内不允许赎回。

（2）偿还基金债券要求发行公司每年从盈利中提存一定比例存入信托基金，定期偿还本金，即从债券持有人手中购回一定量的债券。这种债券与可赎回债券相反，其选择权在债券持有人一方。

（3）可转换债券是指公司债券附加可转换条款，赋予债券持有人按预先确定的比例（转换比率）将债券转换为该公司普通股的选择权。大部分可转换债券都是没有抵押的低等级债券，并且是由风险较大的小型公司发行的。一方面，这类公司筹集债务资本的能力较低，使用可转换债券的方式将增强公司对投资者的吸引力；另一方面，可转换债券可以被发行公司提前赎回。

（4）带认股权证的债券是指公司债券可以把认股权证作为合同的一部分附带发行。与可转换债券一样，认股权证允许债券持有人购买发行人的普通股。对于公司来说，认股权证是不能赎回的。

三、债券信用评级

债券信用评级（bond credit rating）是以企业或经济主体发行的有价债券为对象进行的信用评级。债券信用评级大多是企业债券信用评级，是对具有独立法人资格的企业所发行的某一特定债券按期还本付息的可靠程度进行评估，并标示其信用程度的等级。这种信用评级为投资者购买债券和证券市场债券的流通转让活动提供信息服务。

目前国际公认的最具权威性的信用评级机构主要有美国标准·普尔公司（Standard and Poor's Corp）、穆迪投资服务公司（Moody's Investment Service）以及惠誉国际信用评级有限公司（Fitch Ratings）。这三家公司涉及评级的债券很多，包括地方政府债券、公司债券、外国债券等。表3－4为这三家公司债券信用评级的基本等级信息。

表3－4　三家公司债券信用评级的基本等级信息

Moody's	S&P	Fitch	
Aaa	AAA	AAA	Investment Grade
Aa1	AA +	AA +	Investment Grade
Aa2	AA	AA	Investment Grade
Aa3	AA −	AA −	Investment Grade
A1	A +	A +	Investment Grade
A2	A	A	Investment Grade

续表

Moody's	S&P	Fitch	
A3	A -	A -	Investment Grade
Baa1	BBB +	BBB +	Investment Grade
Baa2	BBB	BBB	Investment Grade
Baa3	BBB -	BBB -	Investment Grade
Ba1	BB +	BB +	Junk Bonds
Ba2	BB	BB	Junk Bonds
Ba3	BB -	BB -	Junk Bonds
B1	B +	B +	Junk Bonds
B2	B	B	Junk Bonds
B3	B -	B -	Junk Bonds
Caa1	CCC +	CCC	Junk Bonds
Caa2	CCC		Junk Bonds
Caa3	CCC -		Junk Bonds
C	D	Any D	Default

我国的信用评估业虽然起步较晚,但目前也取得了一定的成绩。中国最早成立的信用评级企业之一——大公国际资信评估有限公司(简称“大公资信”),是中国国新控股有限责任公司(简称“中国国新”)控股子公司,成立于 1994 年,是获得中国人民银行和原国家经贸委共同批准成立的全国信用评级机构,拥有政府监管部门认定的全部评级资质。经过二十多年的发展,大公资信形成了领先的信用评级思想和方法论。

大公资信也是第一家向全球提供国家信用风险信息的非西方国家评级机构,是财政部推荐参加亚洲债券市场建设的评级机构,是参与国际信用评级体系改革、争取国际评级话语权的中国信用评级机构的代表。大公资信独立研究制定国家、地方政府和行业的信用评级标准,推动国内债务工具的创新设计与推广应用,先后对 32 个省级行政区、70 多个行业的近 4000 家企业进行信用评级,债券融资总额度逾万亿元。

四、债券市场的投资者

债券投资者即债务的认购者,是资金的提供者,在债权债务关系中通常被称为债权人。

债券市场的投资者是指用自己剩余的资金购买债券来获取一定收益的个人、企业机构、政府。

(1)个人投资者。个人或家庭一般收入大于支出,因此是债券发行市场主要的资金供应者。个人参与债券市场的目的主要是调整自己的金融资产结构,追求消费的最佳效果和收入最大化。个人投资者的目的不同,选择的债券种类也不一样。有的人把安全放在第一位，愿意投资大企业和政府债券；有的人投资的目的是为将来的某种特定用途做准备，如购买住房、养老，有可能投资有较高收益的长期债券；有的人投资的目的是获得高额的利息收入，因此会投资一些低级债券；有些人为了使自己的货币收入找到短期出路，因此投资期限较短、品质较高的国库券。

(2)企业投资者。一般来说，企业是资金的需求者，但有时在生产经营中也会产生一部分暂时闲置的货币资金，如暂时闲置不用的流动资金、折旧基金、积累资金。企业可以用这部分没有特定用途的货币资金投资债券市场或股票市场。当企业有了临时或新的资金用途时，就可以出售购买的债券、股票，以获得现款。

(3)机构投资者。机构投资者是集聚社会公众分散的资金投资各种债券，以降低投资风险和提高投资收益的专门机构，包括商业银行、投资银行、储蓄机构、信托投资公司、保险公司、养老基金会等。

(4)政府。政府出现财政盈余时，也会用盈余的一部分资金投资各种企业债券和金融债券。为了支持某些行业的发展，政府也会购买这些行业的债券以提供资金。

(5)中央银行。中央银行参与债券市场的目的与个人、企业、机构投资者有着本质的区别。它购买债券不是因为出现了临时剩余资金，也不是为了获得利息收入，而是为了调节资金供求。中央银行为了放松银根、刺激经济增长和增加就业，可以在债券发行市场上直接购买政府债券、企业债券或金融债券，以增加货币供应。

第二节　债券发行与流通

一、一级市场与二级市场

一般而言，债券市场分为一级市场和二级市场。一级市场，又被称为发行市场，是指政府、金融机构和企业等发债主体为了融资发行债券的平台。债券发行是发行人以借贷资金为目的，依照法律规定的程序向投资人要约发行代表一定债权和兑付条件的债券的法律行为。债券发行是证券发行的重要形式之一。二级市场，又被称为流通市场，是指债券经发行后可以供其交易流转的平台。

二、债券的发行方式

1. 根据债券的实际发行价格和票面价格的不同，债券的发行分为平价发行、溢价发行和折价发行。

平价发行，指债券的发行价格和票面额相等，因而发行收入的数额和将来的还本数额也相等。前提是债券发行利率和市场利率相同，这在西方国家比较少见。

溢价发行，指债券的发行价格高于票面额，偿还本金时仍按票面额偿还。只有在债券票面利率高于市场利率的条件下才能采用这种方式发行。

折价发行，指债券发行价格低于债券票面额，而偿还时却要按票面额偿还本金。折价发行是因为规定的票面利率低于市场利率。

2. 按照债券的发行对象，债券有私募发行和公募发行之分。

私募发行是指面向少数特定的投资者发行债券，一般以少数关系密切的单位和个人为发行对象，不对所有投资者公开出售。具体发行对象有两类：一类是机构投资者，如大的金融机构或是与发行者有密切的业务往来的企业；另一类是个人投资者，如发行单位自己的职工，或是使用发行单位的产品的用户。私募发行一般多采取直接销售的方式，不经过证券发行中介机构，不必到证券管理机关办理发行注册手续，可以节省承销费用和注册费用，手续比较简便。但是私募债券不能公开上市，流动性差，利率比公募债券高，发行数额一般不大。

公募发行是指发行人公开向不特定的投资者发行债券。公募债券发行者必须向证券管理机关办理发行注册手续。由于发行数额一般较大，公募债券发行者通常要委托证券公司等中介机构承销。公募债券信用度高，可以上市转让，因而发行利率一般比私募债券利率更低。公募债券采取间接销售，具体方式分为三种：①代销。发行者和承销者签订协议，由承销者代为向社会销售债券。承销者按规定的发行条件尽力推销，如果在约定的期限内未能按照原定的发行数额全部销售出去，债券剩余部分可退还给发行者，承销者不承担发行风险。采用代销方式发行债券，手续费一般较低。②余额包销。承销者按照规定的发行数额和发行条件，代为向社会推销债券，在约定的期限内推销债券。如果债券有剩余，须由承销者负责认购。采用这种方式销售债券，承销者要承担部分发行风险，能够保证发行者实现筹资计划，但承销费用高于代销费用。③全额包销。首先由承销者按照约定的条件将债券全部承购下来，并且立即向发行者支付全部债券价款，然后再由承销者向投资者分次推销。采用全额包销方式销售债券，承销者承担了全部发行风险，可以保证发行者及时筹集到所需要的资金，因而包销费用比余额包销费用更高。

西方国家以公募方式发行国家债券，一般采取招标投标的办法进行。投标又分竞争性投标和非竞争性投标。竞争性投标是先由投资者（大多是投资银行和大证券商）主动投标，然后由政府按照投资者自报的价格和利率，或是从高价开始，或是从低利开始，依次确定中标者名单和配额，直到完成预定的发行额为止。非竞争性投标，是政府预先规定债券的发行利率和价格，由投资者申请购买数量，政府按照投资者认购的时间顺序，确定他们各自的认购数额，直到完成预定的发行额为止。

在我国，公司债更新分为公募债和私募债。两者的募集方式和流通方式有所不同。公募债发行是审核制，而私募债为备案制；公募债在交易所直接上市流通且可质押，而私募债必须在交易所固收或大宗平台交易且不可质押。

三、我国债券一级市场参与者

在我国债券一级市场上,发行人得到监管批准或备案之后才能在市场发行债券;拥有承销资格的承销商帮助发行人完成债券发行,参与债券发行认购,在发行期内将承销债券向其他结算成员进行分销;直接投资人参与债券投标和申购,完成对债券的投资。具体见图3-1。

图3-1 我国债券发行市场主要参与者

1. 发行人

发债主体是指发行债券将承担债券到期兑付责任的公司或团体。经监管部门审批或备案的具备发行资格的筹资人可以在银行间债券市场、交易所债券市场、商业银行柜台市场发行债券。

目前,我国最大的两个发债主体是政府和银行。我国主权国债的发行管理机构是财政部,地方政府债的发债主体是地方政府,金融债的发债主体是各个金融机构。此外,各发债企业可以根据自身的需求选择合适的市场和债券类型对自己所发行的信用债履行到期本息兑付的责任。

同时,在中国公开发行企业债券,应当符合下列条件:

(1)股份有限公司的净资产不低于人民币3000万元,有限责任公司的净资产不低于人民币6000万元;

(2)累计债券余额不超过公司净资产的40%;

(3)最近三年平均可分配利润足以支付公司债券一年的利息;

(4)筹集的资金投向符合国家产业政策;

(5)债券的利率不超过国务院限定的利率水平;

(6)国务院规定的其他条件。

公开发行企业债券筹集的资金,必须用于核准的用途,不得用于弥补亏损和非生产性支出。

同时,申请公开发行企业债券,应当向国务院授权的部门或者国务院证券监督管理机构报送下列文件:(1)公司营业执照;(2)公司章程;(3)公司债券募集办法;(4)资产评估报告和验资报告;(5)国务院授权的部门或者国务院证券监督管理机构规定的其他文件。依照规定聘请保荐人的,还应当报送保荐人出具的发行保荐书。

2. 承销商

承销商主要帮助发行人完成债券发行、认购以及向其他结算成员进行分销。目前具备全国性主承销商资格的主要是大型商业银行、股份制银行、大型券商及部分城市商业银行。

每年年初,财政部会根据上一年度的承销量将承销商分为 A 类和 B 类承销商。A 类承销商可在全国范围内开展非金融企业债务融资工具主承销业务;B 类承销商只可在注册地所在的省、自治区、直辖市范围内开展非金融企业债务融资工具主承销业务。其余没有进入承销团队的券商银行,只可作为分销商参与一级市场的销售。

3. 直接投资人

直接投资人是指经债券监管部门批准可以参与债券投标和申购,但不能进行分销的机构。目前,地方政府债券及企业债券的簿记建档发行引入了直接投资人。

另外,由注册会计师事务所、律师事务所、信用评级机构等辅助发行人和承销商完成债券材料制作、申报以及债券发行工作,如图 3-2 所示。

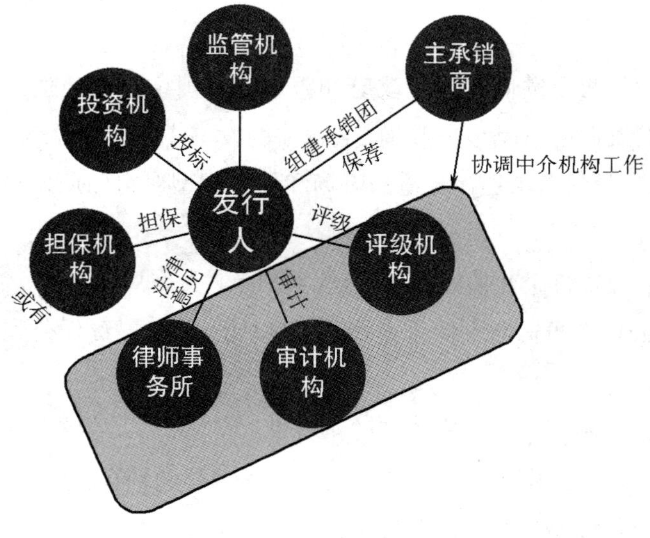

图 3-2　我国一级市场参与机构

四、我国债券发行流程

我国债券发行市场由交易所和银行间市场组成。发行人选择发行债券的场所不同,所需要满足的条件和审批报备单位均不同。除政府债券和政策性金融债外,其他债券整体包括意向发行、准备材料、监管审核和招标发行四个过程。在整个发行流程中,发行人确定发行意向之后，需要确定相应的会计师事务所、承销团、评级公司、担保机构（如果发行需要担保的债券）以及律师事务所。这些机构将对公司的财务状况、信用评级等一些基本情况进行深入的了解和分析，统一制作材料，向相应的监管机构报送，然后由监管机构进行审核批复。

（一）政府债券发行流程

1. 国债

中央政府依据相关法律规定和国家预算的要求发行债券。发行人为中央政府，具体执行人是中央财政部。我国国债由财政部在每年年初公布发行计划，由和财政部签订过国债承销协议的承销商向各个机构投资者销售。具体流程见图3－3。

图3－3 我国国债发行流程图

2. 地方政府债

地方政府债由财政部管理，各地向财政部申报，财政部批准后，由承销机构公开在国债投标系统内进行发行投标。具体流程见图3－4。

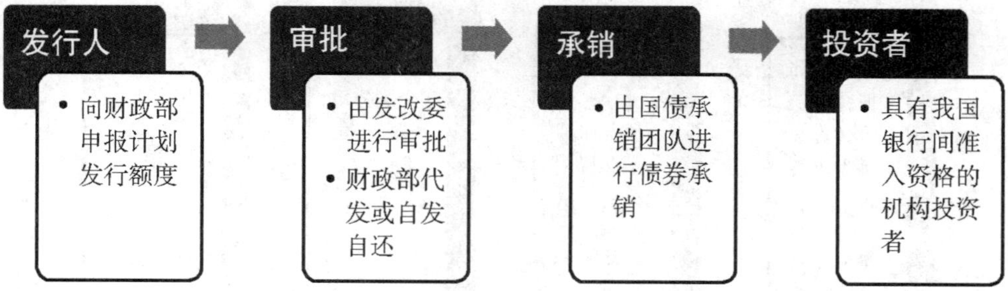

图3－4 我国地方政府债发行流程图

（二）金融债券发行流程

政策性银行按年向中央银行报送发行申请，申请内容包括发行数量、期限安排、发行方式等，最后由中国人民银行核准发行。其余金融债券发行流程如图3－5所示：

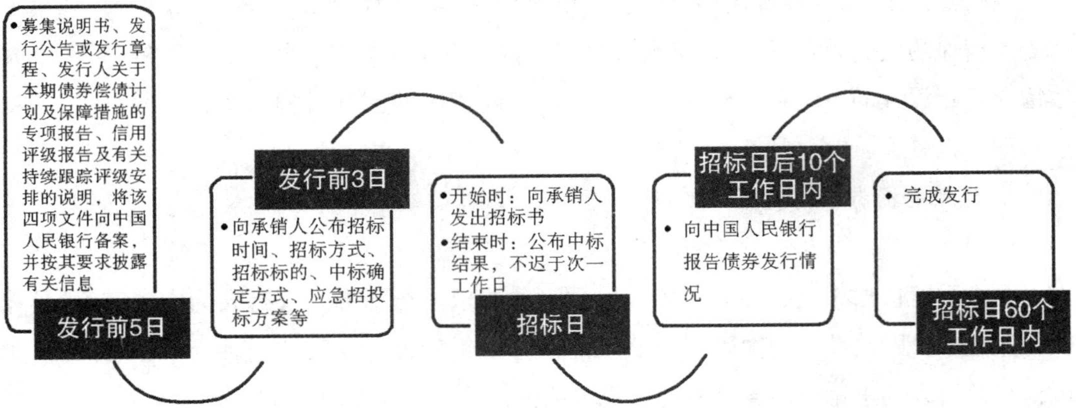

图 3－5　金融债发行流程图

金融债券承销商资格需满足以下条件:(1)注册资本不低于2亿元;(2)有较强的债券分销能力;(3)具有合格的债券市场专业人员;(4)有合格的债券分销渠道;(5)近2年没有发生重大违法、违规事件;(6)中国人民银行要求的其他条件。

(三)公司债券发行流程

公司债券,是指公司依照法定程序发行,约定在一定期限还本付息的有价证券。在中华人民共和国境内,公开发行公司债券并在证券交易所、全国中小企业股份转让系统交易或转让,非公开发行公司债券并按照相关规定承销或自行销售,或在证券交易所、全国中小企业股份转让系统、机构间私募产品报价与服务系统、证券公司柜台转让的,适用《公司债券发行与交易管理办法》。企业债券发行流程大致可分为意向发行、材料准备、上报审核和发行上市四个步骤,如图3－6所示。

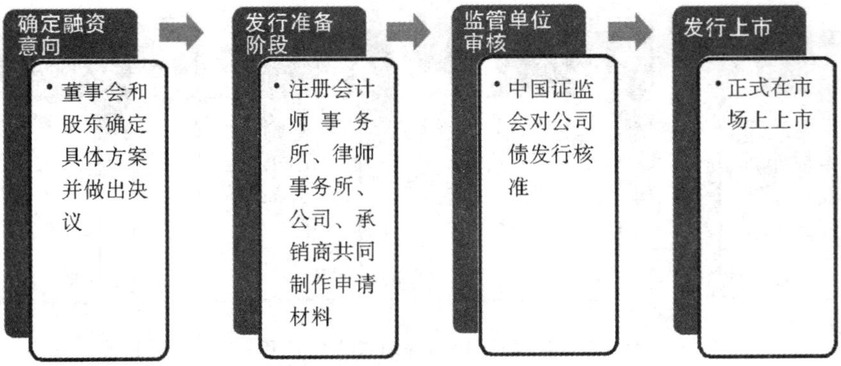

图 3－6　公司债券发行流程图

五、我国债券市场现状

2018年,我国债券市场共发行各类债券22.60万亿元,同比增长10.41%(见图3－7)。其中,在中央结算公司登记发行债券13.67万亿元,占比60.48%;在上海清算所发行债券5.71万亿元,占比25.28%;在中国证券登记结算有限责任公司(简称“中证登”)新发债券

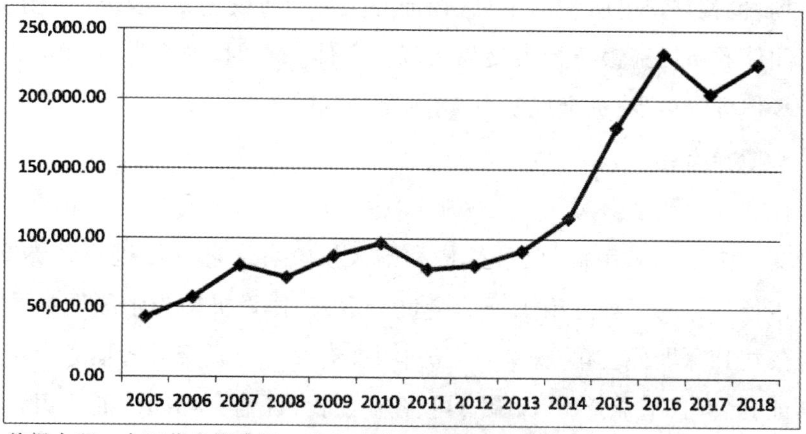

图3-7　2005年至2018年我国债券市场发行量趋势图(单位:亿元)

3.22万亿元,占比14.24%(见表3-5)。

表3-5　2018年债券市场发行情况

	发行量（亿元）
全市场	226,000.59
中央结算公司	136,678.28
上海清算所	57,147.67
中证登	32,174.64

数据来源：中国债券信息网、上海清算所网站、中国结算网和wind数据库

2018年末,全国债券市场托管存量达到76.45万亿元,同比增加9.36万亿元,同比增长13.95%。其中,中央结算公司托管债券57.62万亿元,占全市场的75.37%;上海清算所托管债券9.83万亿元,占全市场的12.86%;中证登托管债券9.00万亿元,占全市场的11.77%(见表3-6)。

表3-6　2018年债券市场余额情况

	余额（亿元）
全市场	764,505.74
中央结算公司登记托管的债券	576,183.50
上海清算所登记托管的债券	98,294.78
中证登登记托管的债券	90,027.46

数据来源：中国债券信息网、上海清算所网站和wind数据库

债券市场主要分为场内市场和场外市场。在证券交易所内买卖债券所形成的市场是

场内交易市场,也就是交易所债券市场;在证券交易所外交易的是场外市场,国内场外市场包括银行间债券市场和银行柜台交易市场。整体来看,我国交易所债券市场相较于银行间债券市场债券存量少,资金规模小,市场交易量低。

1. 交易所债券市场

交易所债券市场包括上海证券交易所和深圳证券交易所两个债券市场。交易制度主要采取竞价交易机制和做市商制度,机构和个人投资者通过券商进行债券交易和结算。交易所债券市场发行的债券由中国证监会负责审核,托管机构为中国证券登记结算有限公司上海分公司和深圳分公司,分别对应沪、深证券交易所。交易所债券市场的市场参与者主要包括证券公司、基金公司、保险公司、企业、符合证监会标准的商业银行以及个人等投资者。

目前在沪、深证券交易所交易的债券品种有:国债、地方政府债、金融债、企业债、中小企业私募债、公开发行公司债、非公开发行公司债、可转债、可交换债、分离债、资产支持证券等。沪、深证券交易所债券市场提供的交易方式既包括现货交易,也包括质押式回购交易和协议回购交易。

1990 年,上海证券交易所和深圳证券交易所成立,开辟交易所债券市场,成为银行以及金融机构交易债券的主要场所。交易所债券市场在这段时期占据我国债券市场的主导地位。1997 年,由于大量银行信贷资金通过交易所国债回购违规进入股市,加剧股市炒作,导致股市过热产生严重泡沫。1997 年 6 月,为防止银行资金违规流入股市,保障金融业的稳定运行,中国人民银行出台《关于各商业银行停止在证券交易所回购及现券交易的通知》,要求商业银行退出交易所债券市场。同年,全国银行间债券市场成立。从此以后,中国债券市场被分割为银行间市场与交易所市场。

2. 银行间债券市场

银行间债券市场是指依托中国外汇交易中心暨全国银行间同业拆借中心(简称同业中心)和中央国债登记结算有限责任公司(简称中央结算公司)、银行间市场清算所股份有限公司(上海清算所),包括商业银行、农村信用合作联社、保险公司、证券公司等金融机构进行债券买卖和回购的市场。经过近几年的迅速发展,银行间债券市场目前已成为我国债券市场的主体部分。《全国银行间债券市场债券交易管理办法》规定,全国银行间债券市场回购的债券是经中国人民银行批准,可在全国银行间债券市场交易的政府债券、中央银行债券和金融债券等记账式债券。记账式国债的大部分、政策性金融债券都在该市场发行并上市交易。

银行间债券市场参与者以询价方式与自己选定的交易对手逐笔达成交易,这与我国沪深交易所的交易方式不同。交易所进行的债券交易与股票交易一样,是由众多投资者共同竞价并经精算机构配合磋商成交的。中央国债登记结算有限责任公司为市场参与者提供债券托管、结算和信息服务；全国银行间同业拆借中心为市场参与者的报价、交易提供中介及信息服务。经中国人民银行授权，同业中心和中央结算公司可披露相关市场信息。

2009 年，中国证监会和中国银监会联合发布《关于开展上市商业银行在证券交易所参与债券交易试点有关问题的通知》（简称《通知》），上市银行被允许有限度地参与国债、企业债、公司债等债券品种的现券交易，以及经监管部门批准的其他品种交易。2010 年，中国证监会、中国人民银行和中国银监会联合发布《关于上市商业银行在证券交易所参与债券交易试点有关问题的通知》，允许上市商业银行参与交易所债券市场的现券和回购交易，交易所债券市场和银行间债券市场的相同债券得以实现跨市场交易。2019 年，中国证监会、中国人民银行和中国银保监会联合发布《关于银行在证券交易所参与债券交易有关问题的通知》，除了非上市农商行、农信社，绝大部分商业银行获准进入交易所债券市场，参与现券交易。

长期以来，我国债券市场一直处于相对分割的状态，不同的债券品种由不同的监管部门核准或者注册，在不同的债券市场发行和流通。不同的市场在准入、信息披露、存续期管理方面存在差异，已经对债券市场的进一步发展产生了一定的影响，因此债券市场的统一管理开始提上日程。该《通知》的发布意味着债券市场的互联互通更进一步，允许银行参与交易所债券市场，有利于缩小银行间和交易所市场在投资者群体方面的差异，对打通两个市场的资金端和资产端，疏通整个债券市场起到了重要的作用。

3. 商业银行柜台市场

2002 年，中国人民银行制定并颁布了《商业银行柜台记账式国债交易管理办法》（简称《办法》）。依据该《办法》，商业银行柜台债券交易（以下简称柜台交易）是指商业银行通过其营业网点与投资人进行债券买卖，并办理托管与结算的行为；中国人民银行商财政部后，可批准具备条件的商业银行成为柜台交易承办银行（以下简称承办银行），办理柜台交易业务，该《办法》所称投资人是指通过商业银行营业网点与商业银行买卖债券的个人和单位，金融机构不得通过商业银行营业网点买卖债券；柜台交易债券实行两级托管体制，中央结算公司为中国人民银行指定的债券一级托管人，承办银行为债券二级托管人。

近年来，我国证券市场加快了对外开放的步伐。据中国外汇交易中心暨全国银行间同业拆借中心披露，截至 2019 年 8 月，共有 2114 家境外机构投资者进入银行间债券市场。其中，988 家通过结算代理模式入市，较去年底增长了 214 家；1244 家通过债券通模式入市，较去年底增长了 741 家；118 家通过双渠道入市。境外非法人产品仍为主要入市机构类型，8 月通过结算代理模式和债券通模式入市的非法人产品分别为 39 家和 110 家。2019 年 8 月，境外机构投资者共达成交易 6241 亿元，交易量环比增长 43%，同比增长 63%，占同期现券市场总成交量的 3%；其中，买入债券 3470 亿元，卖出债券 2771 亿元，净买入 699 亿元。通过结算代理模式达成 2855 亿元，通过债券通模式达成 3386 亿元。境外商业银行和境外资管类产品交易最为活跃，交易量分别占 44% 和 23%。境外机构投资的债券类型构成变化不大，依旧偏向于政策性金融债、国债、同业存单等流动性较好的债券：这三类债券的交易量总占比约为 97%。

中国银行间市场交易商协会 2019 年 9 月 2 日发布公告，批准德意志银行（中国）有限公司、法国巴黎银行（中国）有限公司开展非金融企业债务融资工具 A 类主承销业务。这两家银行成为首批获得 A 类主承销牌照的外资银行，今后能够参与中国公司债市场，将业务扩展至所有债务融资工具产品。按相关规则，A 类主承销类会员应设立主承销业务相关部门，配备专职主承销业务人员，建立健全主承销业务操作规程、风险管理制度和内部控制制度，规范开展非金融企业债务融资工具主承销业务。

习　　题

1. 什么是债券？根据不同的标准，债券可以分为哪些类型？
2. 简述债券的发行方式。
3. 辨别债券发行市场与流通市场的区别。
4. 试述我国债券市场发展现状。

第四章　股票市场

引入案例

世 通 事 件

在虚报巨额利润丑闻曝光4个星期后，2002年美国东部时间7月21日，美国世界通信公司(WorldCom，简称世通公司)正式向纽约南区地方法院递交了破产保护申请。根据破产申请文件，截至2002年第一季度，该公司的资产总值超过1000亿美元，债务达310亿美元，破产涉及的资金规模是2001年12月申请破产的安然公司的2倍，是2002年1月环球电讯破产案的4倍。这是当时美国有史以来最大规模的企业破产案。

世通公司的前身是创办于1983年的长途电话折扣公司。20世纪90年代以来，该公司利用兼并、收购等手段疯狂扩张，一次次上演“小鱼吃大鱼”和“快鱼吃慢鱼”的戏码，迅速发展为全美第二大长途电话公司、全球第一大互联网供应商。

2001年，该公司高额负债的状况引起美国证券监管机构的关注。2002年3月，美国证券交易委员会(SEC)宣布对世通公司过往的兼并事件和公司向CEO伯纳德·埃伯斯提供3.66亿美元巨额贷款一事进行调查。4月30日，埃伯斯迫于董事会和大股东的强大压力黯然辞职。6月，世通新任CEO主持的一次内部审计暴露出更大的丑闻：从2001年开始，世通公司与扩建电信系统工程有关的大量费用没有被作为正常成本入账，而是作为资本支出处理。这一会计“技巧”为世通带来了38亿美元的巨额“利润”。6月25日，迫于SEC的压力，世通不得不发表声明，承认至少有38亿美元的支出被做了手脚，用来虚增现金流和利润；同时，该公司2001年14亿美元的利润和2002年第一季度1.3亿美元的赢利也属于子虚乌有。

假账丑闻给世通公司带来了灭顶之灾。丑闻曝光的第二天，美国证券交易委员会以民事欺诈罪正式起诉世通。正在加拿大出席西方七国首脑会议的美国总统布什怒不可遏，表示要全面调查世通一案。与此同时，世通股票市值急剧缩水到3.35亿美元，公司成为一具空壳，信用等级被降为最低级；一年前允诺向世通提供25亿美元融资的25家投资银行也相继控告世通诈骗。7月21日，世通不得不申请破产保护。8月8日和9月19日，世通公司又被发现有两笔错账。该公司财务丑闻涉及的金额增加到90多亿美元。

2001年11月26日，世通公司与美国证券交易委员会达成和解协议。根据这项协议，世通公司必须聘请一位独立顾问，对其会计账目进行评审并允许法庭任命的一位监督员对其管理状况加以评定。法官将于2003年决定对世通处以罚款。据报道,世通面临的罚款可能为上亿美元,但如果法官认为世通公司已经进行了改革而且对其处罚毫无意义的话,世通也许可以避免被罚款的厄运。

世通公司CEO伯纳德·埃伯斯不得不离开世通时对媒体说:“在我的任期内,WorldCom的财务审计是绝对干净的,我坚信WorldCom仍将作为行业领袖存在下去,并为后来者制定标准。”随着丑闻的曝光,没有人再相信他这句话。1983年,体育教师出身的伯纳德·埃伯斯和几个合作伙伴在密西西州一家小餐馆的餐巾上草拟了一份商业计划书,决定成立一家电话公司——长途电话折扣公司(LDDS)。创业之初,公司的业务只是从美国当时的电信垄断者——美国电话电报公司那里以低价购进长途电话服务,然后再以稍高但又低于市场价的价格卖给普通消费者。最初的两年,公司业务并不顺利。1985年,埃伯斯开始担任公司执行总裁,企图扭转乾坤。

精明的埃伯斯很快发现,与其和电信巨头们斤斤计较于一角二角的话费折扣,不如通过并购来让公司的发展步入快车道。他的策略是集合当地的运营商一起向行业用户出售长话服务,大幅削减话费,并通过出让自己公司的股份来支付并购费用。这个计划进行得顺风顺水:到1989年公司上市时,所有曾购买100美元该公司股票的投资者都可以获得3000美元以上的股份——这是电讯市场当时表现最好的股票,而埃伯斯本人在公司1.8%的股份也增值到6亿美元。

公司股票的优异表现使埃伯斯可以大胆地进行新的并购。1995年,LDDS公司更名为世通公司,其后两三年间,世通以令华尔街瞠目的速度一口气吞下了70多家公司。1999年6月21日,公司股价攀升至每股64.50美元的高位,市值冲破1960亿美元。

一连串令人眼花缭乱的收购、兼并使埃伯斯赢得了无数追随者,其中最卖力的当数华尔街的投资银行和证券商。在他们的造势下,埃伯斯和他的世通公司似乎走上了一条“良性循环”的发展之路:埃伯斯的名头越大,世通的股价越高,进行新并购的筹码也越多,而组织这些并购的投资银行和券商所得到的佣金也越高,因此他们吹捧世通公司的热情也越高。

需要指出的是,在埃伯斯实施的大多数并购案中,世通公司都不需要捧出大把现金,而是以股票交换来达到目的,方式是以自己所持的股票或通过增发新股来交换被收购方的股票,以获取足够的控股权。一般来说,投资者面对这种“兑水”行为会采取抛股套现等手段来规避风险,但由于世通公司一直以来在股市“表现卓越”,所以股民们不但不会弃市,反而一次次前来托市,令世通股价出现吹捧性上扬。经济学家认为,当企业的并购以股权为主要支付手段时,管理者的经营压力极轻,往往带来低成本的盲目扩张,这种行为本质上是一种圈钱行为,并不能为企业的发展带来好处。但埃伯斯对此毫不在意,他说过一句非常经典的话:“我们的目标不在于获得市场份额或全球化,我们的目标是成为华尔街股票中的NO.1。”

转折点出现在2000年,这次埃伯斯瞄上另一个竞争对手——Sprint公司,宣布的并购金额高达1290亿美元,但收购行动遭到了美国和欧洲反垄断机构的联手阻击。观察和分析人士认为,正是这场流产的并购案使世通公司元气大伤,从此走上了下坡路。进入2001年,世通公司与其他同行一样遭遇了世界电信业的不景气,股票市值缩水到250亿美元;同时,对MCI公司的收购使世通公司背上了沉重的负担,公司经营举步维艰。在这种情况下,为了保持股价不下滑,继续吸引投资者,世通公司只能铤而走险,选择造假。

世通公司破产给美国经济带来了诸多负面影响:(1)破产造成众多债权银行有账难收。据报道,向世通公司贷款1亿美元以上的债权银行超过50家,全球所有著名的投资银行几乎都是世通公司的债主。如果世通公司最终破产,债权银行的相当一部分债权将无法收回。(2)世通股票暴跌还使美国一些在世通公司注入大笔投资的州养老基金遭受重创。据初步估计,美国第二大养老基金纽约州养老基金在世通公司的投资损失高达3亿美元,密歇根州养老基金损失约116亿美元;佛罗里达州养老基金曾因安然股票暴跌遭受了约3亿美元的损失,此次在世通股票上又损失8500万美元至9000万美元。除了机构投资者,众多购买世通股票的中小股民更是血本无归。

(资料来源:百度百科)

第一节 股票市场概述

最早的股份公司产生于17世纪初荷兰和英国成立的海外贸易公司,具有明显的股份公司特征:具有法人地位;成立董事会;股东大会是公司最高权力机构;按股分红;实行有限责任制。股份公司的成功经营和迅速发展,使更多的企业群起效仿,在荷兰和英国掀起了成立股份公司的浪潮。到1695年,英国成立了约100家新股份公司。

18世纪下半叶,英国开始了工业革命,大机器生产逐步取代了工场手工业。在这场变革中,股份制立下了汗马功劳。随着工业革命向其他国家扩展,股份制传遍了资本主义世界。

19世纪中叶,美国产生了一大批靠发行股票和债券筹资的筑路公司、运输公司、采矿公司和银行,股份制逐步进入主要经济领域。到第一次世界大战结束时,美国制造业产值的90%由股份公司创造。19世纪后半叶,股份制传入日本和中国。日本明治维新后出现了一批股份公司。我国在洋务运动时期建立了一批官办和官商合办的股份制企业。1873年成立的轮船招商局,发行了中国自己最早的股票。

股票的出现,促使股票交易所产生。早在17世纪初,就有一些商人在荷兰的阿姆斯特丹买卖海外贸易公司的股票,形成了股票交易所的雏形。1773年,在伦敦柴思胡同的约那森咖啡馆正式成立了英国第一个证券交易所,之后演变为伦敦证券交易所。1792 年,24 名经纪人在纽约华尔街的一棵梧桐树下订立协定,形成了经纪人联盟。它就是纽约证券交易所的前身。1878 年,东京股票交易所正式创立。它是东京证券交易所的前身。1891 年,香港成立了香港股票经纪协会,后发展为香港证券交易所。1914 年,中国当时的北洋政府颁布《证券交易所法》,1917 年成立了北京证券交易所。

全球最早建立的证券交易所——阿姆斯特丹证券交易所,于 1609 年诞生。第一个可上市交易的股份公司是 1602 年荷兰成立的东印度公司,它是世界上第一个联合股份公司。通过向全社会融资的方式,东印度公司成功地将社会上分散的财富,变成了自己对外扩张的资本。建立东印度公司的目的是派遣商船前往南洋,通过买卖交易换回当时欧洲没有的货物,如瓷器、香料、纺织品。这些物品在当时的欧洲可以卖到很高的价钱,但是没有人能单独提供大笔巨资为船队准备航海和贸易,所以人们通过发行股票来筹集所需的资金。对于买了东印度公司股票的人来说,所获得的利润既可以以黄金、货币或者货款的形式支付,也可以直接用香料支付。由于船队贩运回来的货物有可能一年比一年值钱,他们有可观的利润可图,因此他们踊跃地大量购买东印度公司的股票。世界上第一个证券交易所和第一只股票就这样开始了它们的历史使命。阿姆斯特丹证券交易所于 2000 年 9 月和巴黎证券交易所、布鲁塞尔证券交易所合并,形成世界上第一个跨国境的泛欧交易所。

全球最大的证券交易所——纽约证券交易所,位于美国纽约州纽约市百老汇大街 18 号,在华尔街拐角的南侧。它的起源可以追溯到 1792 年 5 月 17 日,当时 24 个证券经纪人在纽约华尔街 68 号外一棵梧桐树下签署了《梧桐树协议》。1817 年 3 月 8 日,这个组织起草了一项章程,并把名字更改为纽约证券交易委员会,1863 年改为现名。纽约证券交易所是上市公司总市值第一、IPO 数量及市值第一、交易量第二的交易所,有大约 2800 家公司在此上市,目前市值逾 30 万亿美元。

中国大陆的证券交易所:(1)上海证券交易所成立于 1990 年 11 月 26 日,同年 12 月 19 日开业。经过 30 多年的快速成长,上海证券交易所已发展成为拥有股票、债券、基金、衍生品四大类证券交易品种,市场结构较为完整的证券交易所。截至 2018 年底,沪市上市公司达 1450 家,总市值 27 万亿元;2018 年全年股票累计成交金额 40. 3 万亿元,日均成交 1659 亿元,股市筹资总额 6114 亿元;债券市场挂牌只数 12089 只,托管量 8. 4 万亿元,累计成交 216. 9 万亿元;基金市场只数 233 只,累计成交 7. 2 万亿元;衍生品市场全年累计成交 1798 亿元。沪市投资者开户数量已达 29610 万户。(2)深圳证券交易所,于 1990 年 12 月 1 日开始营业,经过 30 多年的发展,初步建立起板块特色鲜明、监管规范透明、运行安全可靠、服务专业高效的多层次资本市场体系。截至 2019 年 6 月底,深交所共有上市公司 2170 家,其中主板 472 家、中小板 934 家、创业板 764 家,总市值 20. 83 万亿元;挂牌债券(含资产支持证券)5539 只,挂牌面值 2. 04 万亿元;挂牌基金 520 只,资产净值 1837 亿元。

2019 年上半年,深市股票成交金额 38.8 万亿元,股票筹资额 2076 亿元。

一、股票的概念

股票是投资者向公司提供资本的权益合同,是公司的所有权凭证。股东的权益在利润和资产分配上表现为索取公司对债务还本付息后的剩余收益,即剩余索取权;在公司破产的情况下,股东通常一无所获,但只负有限责任,即公司资产不足以清偿全部债务时,股东个人财产不受追究。同时,股东有权投票决定公司的重大经营决策,如经理的选择、重大投资项目的确定、兼并与反兼并。日常的经营活动则由经理做出决策。换言之,股东对公司的控制表现为合同所规定的经理职责范围之外的决策权,即剩余控制权。如果公司破产,股东将丧失其控制权。概括而言,在公司正常经营状态下,股东拥有剩余索取权和剩余控制权,这两者构成了公司的所有权。

股票只是消失掉的或现实资本的纸制复本。它本身没有价值,但它作为股本所有权的证书,代表着取得一定收入的权力,因此具有价值:它可以作为商品转让。但股票的转让并不直接影响真实资本的运作。股票一经认购,持有者就不能要求退股,但可到二级市场上交易。

二、股票的种类

将剩余索取权和剩余控制权进一步划分成不同层次并进行组合,可以设计出不同种类的股票。

1. 普通股

普通股是在优先股要求权得到满足之后才参与公司利润和资产分配的股票合同。它代表着最终的剩余索取权,其股息收益上不封顶,下不保底,每一阶段的红利数额也是不确定的。普通股股东一般有出席股东大会的会议权、表决权和选举权、被选举权等。他们通过投票(通常是一股一票制和简单多数原则)来行使剩余控制权。

普通股有时也划分为不同等级,如 A 级和 B 级。A 级普通股是对公众发行的,可参与利润分红,但没有投票权或只有部分投票权。B 级普通股是由公司创办人持有的,具有完全投票权。老股东想要筹集权益资本又不愿过多地放弃对公司的控制权时,常常采取发行另一等级普通股的方法。例如,老股东的 B 级股票每股含 1 个投票权,发行 A 级新股则规定每股只含 1/3 个投票权。

应该注意的是,中国股票有 A、B 股之分,但含义与上述不同。A 股仅限于中国内地居民以人民币买卖。B 股原只限于外国投资者以外币买卖,目前则开放至境内外投资者都可以以外币买卖。

2. 优先股

优先股是指在剩余索取权方面较普通股优先的股票,这种优先性表现在分得固定股息并且在普通股之前收取股息。但是,优先股在剩余控制权方面劣于普通股,优先股股东通常是没有投票权的，只是在某些特殊情况下才具有临时投票权。例如，当公司发生财务困难而无法在规定时间内支付优先股股息时，优先股就具有投票权而且一直延续到支付股息为止。又如，当公司发生变更支付股息的次数、公司发行新的优先股等影响优先股股东的投资利益时，优先股股东有权投票表决。当然，这种投票权是有限的。

优先股股息是固定的，因此优先股的价格与公司经营状况的关系不如普通股密切，而主要取决于市场利息率。其风险小于普通股，预期收益率也低于普通股。

三、股票市场的功能

1. 筹集资金

筹集资金是股票市场的首要功能。企业通过在股票市场上发行股票，把分散在社会上的闲置资金集中起来，形成巨额的、可供长期使用的资本，用于支持社会化大生产和大规模经营。股票市场所能达到的筹资规模和速度是企业依靠自身积累和银行贷款所无法比拟的。马克思对此有过生动的描述：假如必须等待积累去使单个资本增长到能够修铁路的程度，那么恐怕直到今天这个世界上还没有铁路，但是通过股份公司转瞬之间就把这件事办成了。

2. 分散风险

股票市场在给投资者和融资者提供投、融资渠道的同时，也提供了分散风险的途径。从资金需求方的角度看，通过发行股票，资金需求方筹集了资金，同时将部分经营风险转移和分散给了投资者，实现了风险的社会化。

3. 为股票的流通转让提供场所

若没有股市，股票的发行就比较困难甚至难以为继，这是由股票的基本性质决定的。有了股市以后，股民随时可以将手中的股票在股市中转让，按比较公平和合理的价格将股票兑现，使死钱变为活钱。所以股市一方面为股票的流通、转让提供了基本场所，另一方面也可刺激人们购买股票的欲望，为一级股票市场的发行提供保证。同时由于股市的交易价格能比较客观地反映股票市场的供求关系，股市也能为一级市场股票的发行提供价格及数量等方面的参考依据。

4. 通过设立股市保护投资者的利益

股票投资的风险主要来自三个方面：一是发行股票的企业经营不善，二是股票价格下跌，三是欺诈性的股票发行。而股市的设立可有效地减少这些风险，因为上市挂牌的企业都要经过严格审核，上市条件规定：公司必须在过去数年里连续盈利，并且要按规定公布经营信息。舆论监督也对企业的经营有一定的约束力，所以上市公司的盈利有一定的保证。

5. 引导资金合理流动，实现资源的最优配置

在股市中，由于股民一般将资金投向业绩较好的企业或有发展潜力的产业。相应地，这类股票在股市中的价格比较高。同类企业在发行股票或配股时就能依此制订出较高的

价格,从而筹集到较多的资金,并且使资金资源得到更合理的配置。

第二节 股票发行与流通

股票市场一般分为股票发行市场和股票交易市场。两个市场既有区别又有联系。股票发行市场,又称一级市场或初级市场。股票发行是发行公司自己或通过证券承销商(信托投资公司或证券公司)向投资者推销新发行的股票的活动。股票发行大多无固定的场所,而在证券商品柜台上进行或通过交易网络进行。发行市场的交易规模反映一国资本形成的规模。股票交易市场,又称二级市场或流通市场。

一、公司公开发行新股的条件

公司公开发行新股应当符合下列条件:

1. 具备健全且运行良好的组织机构;
2. 具有持续的盈利能力,财务状况良好;
3. 最近三年财务会计文件无虚假记载,无其他重大违法行为;
4. 经国务院批准的国务院证券监督管理机构规定的其他条件。

上市公司非公开发行新股,应当符合经国务院批准的国务院证券监督管理机构规定的条件,并报国务院证券监督管理机构核准。

二、公司公开发行新股需要报送的材料

公司公开发行新股应当向国务院证券监督管理机构报送募股申请和下列文件:

1. 公司营业执照;
2. 公司章程;
3. 股东大会决议;
4. 招股说明书;
5. 财务会计报告;
6. 代收股款银行的名称及地址;
7. 承销机构名称及有关的协议。

依照规定聘请保荐人的,还应当报送保荐人出具的发行保荐书。

三、公司股票的发行程序

1. 公司成立时发行股票的程序

(1)发起人在被准予注册登记取得独立的法人资格后,订立招股章程,主要目的是供公众阅览,以便了解情况,作为认购股票的参考。

(2)发起人向上级主管部门提交招股申请书,除了列出上述招股章程的内容,还要列

出股票推销机构的名称及地点、开户银行的名称及地点、注册会计师证明等。

(3)主管部门同意颁发许可证后,公司与证券发行中介机构签订委托募集合同,内容包括推销募集方法、发行价格、推销股数、委托手续费等。

(4)投资者认购。公司或发行中介机构用广告或书面通知等方式招股,投资者通过公司及承销机构规定的方式认购股票。

(5)股票交割。投资者在认购以后,必须在规定的日期缴纳股金,才能领取股票。同样,发行者必须在认购后的规定日期交付所卖的股票,才能收受股金款,这种一手缴纳股金、一手交付股票的活动称之为交割。股票在交割的翌日产生效力。

(6)登记。股票交割后一定时期,公司董事会应向证券管理部门登记,内容包括发行总额和每股金额,募集期和股金收足日期,股东名单、公司董事和监事名单等,为日后增发新股和上市审查做准备。

2. 公司增发股票的程序

(1)制订新股发行计划,拟定所发行股票的种类、发行方式和价格;

(2)形成董事会决议;

(3)向主管部门提交发行申请书,为认购者编制增股说明书;

(4)如果在现有股东之间进行分摊,则要冻结股东名簿,停止办理股票转让后的过户手续;

(5)签订委托推销合同;

(6)向现有股东发出通知或公告;

(7)股东认购或公开发行;

(8)股票交割;

(9)处理零股或失权股;

(10)向证券管理部门登记发行情况和结果。

四、股票流通

1. 场内交易

场内交易是指通过证券交易所进行的股票买卖活动。证券交易所是设有固定场地,备有各种服务设施(如行情板、电视屏幕、电子计算机、电话、电传),配备了必要的管理人员和服务人员,集中进行股票和其他证券买卖的场所。在这个场所内进行的股票交易称为场内交易。目前,世界各国的大部分股票的流通转让交易都是在证券交易所内进行的。因此,证券交易所是股票流通市场的核心,场内交易是股票流通的主要组织方式。

(1)场内交易的特点

①有集中、固定的交易场所和固定的交易时间。证券交易所有固定的建筑物作为集中的交易大厅,大厅中设有专门的柜台和座位以及现代化的电信设备,可有效地进行各种

上市证券的交易。各证券交易所都有固定的开盘时间和收盘时间。纽约、东京和伦敦这三个世界上最大的证券交易所的开市交易时间是互相连接的,从而形成了一个全球性交易圈。

②有严密的组织管理制度。在会员制交易所,只有取得交易所会员的资格,才能进入交易所进行证券交易。会员必须遵守交易所的各项规定。在公司制交易所,只有经过证券管理部门批准的证券商,才能进入交易所直接参加证券交易。上市证券必须符合一定的条件并经过批准。

③采用公开竞价和双向拍卖的方式进行交易。一般的商品拍卖,有众多的买者,而仅有一个卖者,竞争只是在买者中间进行。交易所的证券拍卖则既有买者之间的竞争,又有卖者之间的竞争。采取这种交易方式,有利于形成公平合理的价格和保持场内交易的稳定。

(2)场内交易程序

①投资者要买卖某种证券,首先应找经纪人公司开设账户。

②投资者委托证券商买卖证券,签订开户契约,载明委托人的姓名、住址、年龄、职业、委托人与经纪人之间的权利和义务。

③证券商随即通过他们在交易所内的代表人和代理人,按照委托人的要求办理买进和卖出证券的一切事务。

④成交后,由证券商于成交当天通知委托人准备交割款项和证券。营业终了时,证券商按证券类别与交易所记录核对无误后,对委托成交的同种证券,买卖双方就成交数额进行轧抵。将抵消后的差额与交易所办理清算交割手续,随后再与委托人按期办理交割。买者付出现金取得证券,卖者交出证券取得现金。有些交割在买卖成交后立即完成,有些交割则是在成交后几天或几十天内完成。

2. 场外交易

场外交易是场内交易的对称,亦称店头交易、直接交易,泛指在正式交易机构之外进行的交易,如通过计算机和电话进行的交易,在正常交易时间之后即闭市之后进行的交易。

(1)场外交易的特点

①场外交易没有集中的交易场所。场外交易市场是由众多企业、证券公司、投资公司以及普通投资者分别交易组成的。它基本是一个分散且无固定交易场所的无形市场。证券交易不是由证券交易所等少数统一机构组织完成的,而是由众多投资者参与交易而实现的。在现代社会,场外交易更多地借助现代通信技术和通信网络,但许多交易依然依赖直接协商交易的原则。

②场外交易是开放型交易。证券交易所交易是通过封闭市场完成的,投资者必须委

托证券经纪公司完成交易，而不得直接进入证券交易所大厅，更无法与交易方当面协商交易。场外交易市场是开放型市场，无论采取当面协商的方式还是电话通信的方式，投资者都可以在某一价位上买进或者卖出所持证券。参加场外交易的主体并非完全是证券公司。投资者既可以委托证券公司代其买进或卖出证券，也可以自行寻找交易方，还可以与证券公司直接交易，完全不受证券交易大厅的地理或位置限制。

③场外交易的证券品种多样。证券交易所对上市证券规定严格的上市条件，并只接受符合条件的证券上市。能够成为交易所交易品种的证券数量相对较少。场外交易的证券品种通常是非上市证券，它们无须符合集中市场管理者发布的严格的上市条件，故其数量庞大。与上市证券相比，场外交易的证券种类更加丰富多样。值得注意的是，非上市证券并非劣质证券，有些证券只是因为证券发行人未申请上市而未进入证券交易所交易。在美国，股份公司发行的新股即通过场外交易进行转让，一些联邦证券、地方政府债券和公司债券，也是通过场外交易方式进行转让的。

④场外交易主要以协商定价的方式成交。场内交易依照集中竞价的原则确定证券交易价格，即若干卖方和若干买方通过集合竞价或连续竞价，按照时间优先和价格优先的规则，确定每项买卖的成交价格。但场外交易是按照“一对一”的方式确定证券价格的，成交价格取决于交易双方协商一致。有些场合，证券交易价格是由交易各方反复协商确定的；有些场合，证券价格虽然是由一方挂牌出价的，但依然可以根据市场情况以及交易方的接受程度加以调整，依然存在着协商定价的机会。

⑤场外交易采取特殊的交易管理结构。在国外，场外交易是证券交易的重要方式，场外交易市场也是巨大的。为了确保场外交易的健康发展，证券监管机构依然以特有的方式实施间接监管。一方面，通过划定场外交易的具体范围，避免“名为场外交易，实为场内交易”的现象出现；另一方面，支持各种自律性组织监管场外交易，鼓励证券公司和各类证券业协会对场外交易实施监管。虽然这种管理相对比较宽松，但绝非放弃对场外市场的监管，场外交易市场也绝非无序发展。

(2)场外交易方式

①投资者交易与证券公司交易

按照证券公司是否介入非上市证券交易，可将场外交易方式分为投资者交易和证券公司交易。投资者交易是投资者独立完成的证券交易，投资者无须委托证券公司参与交易，而是直接选择交易对象，协商交易价格，办理证券成交和交割手续。如我国法人股或国家股转让中，往往是投资者与公司法人股股东或国家股股东签署和执行股份转让协议完成的，这是典型的投资者交易。证券公司交易则是指通过证券公司介入完成证券交易。如证券公司以自己的名义和资金，向公司债券持有人购买其所持有的公司证券，或者证券公司受某投资者委托，代理该投资者向证券持有人收购公司证券。但是，投资者依据证券公司的咨询意见进行的证券交易,属于投资者自行交易,不属于证券公司交易。

证券公司交易按照证券公司的介入方式,又分为证券自营业务和证券经纪业务。自营业务是指证券公司将所持证券出售给投资者,或者投资者将所持证券出售给证券公司的业务方式。在自营业务中,证券公司以自己的名义,直接与证券投资者发生交易,直接充当证券的出售方或者购买方。经纪业务则是证券公司代理投资者或者为了投资者获得利益而买进或卖出证券的业务形式,如投资者委托证券公司按照指定的价格买进或者卖出证券。在经纪业务中,证券投资者要承担证券交易的风险,证券公司不是证券交易的直接受益人。

②协议交易与挂牌交易

按照交易形式,场外交易可分为协议交易和挂牌交易两种。协议交易是货币持有人和证券持有人协商完成的证券交易。如证券持有人委托证券公司寻找拟进行证券投资的潜在投资者(货币持有人),通过与货币持有人协商来完成证券交易;再如货币持有人拟收购某种证券时,可自行寻找持有目标证券的投资者并与其协商完成证券交易。

挂牌交易则是证券持有人将拟出售证券的卖出价格或者货币持有人将拟买进证券的买进价格列示于价格显示板,要约交易相对方卖出或买进。交易相对方愿意按照价格显示板列示的价格卖出或买进证券时,即可向其发出承诺。挂牌交易是证券公司柜台交易常常采取的交易方式。它使得证券公司无须就每笔小额交易与对方反复协商定价,从而有助于迅速完成交易。我国上海以往的地方法规,曾承认挂牌交易的地位。在挂牌交易中,证券公司既可以借助传统的价格显示板,也可以通过电脑网络显示价格。投资者有意依照显示价格买进或者卖出证券的,即可与交易相对方协商完成证券交易。

第三节 股票价格指数

一、股票价格指数的概念

股票价格指数是反映不同时点的股价变动情况的相对指标。通常将报告期的股票价格与选定的基期价格相比,并将两者的比值乘以基期的指数值,即为报告期的股份指数。

判断市场股价变动的总趋势及其幅度,必须借助股价平均数或指数。在计算时要注意以下四点:(1)样本股票必须具有典型性、普遍性,因此,选择样本股票应综合考虑其行业分布、市场影响力、规模等因素;(2)计算方法要科学,计算口径要统一;(3)基期的选择要有较好的均衡性和代表性;(4)指数要有连续性,要排除非价格因素对指数的影响。

二、股票价格平均数的计算

股票价格平均数反映一定时点的市场股票价格的绝对水平,它可以分为简单算术股价平均数、修正的股价平均数和加权平均数三类。

1. 简单算术股价平均数

这一指数是将样本股票每日收盘价之和除以样本数得出的，即：

$$简单算术股价平均数 = \frac{1}{n}(P_1 + P_2 + \cdots + P_n) = \frac{1}{n}\sum_{i=1}^{n} P_i$$

其中 n 为样本的数量，P_n为第 n 只股票的价格。

世界上第一个股票价格平均数——道琼斯股票价格平均数在 1928 年 10 月 1 日前就是使用简单算术平均法计算的。

虽然简单算术平均数计算比较简单，但它有两个缺点：(1)它未考虑各样本股票的权重，因此未区分重要性不同的样本股票对股价平均数的不同影响；(2)当样本股票发生拆细、派发红股、增资等情况时，股价平均数就会失去连续性，使前、后期的比较发生困难。

2. 修正的股价平均数

计算修正的股价平均数的方法有两种：

(1)除数修正法，又称道氏修正法。这是美国道琼斯公司为克服简单算术平均法的不足，在 1928 年发明的一种计算股价平均数的方法。该方法的核心是求出一个除数，以修正因股票拆细、增资、发放红股等因素造成的股价平均数的变化，以保持股价平均数的连续性和可比性。具体做法是以新股价除以旧股价平均数，求出新除数，再以报告期的股价总额除以新除数，从而得出修正的股价平均数，即：

新除数 = 变动后的新股价总额/旧股价平均数

修正的股价平均数 = 报告期股价总额/新除数

例如，拥有 30 只样本股票的道琼斯工业股票价格平均数经过多年的修正，到 2001 年 8 月 17 日，其除数值只有 0. 14452124。这样，30 只股票同时上涨 1 美元，就会使指数值上升 207. 58 点。

(2)股价修正法，就是将发生股票拆细等变动后的股价还原为变动前的股价，使股价平均数不会因此变动。例如，假设对第 j 种股票进行拆细，拆细前股价为 P_j，拆细后每股新增的股数为 R，股价为 P'_j，则修正的股价平均数的公式为：

$$修正的股份平均数 = \frac{1}{n}[P_1 + P_2 + \cdots + (1 + R) \times P'_j + \cdots + P_n]$$

由于 $(1 + R)P'_j = P_j$，因此该股价平均数不受股票分割等情况的影响。美国《纽约时报》编制的 500 种股价平均数就是采用股价修正法来计算的。

3. 加权股价平均数

加权股价平均数就是根据各种样本股票的相对重要性进行加权平均计算的股价平均数，其权数 Q 可以是成交股数、股票总市值、股票总股本等，其计算公式为：

$$加权股价平均数 = \frac{1}{n}\sum_{i=1}^{n} P_i Q_i$$

三、股价指数的计算

股价指数的计算方法主要有两种:简单算术股价指数和加权股价指数。

1. 简单算术股价指数

计算简单算术股价指数的方法有两种:相对法和综合法。

(1)相对法。相对法又称平均法,就是先计算各个样本的股价指数,再求总的算术平均数。其计算公式为:

$$股价指数 = \frac{1}{n}\sum_{i=1}^{n}\frac{P_1^i}{P_0^i}$$

其中,P_0^i 表示第 i 种股票的基期价格,P_1^i 表示第 i 种股票的报告期价格,n 为样本数。英国的《经济学家》普通股价格指数就是采用这种计算方法计算出来的。

(2)综合法。综合法是先将样本股票的基期和报告期价格分别求和,然后相比求出股价指数,即:

$$股价指数 = \frac{\sum_{i=1}^{n} P_1^i}{\sum_{i=1}^{n} P_0^i}$$

2. 加权股价指数

加权股价指数是根据各期样本股票的相对重要性予以加权,其权重可以是成交股数、总股本等。按时间划分,权数可以是基期权数,也可以是报告期权数。以基期成交股数(或总股本)为权数的指数称为拉斯拜尔指数。其计算公式为:

$$加权股价指数 = \frac{\sum P_1 Q_0}{\sum P_0 Q_0}$$

以报告期成交股数(或总股本)为权数的指数称为派许指数。其计算公式为:

$$加权股价指数 = \frac{\sum P_1 Q_1}{\sum P_0 Q_1}$$

其中 P_0 和 P_1 分别表示基期和报告期的股价,Q_0 和 Q_1 分别表示基期和报告期的成交股数(或总股本)。拉斯拜尔指数偏重基期成交股数(或总股本),而派许指数偏重报告期的成交股数(或总股本)。目前世界上大多数股价指数都是派许指数,只有德国法兰克福证券交易所的股价指数为拉斯拜尔指数。

四、中国主要的股价指数

1. 上海证券交易所股价指数

(1)指数系列。目前,上海证券交易所股份指数系列共包括 4 类 10 个指数:第 1 类是成分指数,包括上证 180 指数,其前身为上证 30 指数;第 2 类是综合指数,包括上证综合指数;第 3 类是分类指数,包括上证 A 股指数、上证 B 股指数、上证工业类指数、上证商业类指数、上证房地产业类指数、上证公用事业类指数、上证综合业类指数;第 4 类是基金指数,包括上证基金指数。以上 10 项指数中,上证综合指数最常用。

(2)采样范围。纳入指数计算范围的股票称为指数股。纳入指数计算范围的前提条件是该股票在上海证券交易所挂牌上市。上证 180 指数的样本股是在所有 A 股股票中抽取最具市场代表性的 180 种样本股票;综合指数类的指数股是全部股票(A 股和 B 股);分类指数类是相应行业类别的全部股票(A 股和 B 股)。

(3)选样原则。选样原则包括选样标准和调整方法两个方面的原则。这里以上证 180 指数来说明。上证 180 指数的选样标准是遵循规模(总市值、流通市值)、流动性(成交金额、换手率)、行业代表性三项指标,即选取规模较大、流动性较好且具有行业代表性的股票作为样本。上证 180 指数样本股的调整方法:上证成分指数依据样本稳定性和动态跟踪相结合的原则,每半年调整一次成分股,每次调整比例一般不超过 10%,特殊情况下也可能对样本进行临时调整。

(4)计算方法。上证指数系列均以“点”为单位。首先,指数计算要确定基日、基期(除数)与基期指数。

上证 30 指数,以 1996 年 1 月至 3 月为基期,基期指数定为 1000 点,自 1996 年 7 月 1 日起正式发布。上证 180 指数是上证 30 指数的延续,从 2002 年 7 月 1 日正式发布。基点为 2002 年 6 月 28 日上证 30 指数的收盘点数,即 3299.05 点。

上证综合指数,以 1990 年 12 月 19 日为基期,基期指数定为 100 点,自 1991 年 7 月 15 日起正式发布。

上证 A 股指数,以 1990 年 12 月 19 日为基期,基期指数定为 100 点,自 1992 年 2 月 21 日起正式发布。

上证 B 股指数,以 1992 年 2 月 21 日为基期,基期指数定为 100 点,自 1992 年 2 月 21 日起正式发布。

其他分类指数类指数,以 1993 年 4 月 30 日为基期,基期指数统一定为 1358.78(该日上证综合指数收盘值),自 1993 年 6 月 1 日起正式发布。

上证基金指数,以 2000 年 5 月 8 日为基日,2000 年 5 月 9 日开始发布,基日指数定为 1000。

其次,指数计算要选定计算公式。上证指数系列均采用派许加权综合价格指数的基本公式计算,即以指数股报告期的股本数作为权数进行加权计算。这里以上证 180 指数来说明计算公式。上证 180 指数以样本股的调整股本数为权数,公式如下:

$$报告期指数 = \frac{报告期成分股的调整市值}{基日成分股的调整市值} \times 1000$$

其中,调整市值 = $\sum$(市价 × 调整股本数),基日成分股的调整市值也称为除数,调整股本数采用分级靠档的方法对成分股股本进行调整而得到。根据国际惯例和专家委员会意见，上证成分指数的分级靠档方法如表 4－1 所示。比如，某股票流通比例（流通股本/总股本）为 7%，低于 10%，则采用流通股本为权数；某股票流通比例为 35%，落在区间（30，40］内，对应的加权比例为 40%，则将总股本的 40% 作为权数。

表 4－1

流通比例（%）	≤10	（10，20］	（20，30］	（30，40］	（40，50］	（50，60］	（60，70］	（70，80］	＞80
加权比例（%）	流通比例	20	30	40	50	60	70	80	100

另外，在计算牵涉到 B 股的指数时还要解决价格单位的问题。上证 B 股指数中的 B 股价格采用美元计算；在计算其他指数时，价格按适用汇率（中国外汇交易中心每周最后一个交易日人民币兑美元的中间价）折算成人民币。

再次，在以上步骤都完成后，就可以进行指数的实时计算。具体做法是，在每一个交易日集合竞价结束后，用集合竞价产生的股票开市价（若无成交者，取昨日收市价）计算开市指数，以后每有一笔新的成交，就重新计算一次指数，直至收盘。每 15 秒向外发布一次，通过卫星通信网络向国内外实时发布。

2. 深圳证券交易所股价指数

（1）指数种类。深圳证券交易所股价指数共有 3 类 13 项，其中最有影响力的是深证成分指数。第 1 类是综合指数类，包括深证综合指数、深证 A 股指数、深证 B 股指数。第 2 类是成分股指数类，包括深证成分指数，它又包括成分 A 股指数和成分 B 股指数。成分 B 股指数又细分为工业分类指数、商业分类指数、金融分类指数、地产分类指数、公用事业指数、综合企业指数。第 3 类是深证基金指数。

（2）基日与基日指数。其中深证综合指数以 1991 年 4 月 3 日为基日，1991 年 4 月 4 日开始发布，基日指数为 100；深证 A 股指数以 1991 年 4 月 3 日为基日，1992 年 10 月 4 日开始发布，基日指数定为 100；深证 B 股指数以 1992 年 2 月 28 日为基日，1992 年 10 月 6 日开始发布，基日指数定为 100；成分指数类以 1994 年 7 月 20 日为基日，1995 年 1 月 23 日开始发布，基日指数定为 1000；深证基金指数以 1996 年 3 月 15 日为基日，1996 年 3 月 18 日开始发布，基日指数定为 1000。

（3）计算范围。纳入指数计算范围的股票称为指数股。

综合指数类的指数股是深圳证券交易所上市的全部股票。全部股票均用于计算深证综合指数，其中的 A 股用于计算深证 A 股指数，B 股用于计算深证 B 股指数。

成分股指数类的指数股（即成分股）是从上市公司中挑选出来的 40 家成分股。成分股中所有 A 股和 B 股全部用于计算深证成分指数，其中的 A 股用于计算成分 A 股指数，B

股用于计算成分 B 股指数。成分股按行业归类,其 A 股用于计算行业分类指数。

(4)成分股选取原则。纳入成分股指数类计算范围的成分股的一般选取原则有以下几个。首先要有一定的上市交易日期,为了考察上市股票的市场表现和代表性,股票要有一定的上市交易日期;其次,要有一定的上市规模,所谓的规模以每家公司一段时期内的平均流通市值和平均总市值作为衡量标准;三是交易活跃,以每家公司一段时期内的总成交金额作为衡量标准。

根据以上标准定出初步名单后,再结合下列各项因素评选出 40 家上市公司(同时包括 A 股和 B 股)作为成分股,计算深证成分指数:一是公司股份在一段时间内的平均市盈率,二是公司的行业代表性及所属行业的发展前景,三是公司近年的财务状况、盈利记录、增长展望及管理素质等,四是公司的地区代表性等。

(5)计算方法。综合指数类和成分股指数类均为派许加权价格指数,即以指数股的计算日股份数作为权数,采用连锁公式加权计算。两类指数的权数分别为:

综合指数类,股份数 = 全部上市公司的总股份数

成分股指数类,股份数 = 成分股的可流通股本数

指数股中的 B 股用外汇平均汇率将港币换算为人民币,用于计算深证综合指数和深证成分指数。深证 B 股指数和成分 B 股指数仍采用港币计算。

每个交易日集合竞价结束后,用集合竞价产生的股票开市价(若无成交者,取昨日收盘价)计算开市指数,然后用连锁方法计算即时指数,直至收市。指数通过卫星通信网络实时向国内外发布。

表 4 – 2 是近 6 年来我国境内主要股指年度涨跌幅度统计数据;表 4 – 3 是 2019 年 6 月 25 日境内主要股指涨跌及估值情况。

表 4 – 2　近 6 年来我国境内主要股指年度涨跌幅度统计数据

单位:%

年度	上证综指	深证综指	沪深 300	深证成指	中小板指	创业板指	上证 50
2013 年	–6.75	20.03	–7.65	–10.91	17.54	82.73	–15.23
2014 年	52.87	33.80	51.66	35.62	9.67	12.83	63.93
2015 年	9.41	63.15	5.58	14.98	53.70	84.41	–6.23
2016 年	–12.31	–14.72	–11.28	–19.64	–22.89	–27.71	–5.53
2017 年	6.56	–3.54	21.78	8.48	16.73	–10.67	25.08
2018 年	–24.59	–33.25	–25.31	–34.42	–37.75	–28.65	–19.83

(数据来源:中国证券监督管理委员会官网)

表 4－3　2019 年 6 月 25 日境内主要股指涨跌及估值情况

类别	收盘(点)	涨跌(点)	涨跌幅(%)	市盈率(倍)
上证综指	2982.07	－26.07	－0.87	13.81
深证综指	1560.46	－15.63	－0.99	23.37
深证成指	9118.10	－94.01	－1.02	20.85
中小板指	5608.39	－76.78	－1.35	22.87
创业板指	1498.47	－16.00	－1.06	40.10
沪深 300	3801.31	－39.96	－1.04	13.41

五、境外主要股价指数

1. 道·琼斯指数

道·琼斯股票价格平均指数，是世界上最有影响力、使用最广泛的股价指数。它以在纽约证券交易所挂牌上市的一部分有代表性的公司股票作为编制对象，由四种股价平均指数构成，分别是：①以 30 家著名的工业公司股票为编制对象的道·琼斯工业 30 股价平均指数；②以 20 家著名的交通运输业公司股票为编制对象的道·琼斯运输业股价平均指数；③以 6 家著名的公用事业公司股票为编制对象的道·琼斯公用事业股价平均指数；④以上述三种股价平均指数所涉及的 56 家公司的股票为编制对象的道·琼斯股价综合平均指数。在四种道·琼斯股价指数中，以道·琼斯工业股价平均指数最为著名，它被大众传媒广泛地报道，并作为道·琼斯指数的代表加以引用。道·琼斯指数由美国报业集团——道·琼斯公司负责编制并发布，登载在其属下的《华尔街日报》上。历史上第一次公布道·琼斯指数是在 1884 年 7 月 3 日，当时的指数样本包括 11 种股票，由道·琼斯公司的创始人之一、《华尔街日报》首任编辑查尔斯·亨利·道编制。1928 年 10 月 1 日起，其样本股增加到 30 种并保持至今，但作为样本股的公司已经历过多次调整。道·琼斯指数是算术平均股价指数。

2. 标准·普尔 500 指数

标准·普尔 500 指数是由标准·普尔公司 1957 年开始编制的。最初的成分股由 425 种工业股票、15 种铁路股票和 60 种公用事业股票组成。从 1976 年 7 月 1 日开始，其成分股改由 400 种工业股票、20 种运输业股票、40 种公用事业股票和 40 种金融业股票组成。它以 1941 年至 1942 年为基期，基期指数定为 10，采用加权平均法进行计算，以股票上市量为权数，按基期进行加权计算。与道·琼斯工业平均股票指数相比，标准·普尔 500 指数具有采样面广、代表性强、精确度高、连续性好等特点，因此风险更为分散，能够反映更广泛的市场变化，也被视为一种理想的股票指数期货合约标的。

3. 纳斯达克指数

纳斯达克指数是反映纳斯达克证券市场行情变化的股票价格平均指数，基本指数为

100。纳斯达克的上市公司涵盖所有新技术行业,包括软件和计算机、电信、生物技术、零售和批发贸易等,主要由美国的数百家发展最快的先进技术、电信和生物公司组成,包括微软、英特尔、美国在线、雅虎这些家喻户晓的高科技公司,因而成为美国"新经济"的代名词。

纳斯达克综合指数是代表各工业门类的市场价值变化的晴雨表。因此,纳斯达克综合指数相比标准·普尔 500 指数、道·琼斯工业平均 30 指数更具有综合性。目前,纳斯达克综合指数包括 5000 多家公司,超过其他任何单一的证券市场。因为它有如此广泛的基础,所以它是最有影响力的证券市场指数之一。

4. 日经指数

日经指数,原称为"日本经济新闻社道·琼斯股票平均价格指数",是由日本经济新闻社编制并公布的反映日本东京证券交易所股票价格变动的股票价格平均指数。该指数的前身为 1950 年 9 月开始编制的"东证修正平均股价"。1975 年 5 月 1 日,日本经济新闻社向美国道·琼斯公司买进商标,采用修正的美国道·琼斯公司股票价格平均数的计算方法计算,并将其所编制的股票价格指数定为"日本经济新闻社道·琼斯股票平均价格指数"。1985 年 5 月 1 日合同满十年时,经两家协商,名称被改为"日经平均股价指数"(简称"日经指数")。按其计算对象的采样数目不同,日经指数分为两种:一是日经 225 种平均股价指数,它是从 1950 年 9 月开始编制的;二是日经 500 种平均股价指数,它是从 1982 年 1 月开始编制的。前一个指数因延续时间较长,具有很好的可比性,而成为考察日本股票市场股价长期演变及最新变动最常用、最可靠的指标,传媒日常引用的日经指数就是指这个指数。

日经道·琼斯平均股价指数的采样股票分别来自制造业、建筑业、运输业、电力和煤气业、仓储业、水产业、矿业、不动产业、金融业及服务业等行业,覆盖面极广。各行业又选择最有代表性的公司发行的股票作为样本股票。同时,不仅样本股票的代表公司和组成成分随着情况的变化而变化,而且样本股票的总量也在不断增加,目前已从 225 种增至 500 种。因此,该指数被看作日本最有影响力和最具代表性的股价指数,通过它可以了解日本的股市行情变化和经济变动状况。

5. 金融时报指数

金融时报指数是由英国伦敦证券交易所编制,并在《金融时报》上发表的股价指数。根据样本股票的种数,金融时报指数分别有 30 种股票指数、100 种股票指数及 500 种股票指数三种指数。在现货投资中运用较多的是以 30 种代表性工商业股票为基础计算的指数。它以 1935 年作为基期,基期指数为 100。而在股价指数期货交易中,被作为期货合约标的物的是以市场上交易较频繁的 100 种股票为基础,用几何平均法计算的指数。这种指数被称为"金融时报—证券交易所 100 种股票价格指数(Financial Times-Stock Exchange

100 Index,简称 FTSE 100)”,其以 1984 年 1 月 3 日为基期,基期指数为 1000。

6. DAX 指数

DAX 指数,一般也称为法兰克福 DAX 指数,是由德意志交易所集团推出的一个蓝筹股指数。该指数中包含 30 家主要的德国公司。DAX 指数是全欧洲与英国伦敦金融时报指数齐名的重要证券指数,也是世界证券市场上的重要指数之一。

DAX 指数于 1987 年推出,1988 年 7 月 1 日起开始正式交易,基准点为 1000 点。该指数以“整体回报法”进行计算,即在考虑公司股价的同时,考虑预期的股息回报。

DAX 指数是德国最受重视的股价指数,但该指数仅由 30 种蓝筹股组成,被认为范围过窄而不适合作为股市整体表现的指标。DAX 30 与美国标准·普尔 500、法国 CAC 40 股指及英国伦敦金融时报 100 股价指数一样是以市值加权的股价平均指数,而不是简单平均的股价平均指数。

与其他指数不同的是,DAX 30 指数试图反映德国股市的总收益情况,其他指数则只反映市场价格的变化。DAX 30 指数考虑到股息收入,名义上将所有股息收入(按成分股的比重)再投资在股票上。因此,即便德国股票价格没有变动,DAX 30 指数仍可能因股息收入而上涨。DAX 30 指数的期货和期权合约在欧洲期货期权交易所(EUREX)挂牌买卖。

7. CAC 40 指数

法国 CAC 40 指数是法国股价指数,由 40 只法国股票构成。它是由巴黎证券交易所(PSE)以法国前 40 大上市公司的股价来编制的,基期为 1987 年底。CAC 40 指数的成员股每季都要审核,以确保这 40 个成员公司的蓝筹股的地位,在法国股市有一定的影响力,有一定的交易量以及能反映法国股票市场的整体状况。该指数从 1988 年 6 月 5 日开始发布,反映法国证券市场的价格波动。

CAC 40 股价指数计算方式为市值加权(market capitalization-weighted),即以公司的市值为基础加权平均,因此大公司的小幅价格波动即会显著地影响指数。与此相对的是以道·琼斯工业指数及纽约证交所科技 100 指数为代表的价格加权指数(price-weighted index),即以个别成分股的价格加权平均计算,因此价格高的个股价格变动对指数值有较显著的影响。

8. 恒生指数

恒生指数(Hang Seng Index),由香港恒生银行全资附属的恒生指数服务有限公司编制,是以香港股票市场上的 50 家上市股票为成分股样本,以其发行量为权数的加权平均股价指数,是反映香港股市价格趋势最有影响力的一种股价指数。该指数于 1969 年 11 月 24 日首次公开发布,基期为 1964 年 7 月 31 日,基期指数定为 1000。恒生指数的成分股具有广泛的市场代表性,其总市值占香港联合交易所市场资本额总和的 70% 左右。为了进一步反映市场上各类股票的价格走势,恒生指数于 1985 年开始公布四个分类指数,把 50

种成分股分别纳入工商业、金融、地产和公共事业四个分类指数中。

恒生指数成分股的选取原则如下：

(1)按股票市值大小选择。所选股票必须居于占联交所所有上市普通股份总市值90%的排榜股票之列(市值指过去12个月的平均值)。

(2)按成交额大小选择。所选股票必须居于占联交所所有上市普通股份成交额90%的排榜股票之列(成交额指过去24个月的成交总额)。

(3)必须在联交所上市满24个月以上。

根据以上标准初选出合格股票后，再按以下准则最终选定样本股：

(1)公司市值及成交额排名。

(2)四个分类指数在恒生指数内所占的比重须大体反映市场情况。

(3)公司在香港有庞大的业务。

(4)公司的财务状况。

恒生指数的计算公式是：

现时指数 = 现时成分股的总市值/(上市收市时成分股的总市值 × 上日收市指数)

表4-4　2019年6月25日境外主要股指涨跌及估值情况

类别	收盘(点)	涨跌(点)	涨跌幅(%)	市盈率(倍)
道・琼斯工业指数	26727.54	8.41	0.03	19.46
标普500指数	2945.35	-5.11	-0.17	21.48
纳斯达克综合指数	8005.70	-26.01	-0.32	31.44
富时100指数	7416.69	9.19	0.12	17.54
德国DAX指数	12274.57	-65.35	-0.53	16.15
法国CAC 40指数	5521.71	-6.62	-0.12	18.56
日经225指数	21193.81	-92.18	-0.43	15.84
香港恒生指数	28185.98	-327.02	-1.15	10.26

注：香港恒生指数和日经225指数为当日数据，其余指数为隔夜数据。

习　　题

1. 简述股票的概念与股票的分类。
2. 简述股票的发行市场与流通市场的不同。
3. 简述债券市场与股票市场的异同。
4. 试述全球各主要股票价格指数。

第五章　外汇市场

引入案例

中信泰富外汇事件

一、背景介绍

中信泰富外汇期权交易失败案例是指中信泰富在澳洲的铁矿项目。2006 年 3 月，中信泰富以 4.15 亿美元，分两次从澳大利亚富豪 Clive Palmer（Mineralogy 公司的负责人）手里买下西澳大利亚两个分别拥有 10 亿吨磁铁矿资源开采权的公司 Sino-Iron 和 Balmoral Iron的全部股权。因交易货币为澳元，为降低澳元贬值的风险，中信泰富签订了一系列杠杆期权合约。2008 年 10 月，该公司公布盈利预警，中信泰富因购买澳洲铁矿，签订期权合约可能导致公司巨额亏损，致使公司短期股价降低 55%，董事长辞职，长期现金流持续紧张，发展战略受阻。虽然铁矿石价格不断下跌、澳元不断贬值是导致公司巨额亏损的直接原因，但根本原因在于企业内部风险管理体系失败，主要表现为环境风险评估、衍生品风险控制无效。衍生品风险控制无效主要表现为累计期权（knock out discount accumulator，缩写为 KODA）合约定价失败。

二、中信泰富签订的 KODA 合约简介

KODA 合约具有非常大的危险性，并且很难完全地对冲其风险。一个典型的累计期权合约，往往是这样的，投行会跟你说："我这有一只股票，卖 10 块钱一只，但是你是我的高端客户，所以我给你打折，8 块钱，每天买 1000 股。"中信泰富签订的期权合约更像是累积期权，是一个附条件的障碍期权。期权赋予持有者以一定价格买入或卖出标的资产的权利，但权利的实施设有一定的界限（barrier），只有价格水平在一定的范围内，期权合约持有者才能行使权力。如果超过相应的价格区间，期权持有者的权利将会失效。此例中的中信泰富就是通过期权互换获得了以一定的价格买入澳元的权利，澳元价格上升超过约定的买入价，中信泰富可以继续以约定的价格买入，从而获利。如果澳元继续上升，超过约定的界限，中信泰富的权利将会消失。中信泰富的最大收益为界限和买入价的差额。但该期权买入时，中信泰富并未支付现金，而是通过给予交易对手另一种权利的方式实现交易。中信泰富给予交易对手的权利却并不是设有界限的障碍期权，如果澳元低于执行价格，中信泰富必须以合约约定的高价不断买入澳元。此时，中信泰富买入澳元的损失将随澳元的贬值不断增加。

三、中信泰富签订的 KODA 合约模拟定价

据公开信息显示，中信泰富签订的外汇期权合约主要是几种 KODA 合约，从而降低澳元交易的汇率风险，期权价格是以 1：2.5 的对价购买的。几种合约对中信泰富都设置了最高利润上限，当美元贬值、澳元升值到某一利润水平时，这些合约都会自动终止。即在澳元兑美元汇率高于 0.87 但不高于上限的情况下，中信泰富可以赚取差价。如果该汇率低于 0.87，也没有到达上限，那么中信泰富必须不断以高于市场价格的汇率购买澳元，在理论上，亏损是无限大的。从中信泰富 2010 年 10 月披露的相关信息可以看出，每份合约最高利润上限为 150 万美元至 700 万美元，利润上限合计仅为 5150 万美元，相当于 4 亿港元。而相应的付出对价（交易对手持有的期权）要求当澳元贬值低于执行价格时，中信泰富需不断购买高达 90.5 亿澳元，相当于 485 亿港元，加上相应购买的欧元合约合计 500 多亿港元。如澳元贬值超过 1%，中信泰富将亏损超 5 亿港元。如贬值继续扩大，中信泰富将面临巨额亏损。

四、中信泰富期权交易亏损原因分析

（一）合约内涵风险过大，风险模型存在肥尾的现象

中信泰富澳元期权合约巨亏的直接原因就是合约内涵风险过大，收益和风险不匹配。中信泰富和 13 家国际性银行共同签订的 24 个外汇累计期权合约，主要对冲美元贬值风险。但合约签订的获利金额最高仅为 4 亿港元。但如果美元升值、澳元贬值超过 1%，中信泰富面临的损失金额就会超过 5 亿港元，如果澳元持续贬值，损失将远远超过可能的获利。在澳元不断升值和预期继续升值的背景下，主观预期替代了理性，忽略了小概率事件可能造成的巨额损失。

（二）合约定价不合理

合约简化计算的 up-and-out call 期权的价值为 0.0012 澳元，一份 up-and-out put 期权的价值为 0.0529 澳元，看涨期权的价值远小于看跌期权的价值。中信泰富在签订单笔外汇合约时就已亏损了 667 万美元。如此不合常理的定价，中信泰富主管应负责，另一个重要原因是合约签订缺少平等的平台，存在德意志银行、汇丰银行、渣打银行、花旗银行香港分行等利用其定价的优势恶意欺诈的可能。在合同签订的时候，中信泰富就已经在合约中彻底输了。即使在中信泰富最理想的预期下，中信泰富的最大盈利也只有 5150 万美元。然而，因为定价权利的不对等，中信泰富内部定价水平过低，合同签订时，中信泰富就已经亏了 1 亿美元。可能的利润和损失存在巨大的差距，但在定价中并没有充分体现。

（三）管理层风险意识不足和内部控制不足

中信泰富外汇期权交易巨额亏损的最根本原因在于其内部的风险控制和管理机制存在问题，及管理层凌驾于内部控制之上。期权合约约定的中信泰富接手的澳元数量远远超过企业需求，明显出现投资倾向。据中信泰富审核委员会的调查，该事件中并没有欺诈

等不法行为，主要是财务董事未遵守公司内部风险对冲政策，并且数额如此巨大的交易没有经过董事会主席的批准，严重超越了财务董事的权限。管理层的风险意识不够，主观意识强加于风险管理之中，最终导致风险管理的失败和最终的巨额损失。

（资料来源：樊昌昊《资产定价与风险管理案例研究——以中信泰富外汇事件为例》，《经贸实践》，2018 年第 5 期）

第一节 外汇市场产生的历史背景

国际贸易和国际投资的广泛流行，导致人们产生了外汇交易的需求，外汇市场由此产生。然而，外汇交易的方式随着时间的变化而变化。在 19 世纪的大部分时间里，外汇市场在金本位制度下运作。在金本位制度下，货币发行人保证票据的赎回，并且根据要求，发行的数量应该与黄金的数量相等。采用固定汇率制度的政府，需要使用黄金向其他政府兑换票据，它们共享一个固定的汇率关系。因此，黄金成为可交换的、通用的、稳定的价值单位。此外，英国作为当时国际贸易的主导国家，承诺长期采用金本位制。然而，1939—1942 年，英国向美国和其他参加“二战”的国家购买军火和武器，耗尽了它的黄金储备。

英国黄金储备的耗尽发生在温斯顿 · 丘吉尔（当时的英国首相）执政期间。因此，再回到开战前的金本位制是不可能的。1944—1971 年，《布雷顿森林协议》要求将两种货币之间的比价确定下来，通过政府干预使汇率围绕比价在较小的范围内变动。该协议导致了这样一种结果：某些货币（例如美元）被大幅高估，另一些货币（例如德国马克）则被大幅低估。1971 年的《史密森协议》（Smithsonian Agreement）的出台正是为了解决这一问题。根据这一协议的安排，一些主要国家允许美元贬值，并将汇率上下波动的范围从 1% 扩大到 2.25%。

1973 年的《史密森协议 Ⅱ》（Smithsonian Agreement Ⅱ）将汇率波动的范围完全取消了。这实际上使得一些主要货币的汇率成为自由浮动汇率。目前，这种自由浮动的汇率制度仍然在部分国家存在。

1972 年之前，外汇的即期和远期交易只能在银行外汇同业市场完成，同业市场的交易涉及全球主要银行（例如摩根大通银行和汇丰银行）之间的电子交易。这是一个场外交易市场（OTC），因此它没有固定的营业时间，全球外汇的买卖可以在一天 24 小时内进行。1972 年之后，一些有组织的市场，例如芝加哥商业交易所的国际货币市场（IMM）设计出了外汇期货和外汇期权这样的衍生金融工具。可是，一个发达的外汇远期同业市场的存在对外汇期货市场的交易形成了阻碍。例如，尽管 1972 年之后的外汇交易出现了巨额增长，但远期市场的交易规模远远超出外汇期货市场(前者的日交易量是后者的20倍)。

外汇同业市场与有组织的外汇交易市场的主要区别在于:市场是如何组织的,合约金额和交割时间是否固定,交易合约如何进行结算等。虽然同业远期市场是一个没有地域限制的全球市场,但外汇期货交易市场却以芝加哥的国际货币市场为主。期货合约交易由几种主要货币(如欧元、英镑)构成,合约的到期日为3月、6月、9月和12月的第3个星期三。与此相反,远期合约可以以任何一种外汇为基础,将来交割时的期限可以为某一固定的天数。期货市场上(芝加哥的国际货币市场),外汇期货合约的交易额由交易所规定,所有合约的交易额都是相同的。远期合约的交易额则是由银行和客户具体商定。最后要指出的是,所有外汇期货合约的实际交割率都不到1%;合约盈亏的结算每日都在交易者与交易所之间进行,而且许多交易者会在合约到期之前将其出售。与此相反,90%的外汇远期合约都需要在合约到期日进行实际的交割。

一、欧元的产生

欧元是对欧洲联盟单一货币的称呼。欧元于1999年1月1日诞生,当时欧洲12个初始成员国货币之间的汇率已经被固定下来了,但各国自己的货币(例如意大利里拉和法国法郎)仍然在本国范围内流动和使用。从2002年1月1日起,各国货币开始陆续退出使用,同时欧元现钞和铸币开始在12个欧盟国家(以及梵蒂冈)流通。欧洲共同体(EC)的产生最终导致了欧元的产生——1967年建立的欧洲共同体由三个机构(包括欧洲煤钢联盟、欧洲经济共同市场和欧洲原子能机构)组成。欧洲经济联盟的目标包括政治和经济两个方面:既要打破共同市场内部的贸易壁垒,又要建立一个由欧洲人组成的政治联盟。1993年正式生效的《马斯特里赫特条约》为欧盟参与国转向统一的货币联盟(即欧洲货币联盟EMU)制订了阶段性的行动计划。《马斯特里赫特条约》的主要条款包括:发行单一货币(欧元)、建立统一的欧洲中央银行体系和设立单一的欧洲中央银行(ECB)等最终目标。

欧元的诞生不仅会给整个欧洲带来巨大的影响,还会对全球金融体系产生显著影响。例如,在21世纪前十几年,当美国经历债务的增长、消费的快速增长以及庞大的经常性账户赤字时,欧元相对于美元价值增加35%。在21世纪中期,随着美元对欧元的贬值,俄罗斯中央银行表示将考虑用一些欧元来代替美元。这些行动使得欧元成为世界上仅次于美元的第二大最重要的货币。考虑到"欧元经济区"的总体规模,有人预言,欧元甚至会与美元竞争主要国际货币的地位。然而,在2010年之后,尽管美国的债务问题仍在继续,欧洲却完全陷入了主权债务危机。随着欧洲债务危机的持续,美元相对于欧元持续走强。俄罗斯中央银行转而将欧元兑换为美元。美元仍然是无可替代的交换媒介,因为它是世界上最容易购买或者出售的货币。在2013年,42%的外汇交易是美元主导的,欧元只主导了20%的外汇交易。

二、美元化

在放弃了金本位制度和布雷顿森林体系之后，一些国家开始寻求维持全球经济稳定和促进本国经济繁荣发展的方式。对于其中的许多国家来说，货币稳定是通过将本国货币与一个主要的可自由兑换的货币挂钩来实现的。其他国家干脆放弃了本国货币，转而使用美元（或者其他国际货币，如欧元）。外币与本国货币平行使用或者代替本币使用称为美元化（dollarize）。美元化可以是非正式的（当私人机构喜欢外币超过本币的时候），也可以是正式的（当一国采用外币作为法定货币，并且停止发行本国货币时）。例如，如果美元是被采用的货币，那么美联储的票据将会变成该政府认可的法定货币和唯一的纸质货币形式。

三、人民币自由浮动

在 2005 年 7 月 21 日，中国政府放弃了原本盯住美元的汇率政策，声明人民币的价格是参照一揽子货币和有管理的浮动汇率体系确定的。不完全自由浮动的人民币汇率的形成部分原因来自西方国家的压力。这些国家的政治家认为，由于人民币相对于美元和其他货币相对抑价，中国的货币制度给中国企业在全球市场中创造了一个不公平的优势。被低估的人民币导致中国出口商品相对便宜，这损害了其他国家的国内制造业的利益，特别是美国。事实上，担心美国就业机会减少的美国国会的立法者威胁要对中国商品征收高额关税，除非中国改变其外汇政策。世界主要经济体的财政部部长们也一致认为，中国应该让人民币浮动。

在考虑到货币汇率联动的情况下，经济学家使用统计方法推断，在北京宣布脱离与美元挂钩后，人民币最终会在美元和欧元之间赋予相同的权重。2005—2008 年，人民币相对于美元升值 20%，大部分反映了欧元相对于美元的升值。到 2008 年 5 月，随着全球金融危机爆发，美元相对于欧元开始反弹，中国政府开始在计算人民币价值时赋予美元更大的权重。这种变动防止了金融危机期间人民币兑换美元时的价格下跌。因此，中国的货币政策完成了一个循环，几乎回到了 2005 年底的水平。

在金融危机期间，美国官员担心人为压低人民币价格会使中国商品在国际市场上更具竞争力，中国未能使人民币自由浮动将会减慢美国和全球从 2008—2009 年的经济危机和衰退中复苏的速度。中国政府承诺在 2010 年 6 月实行更灵活的汇率，完全摆脱在全球金融危机期间为期两年的与美元挂钩的汇率政策。但是，在接下来的 3 个月里，人民币对美元的汇率才上升了 2%。在 2010 年 9 月美国众议院通过一项允许华盛顿制裁人为操纵本国货币从贸易中获利的法案后，人民币升值的速度稍稍加快了。而且，在 2010 年 10 月，时任美国财政部部长蒂莫西·盖特纳（Timothy Geithner）在全球的财政领导人保证全球经济平衡后，与中国最高财政官员围绕货币的紧张局势进行了会谈。此外，在 2010 年 11 月，G20 的财政部部长和央行行长为了避免弱势货币被低估，减少贸易和金融的不平衡性，将让中国和其他主要的发展中国家在管理全球经济中发挥更大的作用。然而,美国方面的措施几乎没有什么效果(特别是美国被指控在2010—2013年通过购买数十亿美元的国债操纵本国货币来刺激美国经济),人民币在2010年底仍然疲软。

21世纪前10年,意识到自身在货币操纵和经济增长方面的影响后,中国开始做出回应,虽然很慢。2009年,中国开始了人民币国际化的试点,允许香港地区的银行进行人民币交易。结果,人民币存款数量在香港急剧膨胀,从2010年的不到1000亿元上涨到2013年的6000亿元。2011年1月,中国开始允许美国人交易人民币,中国的企业也第一次被允许在中国内地之外的地方使用人民币开展业务。2011年10月,外国公司获准在中国内地使用人民币进行直接投资。2012年,中国第一次在5年内放宽了人民币对美元的汇率波幅,允许人民币在更大的范围内波动。境外人民币存款的快速增长被芝加哥商业交易所(CME)认可。在2013年2月,芝加哥商业交易所宣布加入香港交易及结算所有限公司(Hong Kong Exchanges and Clearing limited)并开始交易合约期限最长为3年的中国人民币期货(Chinese Renminbi,CNH)。

第二节　外汇市场及其构成

外汇市场由主体和客体构成。外汇市场的主体即外汇市场的参与者,主要包括外汇银行、顾客、中央银行及其他官方机构、外汇交易商及外汇经纪商。外汇市场的客体即外汇市场的交易对象,主要是各种可自由交换的外国货币、外币有价证券及支付凭证等。

一、外汇市场的概念

外汇市场是外汇交易的场所,是指由各国中央银行、外汇银行、外汇经纪人和客户组成的买卖外汇的交易系统。外汇市场不像商品市场和其他金融市场那样,一定要设有具体的交易场所。它主要是指外汇供求双方在特定的地区内,通过现代化的通信设备及计算机网络系统来从事外汇买卖的交易活动。

按照外汇交易参与者的不同,外汇市场可以具体分为狭义的外汇市场和广义的外汇市场。狭义的外汇市场又叫外汇批发市场,特指银行同业之间的外汇交易市场,包括外汇银行之间、外汇银行与中央银行之间以及各国中央银行之间的外汇交易。广义的外汇市场,除了狭义的外汇市场,还包括银行同一般客户之间的外汇交易。

按照外汇市场经营范围的不同,外汇市场有国内外汇市场和国际外汇市场之分。国内外汇市场一般适用于发展中国家,这一市场主要进行的是外币与本币之间的交易,其参与者主要限于本国居民,并且所进行的外汇交易受制于国内金融制度。国际外汇市场是指各国居民都可以自由参加多种货币的自由买卖,交易不受所在国金融制度限制的市场。

这种外汇市场基本上是一个完全自由的市场，是一种发达的外汇市场。

按外汇交易的方式来划分，外汇市场分为有形市场和无形市场。有形市场是指从事交易的当事人在固定的交易场所和规定的营业时间里进行外汇买卖。这种外汇市场主要存在于欧洲大陆的法国巴黎、德国的法兰克福、比利时的布鲁塞尔等地区。由于其交易方式和交易目的都很有限，主要用于调整即期的外汇头寸，决定对顾客交易的公定汇率，因此它不是外汇市场的主要形式。无形市场是指由电话、电报、电传和计算机终端等现代化通信网络组成的一个抽象市场。这种外汇市场没有固定的外汇交易场所，也没有固定的开、收盘时间。抽象的外汇市场形式普遍流行于英国、美国、瑞士等国家和远东地区。所以人们一般都将典型的外汇市场理解为抽象市场。

二、外汇市场的参与者

(1)外汇银行

外汇银行(foreign exchange bank)又叫外汇指定银行，是指经过本国中央银行批准，可以经营外汇业务的商业银行或其他金融机构。外汇银行可分为三种类型：专营或兼营外汇业务的本国商业银行，在本国的外国商业银行分行及本国与外国的合资银行，其他经营外汇买卖业务的本国金融机构，如信托投资公司、财务公司。

外汇银行是外汇市场上最重要的参与者。在美国，十几家设在纽约以及几十家设在别的主要城市的大型商业银行，实际上充当着做市商的角色。由于它们经常在外汇市场上大规模地进行各种货币的买卖，因此外汇市场得以形成并顺利运转。

外汇银行在两个层次上从事外汇业务活动。第一个层次是零售业务，银行应客户的要求进行外汇买卖，并收兑不同国家的货币现钞。第二个层次是批发业务，这是银行为了平衡外汇头寸，防止外汇风险而在银行同业市场上进行的轧差买卖。外汇银行在为客户提供外汇买卖的过程中，难免会在营业日出现各种外汇头寸的多头(long position)或空头(short position)，统称敞口头寸(open position)，即一些币种的出售额少于购入额，而另一些币种的出售额多于购入额。为了避免因各种币种之间汇率变动而产生的汇率风险，银行需要借助同业交易及时进行外汇头寸的调拨，轧平各种头寸，即将多头抛出，将空头补进。但是银行在同业市场上进行外汇买卖并不一定都是为了消除头寸进而免除汇率风险。在有些情况下，某些外汇银行会以“风险爱好者”的姿态出现，在该市场积极制造头寸。这实际上是一种以谋取风险溢价为目的的外汇投机活动。但无论如何，同业外汇交易占外汇交易总额的95%以上，而且外汇银行同业外汇买卖差价一般要低于银行与客户之间的买卖差价。

(2)外汇经纪商

外汇经纪商(foreign exchange broker)是指介于外汇银行之间、外汇银行和其他外汇市场参与者之间，为买卖双方接洽外汇交易而赚取佣金的中间商。与外汇银行一样，外汇经纪商也必须经过所在国中央银行的核准方可参与市场交易。外汇经纪商在外汇市场上的作用主要在于提高外汇交易的效率,这主要体现在成交的速度与价格上。由于外汇经纪商掌握了外汇市场上外汇买卖双方的信息,所以,经纪商在接受客户的委托后,一般总能在较短的时间内替委托人找到相应的交易对象,而且能在多家交易对象的报价中找到最好的成交价格,从而提高外汇交易的效率。

(3)顾客

在外汇市场上,凡是与外汇银行有外汇交易关系的公司或个人,都是外汇银行的客户。他们是外汇市场上的主要供求者,其在外汇市场上的作用和地位仅次于外汇银行。这类市场参与者有的为实施某项经济交易买卖外汇,如经营进、出口业务的国际贸易商到外国去投资的跨国公司,发行国际债券或筹借外币贷款的国内企业;有的为调整资产结构或利用国际金融市场的不均衡状况而进行外汇交易,如买卖外国证券的投资者,在不同国家货币市场上赚取利差、汇差收益的套利者和套期保值者,对市场汇率打赌以赚取风险利润的外汇投机者。此外,还有其他零星的外汇供求者,如国际旅游者、出国留学生、提供或接受外币捐赠的机构和个人。在上述各种外汇供求者中,最重要的是跨国公司,因为跨国公司的全球经营战略涉及许多种货币的收入和支出,所以它进入外汇市场非常频繁。

(4)中央银行及其他官方机构

外汇市场上另一个重要的参与者是各国的中央银行。这是因为各国的中央银行都持有相当数量的外汇余额作为国际储备的重要构成部分,并承担着维持本国货币金融稳定的职责,所以中央银行经常通过购入或抛出某种国际性货币的方式来对外汇市场进行干预,以便能把本国货币的汇率稳定在一个期望的水平上或幅度内,从而实现本国货币金融政策的意图。

中央银行干预外汇市场的范围与频率在很大程度上取决于该国政府实行什么汇率制度。假如一国货币与别国货币(或SDR,或“一揽子货币”)挂钩,实行固定汇率制,那么,该国中央银行的干预程度显然要比实行浮动汇率制的国家大得多。一般情况下,中央银行在外汇市场上的交易数量并不是很大,但其影响却非常广泛,这是因为外汇市场的参与者都密切关注着中央银行的一举一动,以便能及时获取政府宏观经济决策的有关信息。所以,中央银行在外汇市场上的一个微小动作,有时也会对一国汇率产生重大的影响。有时候甚至会有几个国家的中央银行联手进行外汇干预,其影响就更为显著了。除了中央银行,其他政府机构出于不同的经济目的,有时也进入外汇市场进行交易,如财政部、商业部。中央银行是外汇市场上最重要的官方参与者。以上是从横向对外汇市场的参与者进行的分类。如果从纵向观察,上述参与者可分为四个层次:第一层次(也是最低层)是进、出口商。他们是外汇的最终使用者和供应者。第二层次是外汇银行。它们在外汇供应者和使用者之间起着媒介作用。第三层次是外汇经纪商。外汇银行通过他们平衡银行内部外汇的流入与流出。第四层次(也是最高层次)是中央银行。它在一国总的外汇供求失衡时,运用国家外汇储备,起着最后贷款者的作用。

第三节　外汇市场的交易方式

货币的职能之一是交易的媒介,但是,自从具有不同主权货币的国家间贸易产生后,货币本身又成了被交易的对象,不同货币之间的交易就形成了外汇市场。如果你要到异国他乡去旅行,或出国去学习深造,那么,你也要参与外汇市场的买卖。在外汇市场上,由于交易的动机不同,技术手段不同,政府管理制度不同,因此产生了许多不同的交易方式。其中最重要的、最典型的交易方式有即期外汇交易、远期外汇交易、外汇期货交易、外汇期权交易等。

一、即期外汇交易

在外汇交易中,根据交易后交割的时间不同,外汇交易分为即期交易和远期交易。即期外汇交易是在买卖双方成交后,在两个营业日内进行交割的外汇交易。即期外汇交易又被称为现汇交易。在即期外汇交易中,交割日一般是成交后的第二个营业日。例如,假定今天是星期一,你作为公司财务经理与一家银行成交了一笔即期外汇交易,那么,你们这笔现汇交易的交割日就是明天。如果在现汇交易中,成交后马上碰到了节假日,那么,交割日就是节假日结束后的第一个交易日。中国银行间外汇市场上的人民币外汇即期交易指会员以约定的外汇币种、金额、汇率,在成交日后第二个工作日或第二个工作日以内交割的外汇对人民币的交易。

即期外汇交易也称现汇交易或现汇买卖,是指外汇交易双方在外汇买卖成交后,于当日或两个营业日内按成交时的汇率进行交割的一种交易方式。这里所说的成交,是指双方已就外汇买卖的汇率(价格)、数额、币种等达成一致或达成协议(口头协议或者是书面协议)。这里说的交割,是指购买外汇者支付某种货币资金,出售外汇者交付指定的外汇的行为。即期交易是外汇市场上最常见、最普遍的一种外汇交易方式,这是因为即期交易交割时间较短,所面临的外汇风险较小。因为时区不同,同一天交割的交易在东方外汇市场(如新加坡、东京外汇市场)较早开始,在欧美则较晚开始,所以一定程度上存在结算风险。

1. 即期交易的方式

在即期交易中,一般有两种主要交易方式,即顺汇买卖方式和逆汇买卖方式。顺汇买卖方式是指汇款人委托银行以某种信用工具,通过其国外分行或代理行将款项付给收款人,受托银行在国内收进本币,在国外付出外汇。因其汇兑方向与资金流向一致,故称为顺汇买卖方式。这种方式一般涉及四个当事人:①汇款人,通常称为付款人;②收款人,也称债权人或受益人;③汇出行,是受汇款人委托向收款人汇款的银行;④解付行,也称汇入行,是受汇款行委托,接收汇出行的汇款并向收款人解付款项的银行。外汇银行收妥本币、卖出外汇后,按照客户的要求,采用电汇、信汇和票汇的方式通知债权人或收款人所在国的分支行或代理行,按当时当地汇率将其外币存款账户上一定的金额外汇支付给收款人。这样,该外汇银行在自己账户上增加了客户支付的本国货币,而在国外的外币账户存款则减少了相应的外币。

逆汇买卖方式,也称托收方式,是指由收款人出票,通过银行委托其国外分支行或代理行向付款人收取汇票上所列款项的一种方式。因该方式的资金流向与信用工具的传递方向相反,故称为逆汇买卖方式。在逆汇方式下,客户向银行卖出汇票,等于银行付出本币,买进外汇。外汇银行接受收款人的托收委托后,即通知其国外分支行或代理行,按照当日汇率向付款人收取汇票所载的外币金额,并将收入记录在国外银行的外汇账户上。其结果是:该外汇银行国内本币存款账户余额减少了,而其外币存款账户上的外币余额却相应地增加了。

无论是进行顺汇买卖,还是逆汇买卖,最终都会使外汇银行自己持有的各种外币账户的余额即外汇头寸发生变化,会出现买大于卖或卖大于买的情况。如果外币头寸卖大于买,称为“空头”或“超卖”;反之,买大于卖,称为“多头”或“超买”;买卖恰好相抵称“轧平”。外汇银行为了避免汇率变动带来的风险损失,当外汇头寸处于“超卖”地位时,必须及时补进;反之,处于“超买”地位时,必须及时抛出。这一过程也是外汇即期买卖的重要组成部分。

2. 即期交易的报价

外汇即期交易的报价,是指银行向同业或客户报出的买入或卖出外汇时的汇率。各外汇银行在外汇市场每日开市时,都必须综合各方面的因素,确定并报出本行的开盘汇率。一般来讲,只有那些外汇资金实力雄厚、外汇买卖量大的主要外汇银行才有能力报出买价和卖价,并不断按此价格进行交易。

外汇银行一般采取“双档报价”的方式,即外汇报价行在交易中同时报出买入价和卖出价,买价与卖价都是从银行的角度出发的,并反映银行外汇需求和经营状况。买价(即买入汇率)是指外汇银行向同业或客户买入外汇时使用的汇率;卖价(即出汇率)是指外汇银行卖出外汇时使用的汇率。银行的买卖价格之差就是外汇银行买卖外汇的收益,一般为1%—5%,这一比率并不包括买卖手续费率。

银行报价的买卖差价一般反映了银行的交易成本,买卖差价越小,表明银行承担的风险越低,货币的交易性或流动性越高。由于买价低于卖价是外汇交易的一个基本原则,因此任何货币交易都必须保证买价低于预期的卖价。银行买卖差价的大小除成本因素外,主要决定于外汇市场的成熟程度和货币的流动性。在实行浮动汇率制后，汇率波动幅度增大，外汇交易的风险和成本增加，各银行的买卖差价也相应地扩大了。

外汇银行在外汇买卖报价单上，有时还专门报出外币现钞价，且现钞价不等于外汇汇率，其买入价要低于外汇汇率，卖出价要等于或高于外汇汇率。这是因为外币现钞一般不能在本国流通，存放在本国没有意义，必须将其运送到发行国境内存放生息或充当流通手段和支付手段，而在运送过程中需要支出一定的运费、保险费等，而且要承担一定的风险。

一笔完整的即期外汇交易程序一般有四个环节：①询价。询价内容一般包括交易货币、起息日和交易的金额等。②报价。一般要同时报出买价和卖价。③成交。询价方首先表示出买卖外汇的金额，然后由报价银行承诺。④确认。交易双方互相确认买或卖的汇率、金额、交割日期以及资金结算办法。在这四个环节中，外汇交易双方均应明确表示出买卖外汇的金额、买入价和卖出价、买卖的方向以及交割日等。这些环节中，银行的报价程序是关键。下文对报价程序进行具体介绍。

第一步，银行确定当前的开盘汇率。确定开盘汇率的主要因素有前一个交易日外汇市场的收盘汇率、世界政治和经济的新变化以及银行持有的外汇头寸情况。

第二步，开始对外报价。银行确定当天的开盘汇率后，银行的交易员就可以对其他银行、客户和外汇经纪人进行报价。银行交易员对外报出某种外汇汇率的同时，也承担了以这种汇率买进或卖出一定数额外汇的义务。

需要注意的是，当银行交易员接到对方银行交易员或经纪人询价，而他又无意做这笔外汇买卖时，他可以只报出参考汇率，参考汇率与当时的市场行情差别较大，对对方极为不利，因此这笔买卖一般不可能成交。参考汇率在外汇市场上往往被业内人士视为“已停止该种外汇的买卖业务”或“该日不办理该种外汇的买卖”的另一种说法。此时不能将参考汇率误认为是即期汇率。

第三步，修订原报价。银行开盘进行交易后，交易员要根据买卖过程中外汇头寸的变化情况，不断修订报出的即期汇率和买卖的币种，尽量避免产生多头或空头的现象。报价完成后，银行可能接到别的银行询价。如果询价行对报价行的报价答复满意，这笔交易就会迅速成交。然后，银行再重新报价，再接受询价，再成交或不成交。即期外汇交易就是在这样不断循环的询价、报价和买卖成交过程中进行的，而即期汇率也是在这样的过程中形成的。在外汇市场上可供交易者利用的交易工具主要有路透社终端、美联社终端等。

二、远期期货交易

远期交易是指买卖双方在成交后，按照签订的远期合同的规定，在未来约定的某个日期进行交割的外汇交易。远期外汇交易也叫期汇交易。一般而言，凡是在成交后的两个营业日以后进行交割的外汇交易都是远期交易。远期外汇交易的交割期限通常为 1 个月、2 个月、3 个月和 6 个月，也可长达 12 个月，但通常为 3 个月。只要交易双方同意，远期交易可以延期,也可以在规定的期限内提前交割,形式十分灵活。当然,交割期限可能短至几天,也可能长达1年。人们进行远期外汇交易的目的一般有两个:套期保值和投机。

套期保值是指卖出或买入金额相等的一笔外币资产或负债的外汇,使这笔外币资产或负债以本币表示的价值避免受汇率波动的影响。设想一家美国进口商与德国的一家出口商签订了一笔购买合同,合同金额为5000万欧元,三个月后交货付款。现在欧元与美元之间的汇率为E1 = S0.8000,因此,按照现在的汇率计算,美国这家进口商需要支付的货款为4000万美元。但是,如果三个月后,欧元兑美元的汇率上升了,比如说上升到了E1 = S1.0000,那么,这家美国进口商就需要支付5000万美元了。为了避免欧元汇率的上升可能带来的损失,美国这家进口商可以在三个月的远期市场上买入欧元,三个月后履行买入远期欧元的义务,将所获欧元用于支付货款,从而避免欧元汇率上升所带来的损失。假设欧元兑美元的三个月远期汇率为升水50点,那么,这家美国进口商实际上只付出25万美元,就避免了1000万美元的损失。

与套期保值不同,外汇投机则是指根据对汇率变动的预期,持有外汇的多头或空头,希望利用汇率的波动来获取汇差收益。外汇投机又包括现汇投机和期汇投机。现汇投机是投机者根据自己对汇率走势的预期,买进或卖出某种现汇,希望该种货币的汇率在期望的时间内出现预期的上升或下降的外汇交易。

1. 远期交易的特点

相对于即期外汇交易而言,远期外汇交易有以下几个特点:

一是买卖双方签订合同时,无须立即支付外汇或本国货币,而是按合同约定延至将来某个时间交割。

二是买卖外汇的主要目的,不是为了取得国际支付手段和流通手段,而是为了保值和规避外汇汇率变动带来的风险。

三是买卖的数额较大,一般都为整数交易,有比较规范的合同。

四是外汇银行与客户签订的合同必须由外汇经纪人担保,客户需缴存一定数额的押金或抵押品。当汇率变化引起的损失较小时,银行可用押金或抵押品抵补损失;当汇率变化引起的损失超过押金或抵押品金额时,银行就应通知客户加存押金或抵押品,否则合同无效,客户所存的押金,银行视为存款并计息。

2. 远期交易的类型

远期交易按交割日是否固定分为两种类型:固定交割日的远期交易和选择交割日的远期交易。

固定交割日的远期交易,是指事先具体规定交割日期的远期外汇买卖,其目的是为规避一段时间内汇率变动带来的风险,但这种远期交易具有一定的局限性。按规定时间交割的前提是,进、出口商或其他进行远期交易的人必须确定在某个日期会收到外汇或需要支付外汇，否则就会因违约而受损、受罚。但在实际生活中，进、出口商及其他进行远期交易的人是很难确定收汇或付汇的具体时间的，这就有可能要订立新的远期合约或对原合约进行延期，这样不仅麻烦，容易违约，而且也达不到通过远期交易避免外汇风险的目的。因此，择期远期交易就产生了。选择交割日（择期）的远期交易，是指交易的一方可在成交日的第 3 天起至约定的期限内的任何一个营业日，要求交易的另一方按照双方约定的远期汇率进行交割的一种外汇交易。其特点是：实际交割日并不固定，客户可以在择期的第一天，也可以在最后一天履行交割手续；银行将选择从择期开始到结期间最不利于顾客的汇率为选择交割日远期交易的汇率。这是因为该交易对客户有利，对银行不利。

3. 远期交易的不同目的

从根本上说，远期交易是为适应国际贸易和国际投资活动中规避和利用汇率风险的需要而产生的。不同的参与者在进行远期交易时有着不同的动机和目的：进、出口商买进或卖出远期外汇，主要是为了避开汇率风险，保障安全。在浮动汇率制下，外汇市场上的汇率是经常波动的。在国际商品贸易往来中，时间越长，由汇率变动带来的风险就越大。而进、出口商从签订合同到交货、付款往往需要相当长一段时间（一般为 1—3 个月），进、出口商为避免汇率波动所带来的风险，可利用外汇远期交易这种方式，在收取或支付款项时，按商品成交时的汇率办理交割。例如，一个日本出口商向美国出口 10 万美元的商品，成本为 1200 万日元。合同规定 2 个月后付款，签订合同时的汇率为 1 美元 = 130 日元。按此汇率计算，日本出口商出口此批商品可获得 1300 万日元，扣除成本 1200 万日元，可获利 100 万日元。但由于 2 个月后美元与日元的汇率发生了变化，美元贬值，日元升值，其汇率变为 1 美元 = 120 日元。若按此汇率计算，扣除成本及其他费用，出口商就可能发生亏损。为避免汇率变动带来的损失，日本出口商在签订进、出口合同时，就按 1 美元 = 130 日元的汇率，卖出 2 个月价值 10 万美元的远期外汇合同，即把双方约定的、远期交割的 10 万美元外汇售给日本的银行，届时就可收回 1300 万日元的货款，从而避免了汇率变动的风险。

在上面这次商品交易中，美国进口商为了避免美元与日元汇率变动带来的风险损失，就应采取相反的行为，即应该从外汇银行买进 2 个月的 1300 万日元的远期外汇合同。然而，进、出口商通过远期外汇交易规避或转嫁风险的同时，外汇银行却在承担风险。当然，外汇银行为了避开或分散风险，也会及时买进或卖出即期和远期外汇合同。

外汇银行进行远期外汇买卖，主要是为了平衡其远期外汇持有额，抵消汇率变动所带来的风险损失。所谓远期外汇持有额，实际上就是外汇头寸。进、出口商为避免汇率风险而进行远期外汇交易，只是把汇率变动的风险转移给外汇银行。外汇银行之所以承担风险，是因为每天它在与客户进行大量的即期和远期外汇交易后，会形成外汇头寸（余额），会出现远期外汇和即期外汇的超买（多头）或超卖（空头）现象，从而使外汇银行处于汇率变动的风险之中。因此,外汇银行要设法平衡它的外汇头寸,对不同期限、不同货币头寸的余缺进行抛售或补进,以求得远期外汇头寸的平衡。

投资者买卖远期外汇,主要目的是避险保值或投机牟利。为了实现避险保值,投资者要进行套期交易,即对预期的外汇收入或支出、外币资产或负债保值进行远期交易,也就是在有预期外汇收入或外币资产时,卖出一笔金额相等的同一外币的远期外汇;或者在有预期外汇支出或外币债务时,买入一笔金额相等的同一外币的远期外汇。目前,套期保值技术不仅被进、出口商用来对预期的外汇收入或支出进行保值,被银行或外汇经纪商用于对远期外汇头寸进行保值,而且也被用于对国际借贷进行保值。

投资者为牟取暴利而进行投机性远期外汇买卖,主要是在预测外汇汇率将要上升时先买进即期外汇,后卖出远期外汇;在预测外汇汇率将要下降时先卖出远期外汇,后买进即期外汇。

4. 远期交易汇率的形成

要了解远期外汇交易汇率的形成,首先必须了解两个非常重要的概念,即远期升水和远期贴水。所谓远期升水,是指一种货币的远期汇率高于即期汇率的差价;所谓远期贴水,是指一种货币的远期汇率低于即期汇率的差价。如果远期汇率等于即期汇率,就称为远期平价。就交易的两种货币而言,一种货币的升水必然是另一种货币的贴水。

如果远期汇率高于即期汇率,则:

$$\text{远期汇率} = \text{即期汇率} + \text{升水}$$

如果远期汇率低于即期汇率,则:

$$\text{远期汇率} = \text{即期汇率} - \text{贴水}$$

由此可见,在即期汇率一定的情况下,远期汇率水平主要决定于升水或贴水水平。也就是说,决定远期贴水或升水的因素,就是决定远期汇率的因素。

一般来讲,远期汇率升水或贴水,主要决定于两国之间的利率差:从量上讲,两国的利率差基本上与两种货币的升水、贴水一致。可以这样推论:两种交易货币之间的短期投资利率差是构成两国货币远期升水、贴水的基础。这是因为,银行与客户进行远期外汇交易时,有可能因两国利率的差异而蒙受损失。因此,银行就想把这个风险转嫁给交易者,转嫁的方式就是提高或降低远期汇率。

简而言之,利率与远期汇率或升水、贴水之间的关系是:利率高的货币,其远期汇率表现为贴水:利率低的货币,其远期汇率表现为升水。其计算关系式为:

$$\text{即期汇率} \times \text{两地利率差} \times \text{月数} \div 12 = \text{远期升(贴)水}$$

在其他条件不变的情况下,远期汇率是以成交时的即期汇率为基础,根据两国的利率差计算出来的:一种货币远期汇率的升水或贴水幅度,与两国利率差大致相等;一国或两国利率发生变化,则远期汇率也相应地发生变化。

应该指出的是，两国货币的利率差是决定升水或贴水及其幅度的主要因素，但不是唯一的因素。某国货币的远期升水或贴水幅度，还受其币值变化，经济、金融政策调整，中央银行对外汇市场的干预程度，人们对市场的心理预期，外汇投机及国际政治经济形势变化等因素的影响，使远期外汇的升水或贴水有可能完全脱离市场利率或两地利率水平的差异而运动。

三、外汇期货交易

1. 外汇期货交易的概念和作用

期货合约是交易所制定的标准化合同，它是交易双方在集中的交易市场以公开竞价的方式成交后，承诺在未来某一时间按约定的条件交收一定数量的商品、货币或有价证券的标准化协议。现代期货交易始于 19 世纪中期的芝加哥期货交易所（CBOT），标的物主要限于一般商品。1972 年 5 月，美国芝加哥商业交易所的国际货币市场（简称 IMM）成立，并首次开始经营外汇期货业务，出现了以商品交易的媒体——货币（外汇）作为标的物的期货交易，即外汇期货交易。外汇交易有时也称为货币期货，它是指交易双方在有组织的交易市场（一般为交易所）上，以拍卖方式进行买卖，在未来某一日期按约定的价格交割一定数量的外汇期货合约。由此可见，外汇期货交易并不是实际外汇的交换，而是期货合约的买卖。

外汇期货交易的目的和作用与远期外汇交易类似，主要是套期保值，避免未来外汇资金遭受汇率不利变动的影响。事实上，正是由于 20 世纪 70 年代浮动汇率制逐渐替代了汇率制度，使汇率波动加剧，为了有效地防范汇率风险才产生了外汇期货交易。

2. 外汇期货交易与远期外汇交易的区别

外汇期货目前主要被企业和金融机构用于外汇的套期保值。尽管在原理和作用上它与远期外汇类似，但是两者之间仍存在若干差别，主要体现在以下几个方面：

（1）合约内容不同

外汇期货合约是由交易所制定的标准化合约。它主要包括的内容有：①币种与合约金额。期货合约中标的货币仅限于流动性较高的货币。以美国芝加哥国际货币市场为例，它的外汇期货合约仅限于加拿大元、日元、瑞士法郎、欧元、英镑、澳大利亚元等。外汇期货合约中交易金额也是标准化的，如在芝加哥国际货币市场上，5 种货币期货合约的金额分别为 100 加拿大元、12500000 日元、125000 瑞士法郎、125000 欧元、62500 英镑。②最小价格变动和最高限价。外汇期货交易中，每种货币期货合约都规定了最小价格变动和日价格波动的最高限价。最小价格变动是指外汇期货买卖时合约每次变动的最小数额。最高限价是指一个营业日内期货合约价格波动的最大幅度，一旦期货合约价格波动到这一限额或超过这一限额，该种货币的期货交易即自动停止。③交割日期。交割日期是指到期外币期货合约进行现货交割的日期。期货合约规定了固定的合约到期日，如 DMM 规定外汇期货合约的交割日期分别为3月、6月、9月、12月的第三个星期的星期三。而远期外汇合同中的内容则更加灵活。例如,交易币种根据双方情况可以多样化,合约价格、交割日期由交易双方商讨决定即可,不规定价格变动的最小幅度和最高限价。

(2)交易和交割方式不同

期货交易有固定的交易场所,如芝加哥的国际货币市场和伦敦国际金融期货交易所(LIFFE)只有交易所的会员才能进场执行交易,交易还要受到交易所规章制度和相关政府机构的约束。而远期外汇市场则相对松散,它没有固定的交易场所,交易双方可以通过电话、电传等通信工具进行买卖,交易双方也无须会员资格。

从交割方式上看,远期合约到期时,客户需要与银行直接进行资金清算和过户;相反,外汇期货合同最终进行实际交割的很少,绝大多数期货合同都会在到期日之前结清,即合同持有人做一笔方向相反、合同数量与到期日相同的交易,这样合同到期时便不再需要与对方进行货币的实际交割,因为两笔交易金额恰好抵消,双方只需结清差价即可平仓了结。

(3)成本不同

进行外汇期货交易的客户需要在交易所缴纳初始保证金,开立账户,并根据每天的市场价格计算保证金账户盈亏,必要时须增补保证金。没有会员资格的交易者请经纪商做代理还要支付佣金。进行远期外汇交易时,不需要支付这两项费用,但银行将根据客户的资信状况确定价格,资信状况好的客户获得的价格条件一般优于资信差的客户。

(4)违约风险不同

外汇期货交易采取保证金制度和盯市(marked to the market)制度(即日结算制度),且有清算公司介入,因此一般不存在违约风险。而远期外汇交易多数仅凭银行对客户的信用评价达成,交易双方都可能面临违约的风险。

四、外汇期权交易

1. 期权的概念

期权是一种选择权,期权的买方向卖方支付一定的费用(期权费)后,就获得了在一定时刻或时期内以一定的价格(执行价格)出售或购买一定数量的标的物(实物商品、证券或期货合约)的权利。期权的买方可以选择按照合约的规定行使购买或出售标的物的权利,也可以选择不行使该权利,这时仅损失期权费而已;卖方则必须按期权合约规定的内容履行义务。总之,期权的买方拥有执行期权的权利,无执行的义务;而期权的卖方只承担履行期权的义务。这是期权与期货交易最大的不同之处,因为在期货交易中,买、卖双方拥有对等的权利和义务。近年来,期权交易的发展速度很快,根据国际清算银行2003年的数据,全球交易所交易的期权总量自2002年以来已经超过了相应的期货交易量。

2. 外汇期权交易

(1)外汇期权交易的概念

外汇期权是交易双方约定在未来某一时刻或时期按某一约定价格以一种货币交易另一种货币的合约。买方按照合约的规定买入或卖出外币所使用的价格,称为执行价格或履约价格。期权买方为获得期权而支付给卖方的费用,称为期权费或期权价格。

期权交易是从期货交易演变而来的,最早始于股票期权交易。1978 年,荷兰的“欧洲期权交易所”首次进行期权交易。1982 年 12 月,美国费城股票交易所第一次将外汇期权交易引入了外汇市场。目前,世界上已形成一个以伦敦和纽约的银行间市场为中心,以费城、芝加哥等地的交易所为联系网络的国际性外汇期权市场。外汇期权市场发展迅猛,交易所期权交易的日交易量已超过了 30 亿美元。

(2)外汇期权交易的种类

从不同角度可将外汇期权交易进行如下分类:

①按交易方式可分为交易所外汇期权交易和场外外汇期权交易,后者又称为柜台交易。同外汇期货合约一样,在交易所进行交易的外汇期权合约是标准化的合约,到期日、合约金额、执行价格、交割地点、保证金制度等都由交易所事先确定。持有标准化合约的客户可参与二级市场的买卖,因此合约具有较高的流动性。场外交易期权合约允许合约的卖方或开立者(银行)与买方就合约内容进行协商决定,从而可以满足不同客户的特别要求。但由于不是标准化的合约,场外市场上的合约流动性不高,也没有相应的二级市场供合约转让流通。②按期权性质可分为看涨期权交易和看跌期权交易。看涨期权亦称多头期权、购买期权,期权购买者具有在未来以确定的汇率(即执行价格)购买一定数量外汇的权利,其出售者有应购买者的要求出售或保留外汇的义务。看跌期权又称为空头期权或卖出期权。期权购买者具有在未来以确定的汇率(即执行价格)出售一定数量外汇的权利,其出售者有应购买者的要求购买或不购买外汇的义务。③按照到期日可分为欧式期权交易和美式期权交易。欧式期权是指只有在合约到期日才能执行的期权,不能提前交割。大部分场外交易采用的是欧式期权。美式期权是指可以在合同到期日或到期日之前任何一个营业日执行的期权,多为交易所交易采用。与欧式期权相比,美式期权的买方在执行合约上更具有灵活性,享受的权利更多,因而支付的费用也更高。

(3)外汇期权交易的作用

外汇期权交易的一个重要作用就是套期保值,客户可以根据自己的需要选择看涨期权或看跌期权以满足保值的要求。例如,某日本客户 3 个月后将有一笔美元收入。为了避免到时候美元贬值的风险,他向银行支付期权费购买了美元的 3 个月看跌期权。如果 3 个月后美元真的贬值,其市场价格小于或等于执行价格与期权费之和,该客户就会选择执行合约。如果无利可图,他会放弃执行合约的权利。这样交易者承受的汇率风险大大减少,甚至可能获利。因此,外汇期权常被视为一种有效的避险工具。

与前面介绍的远期交易、期货交易相比,外汇期权交易对于不确定的外汇流量具有更大的灵活性和便捷性。比如,一位日本客户无法确定3个月后是否会有一笔美元资金流入,或者不确定将有多少美元收入,那么想利用外汇远期合同或外汇期货合同规避风险就十分不便,这时外汇期权就成了更理想的套期保值工具。

第四节　汇率决定理论与影响因素

从上述外汇市场的各类交易中可以看出,汇率是影响各类交易者交易行为的重要因素。保值者为了防范汇率变动的风险而从事外汇交易,投机者根据自己对汇率变动的预测进行外汇交易,并从中谋利。因此,了解和把握决定汇率及其变动的因素就显得十分重要。

一、汇率决定理论

汇率的决定基础是两国货币各自所具有的或所代表的价值之比。在不同的货币制度下,汇率的决定基础有所不同。在金本位制度下,两国货币的价值量之比表现为含金量之比,称作铸币平价,它构成金本位制度下汇率的决定基础。在纸币流通条件下,纸币是价值的符号。因此,两国纸币所代表的实际价值量之比决定了两国纸币间的汇率。在实际的经济生活中,各国劳动生产率的差异、国际经济往来的日益密切、金融市场的一体化、信息传递技术的现代化等因素,影响了纸币本位制下的货币汇率。

长期以来,各国经济学家致力于研究和探讨决定汇率的基础,得出了各种各样的汇率理论。下面对其中几种较具影响力的汇率理论做简要的介绍和评价。

(一)购买力评价理论

购买力平价理论(theory of purchasing power parity,简称PPP)是西方国家汇率理论中最具有影响力的理论之一,是瑞典经济学家卡塞尔(Cassel,1922)在总结前人研究成果的基础上于1922年系统提出的。该理论的基本思想是:本国人之所以需要外国货币或外国人需要本国货币,是因为这两种货币在各发行国都具有对商品的购买力。以本国货币交换外国货币,其实质就是以本国的购买力去交换外国的购买力。因此,两国货币购买力之比就是决定汇率的基础,而汇率的变化也是由两国购买力之比的变化而引起的。购买力平价又表现为两种形式,即绝对购买力平价和相对购买力平价。

1. 购买力平价的形式

(1)绝对购买力平价。这是指一定时点上两国货币的均衡汇率是两国物价水平之比。

设 R_0 为该时点的均衡汇率，则 $R_0 = P_a / P_b$，式中 P_a 和 P_b 分别为A国和B国的一般物价水平。绝对购买力平价是以一价定律为基础的，即假设在自由贸易条件下，同一种商品在世界各地以同一种货币表示的价格是一样的，只不过按汇率折合成不同货币的价格形式。若在某些国家商品价格不一致，则会出现国际商品套购活动，直到现实汇率调整到与绝对购买力平价相等，两国商品以同一种货币表示的价格一样为止。将上式改写为 $P_a = R_0 \cdot P_b$，就得到了一价定律的表达式。

（2）相对购买力平价。相对购买力平价学说将汇率在一段时期内的变动归因于两个国家在这段时期内的物价或货币购买力的变动。也就是说，在一定时期内，汇率的变化与同一时期内两国物价水平的相对变动成比例，用公式表示为：

$$R_1 = \frac{(P_{a1} - P_{a0})/P_{a0}}{(P_{b1} - P_{b0})/P_{b0}} \times R_0$$

其中，R_1 和 R_0 分别代表计算期和基期的均衡汇率，P_{a1} 和 P_{a0} 分别代表A国计算期和基期的物价水平，P_{b1} 和 P_{b0} 分别代表B国计算期和基期的物价水平。

相对购买力平价学说比绝对购买力平价学说更有意义，因为它从理论上避开了一价定律的严格假设。如果相对购买力平价学说是正确的，绝对购买力平价学说却不一定正确；但如果绝对购买力平价学说是正确的，则相对购买力平价学说也一定正确。

2. 对购买力平价说的评价

购买力平价说被提出后，在西方学术界引起很大的争论，毁誉不一，但在外汇理论中占有重要的位置是不可否认的。

购买力平价理论揭示了汇率变动的原因。因为，从根本上说，一国货币的对外价值是货币对内价值的体现。一国物价上涨，纸币对内贬值，在短期内可能不会引起纸币对外贬值，但长期来看必然会引起纸币对外贬值。在西方各国实行浮动汇率的今天，这一汇率理论自然在一定程度上符合汇率波动的现实，尤其是在物价剧烈波动、通货膨胀严重的时期具有相当大的意义，因此有很强的生命力。

然而，作为一个主要的西方汇率理论，购买力平价说也存在不少缺陷。

第一，从理论基础来看，购买力平价学说是以货币数量论为前提的，认为两国纸币的汇率取决于纸币的购买力，纸币的购买力取决于货币的数量，而不是取决于它所代表的价值。这实际上是一种本末倒置的理论。事实上，纸币所代表的价值并不取决于纸币的购买力。相反，纸币的购买力取决于纸币所代表的价值。

第二，购买力平价理论把汇率的变动完全归结于购买力的变化，不但忽视了其他因素，如国民收入、国际资本流动、生产成本、市场结构、贸易条件、技术水平以及政治经济局势等对汇率变动的影响，而且忽视了汇率变动对购买力的反作用。实际上，货币购买力是影响汇率变化的因素，但绝不是唯一的因素。

第三,购买力平价理论建立在种种假设之上。其中最重要的一个假设就是前面提及的一价定律,即处于不同国家市场上的同类、同质商品的价格通过国际贸易会趋向相等。但事实上,这一前提条件很难实现。首先,一价定律的基础是所有商品都是国际贸易商品,这样国际市场上的套购活动才会使国际贸易商品的价格趋于一致。事实上,对绝大多数国家来说,非贸易商品在国民生产总值中所占的比重大于贸易商品所占的比重,而非贸易商品的价格虽然与国际贸易商品的价格有一定的联系,但价格形成的基础仍在各国国内市场,而不是在国际市场。因此,包含国际贸易商品和非国际贸易商品价格在内的一般物价水平不可能保持一致。这不仅产生了物价指数选择的问题,而且使购买力平价理论的运用陷入两难境地。如果所用的指数包括非贸易商品,则购买力平价难以实现和维持"一价定律"的市场机制,完全的价格趋同就不可能了。倘若只用贸易商品的物价指数来决定汇率,又不能完全代表一国的物价水平,所谓的购买力平价也就无从谈起。其次,一价定律的存在是以自由贸易和无贸易成本为前提的。然而,现实的国际贸易中存在种种人为的障碍(如关税壁垒、进口配额、许可证制和外汇管制),再加上贸易本身所涉及的运输成本和其他交易费用,贸易商品的价格也不可能完全趋同。

第四,购买力平价理论在计算具体汇率时,存在许多具体的问题:一是物价指数的选择。如上所述,选择不同的物价指数,将导致不同的购买力平价。采用消费品物价指数还是采用批发价格指数或其他指数,难以确定。不同国家的不同经济学家对此存有异议。二是商品的分类。运用购买力平价来计算汇率,要求不同国家在商品的分类上保持一致性和可操作性,否则,就缺乏可比性。而商品分类的依据包括进口、出口、贸易、非贸易等。不同国家的价格体系、经济体制、统计口径的差异以及人们的知识、信息和观念的差异,使商品分类的一致性要求难以实现。三是基期年的选择。在计算相对购买力平价时,基期年的选择至关重要。因为相对购买力平价学说实际上隐含了基年汇率 R_0 是均衡汇率的假设。因此,准确选择一个汇率达到或基本达到均衡的基年,是保证以后一系列计算结果正确的必要前提。但研究人员可能因主观判断失误、观察能力和技术不足、数据不完整等原因难以实现对基年的正确选择。

(二)利率平价说

汇率与利率之间存在极为密切的关系,这种密切关系是通过国际套利性资金流动而产生的。凯恩斯和爱因齐格正是通过分析抛补套利所引起的外汇交易提出利率平价说,来说明远期汇率的决定因素与变动原因。与购买力平价说相比,利率平价说是一种短期的分析。

1. 利率平价说的主要内容

利率平价说的基本观点是:外汇市场上远期汇率与即期汇率之间的差价是由两国利

率差异决定的。在两国利率存在差异的情况下,资金将从低利率国流向高利率国谋取利润。套利者在比较金融资产的收益率时,不仅要考虑两种资产的收益率,而且要考虑两种资产因汇率变动而产生的收益变动情况。为避免外汇风险,套利者往往将套利与掉期保值业务结合起来,进行抵补套利,即将低利率货币转换成高利率货币进行跨国投资的同时,购进一笔相应数额的远期低利率货币,以确保今后的收入。其结果是:即期外汇市场上低利率货币的供给和高利率货币的需求同时增加,而远期外汇市场上,低利率货币的需求和高利率货币的供给同时增加,使低利率货币的现汇汇率下浮,期汇汇率上浮;高利率货币的现汇汇率上浮,期汇汇率下浮。换言之,低利率货币出现远期升水,高利率货币则出现远期贴水。随着抛补套利的不断进行,远期差价不断加大,直到两种货币利率之间的差距与汇率的远期升水率或贴水率相等,抛补套利活动才会停止。

2. 对利率平价说的评价

利率平价理论研究的对象是利率差异引起的资本流动与汇率决定之间的关系,它从一个侧面阐述了短期汇率变动的原因——资本在国际流动。因此,利率平价理论于20世纪20年代首次提出后,就得到不少西方经济学家的重视。首先,利率平价说从资金流动的角度指出了汇率和利率之间的密切关系,有助于正确认识现实外汇市场上汇率的形成机制。其次,利率平价说不是一个独立的汇率决定理论,它只描述了汇率与利率之间的相互作用关系,并不是谁决定谁的问题。实际上,它们都受到基本因素的作用而发生变化,利率平价只是在这一过程中表现出来的利率与汇率之间的关系。因此,学者经常把利率平价作为一种基本关系式而运用在其他汇率决定理论的分析中。再次,利率平价说具有特别的实践价值。由于利率的变动非常迅速,同时利率又可对汇率产生立竿见影的影响,因此利率与汇率间存在的这一关系就为中央银行对外汇市场进行灵活的调节提供了有效的途径。例如,当市场上存在着本币将贬值的预期时,就可以相应地提高本国利率,以抵消这一贬值预期对外汇市场的压力,维持汇率的稳定。

但这一理论也存在一些缺陷,主要表现为:①理论上的最大不足之处是未能说明汇率决定的基础,而只是解释了在某些特定条件下汇率变动的原因。②利率平价实现的先决条件是资金能不受限制地在国家之间自由流动。但事实上,许多国家还实行外汇管制和对资本流动的限制,因而利率平价难以实现。③利率平价成立的另一个条件是:在达到利率平价之前,套利活动不断进行。但实际上,跨国投资中存在一些额外的风险和费用,如政治风险、各种交易费用、税收差异和流动性差异,都会影响到套利收益,使国际抛补套利活动在达到利率平价之前就停止。因此,在现实世界中,利率平价往往难以成立。④在实际应用中,很多人往往错误地混淆了现期汇率与预期未来汇率的关系,夸大了利率平价对汇率预期的作用,忽略了市场对外汇风险外溢的反应。

（三）国际收支说

国际收支说是从国际收支的角度分析汇率决定的一种理论。以国际收支解释汇率决定的思想源远流长。早在1861年，英国经济学家葛逊就对此进行了系统的阐述，并提出了国际借贷说。实行浮动汇率制后，一些学者进一步运用凯恩斯主义的国际收支均衡分析法来分析决定汇率的原因，提出了国际收支说。1981年，美国学者阿尔盖（Argy）系统地总结了这一理论。因此，国际收支说实际上就是国际借贷说的现代形式。所以在介绍国际收支说之前，我们必须首先了解国际借贷说的主要观点。

1. 国际借贷说的主要内容

该理论认为，汇率决定于外汇供求，而外汇供求又是由国际借贷所引起的。商品的进出口、债券的买卖、利润、捐赠和旅游的收支以及资本交易等都会引起国际借贷关系。国际借贷分为固定借贷和流动借贷两种，前者指借贷关系已形成，但未进入实际支付阶段的借贷，后者指已进入支付阶段的借贷。只有流动借贷才会影响外汇供求。当一国的流动债权（即外汇收入）大于流动债务（即外汇支出）时，外汇的供给大于需求，因而外汇汇率下降；反之，外汇汇率上升。当一国的流动借贷平衡时，外汇收支相等，汇率便处于均衡状态。这一学说用外汇的供求关系解释汇率，有其重要的意义，但它主要说明短期汇率的变动，对决定汇率的基础并未详加论证，对影响汇率的其他重要因素，也没有提出充分的解释。

2. 国际收支说的原理

当国际收支处于均衡状态时，其经常项目收支差额应等于（自主性）资本流出入的差额。如果用CA表示经常账户收支差额，KA表示资本账户差额，则国际收支的均衡条件可表示为：$CA + KA = 0$。

经常账户收支为商品劳务的进、出口差额，出口（X）和进口（M）分别是由外国国民收入 Y^*、相对价格 P/SP^* 和本国国民收入Y、相对价格 P/SP^* 所决定的，即：

$$X = X(Y^*, P, P^*, S) \qquad M = M(Y, P, P^*, S)$$

而资本账户收支则主要取决于国内外的利率差异（$r - r^*$），以及人们对未来汇率变化的预期，即 $(S_e - S)/S$，其中 S_e 为未来现汇汇率的预期值，即：

$$KA = KA[r, r^*, (S_e - S)/S]$$

当一国国际收支处于均衡状态时，$CA(Y, Y^*, P, P^*, S) = -KA[r, r^*, (S_e - S)/S]$，由它决定的汇率水平就是均衡汇率。因此，均衡汇率可表示为：

$$S = S(Y, Y^*, P, P^*, r, r^*, S_e)$$

由上式可知，影响均衡汇率变动的因素有国内外国民收入、国内外价格水平、国内外利息率以及人们对未来汇率的预期。①当其他条件不变时（下同），本国国民收入增加，将导致进口增加,由此出现对外汇的超额需求,使外汇汇率上升。反之,外国国民收入增加,则会使本国出口增加,使外汇汇率下跌。②若本国物价水平相对于外国物价水平下跌,则会引起出口增加,进口减少,从而导致外汇汇率下跌;反之,本国物价相对上升则使外汇汇率上升。③若本国利息率相对于外国利息率提高,则会增加国外资金的流入,减少本国资金的流出,从而导致外汇汇率下跌。④如果人们预期未来外汇汇率的走势看涨,就会在外汇市场上抛本币、购外币,导致外汇汇率上升;反之,外汇汇率下跌。

此外,凯恩斯主义者还进一步分析一国的宏观经济政策会对其收入水平、物价水平和利率水平产生影响,从而影响到均衡汇率。如扩张性的财政政策,一方面会通过总需求的扩大导致收入和物价上升,使经常账户收支产生逆差,给本国货币带来贬值的压力;另一方面,扩张性的财政政策可能导致利息率上升,从而刺激国外资金的流入,减少国内资金的流出,使资本账户收支出现顺差,给本币带来升值的压力,因此其净效果要视具体情况而定。扩张性的货币政策也会刺激投资需求和消费需求,扩大进口需求;同时还会降低利率,引起国际短期资本的大量流出,抑制短期资本的流入,从而造成外汇市场上的超额需求,使外汇汇率上升。

3. 对国际收支说的评价

国际收支说从国际收支供求的角度解释汇率的决定原因,将影响国际收支的各种重要因素纳入汇率的均衡分析,这对短期外汇市场的分析具有一定的意义。第一,该学说指出了汇率与国际收支之间存在的密切关系,对全面分析短期内汇率的变动和决定很有好处;第二,该学说也不是一个完整的汇率决定理论,汇率在外汇市场供求平衡时才处于稳定状态,任何汇率理论都要以这一关系为分析前提。所以,国际收支说可以作为更深入的分析可以利用的一种工具。

但该理论也存在许多不足之处:①该理论以外汇市场的稳定性为假设前提;②该理论的分析基础是凯恩斯主义宏观经济理论、弹性论、利率平价说,因此与这些理论存在同样的缺陷,故其结论往往与现实相背离。

(四)资产市场说

随着国际资本流动的高度发展,国内外商品市场、货币市场和证券市场之间的相互联系和相互作用日益加强,使得传统的汇率决定理论难以解释现实中变幻莫测的汇率变动情况。在此背景下,20 世纪 70 年代中期后,不少经济学家提出了资产市场说这一新的汇率决定理论。该理论对传统汇率理论的最大突破在于它将商品市场、货币市场和证券市场结合起来进行汇率决定因素分析,尤其重视金融资产市场均衡对汇率变动的影响。其基本原理是将外汇看成一种资产,汇率是两国资产的相对价格,汇率变动是由对外国资产的需求与供给之间的变动引起的。均衡汇率就是指两国资产市场供求存量保持均衡时的两国货币之间的相对价格。资产市场说在一定程度上与现代汇率变动的特征相符,因此该理论一经问世便受到西方学术界的青睐,目前已成为当今汇率理论的主流。

资产市场说隐含三个重要前提。一是一国的资产市场包括本国货币市场、本币资产(主要是本国债券)市场和外币资产市场(包括外国债券和货币存款市场),并且这三种市场均相当发达,对利率和汇率的变动十分敏感。二是三个市场紧密联系,资金可在三个市场自由流动。三是货币自由兑换。

依据对本外币资产可替代性的不同假设,资产市场说可分为货币分析法(monetary approach)与资产组合分析法(portfolio approach)。货币分析法假定本外币资产可完全替代,而资产组合分析法则相反。依据对价格弹性假定的不同,货币分析法分为弹性价格货币分析法(flexible-price monetary approach)与黏性价格货币分析法(sticky-price monetary approach)。

二、影响汇率变动的因素

上面介绍了几种主要的汇率决定理论,它们从不同的角度对均衡汇率的决定和汇率的变动进行了研究,但事实上,外汇市场上的实际汇率是由现实的外汇供求状况所决定的。而影响外汇供求的因素错综复杂,既包括经济因素,又包括政治因素和心理因素,并且各种因素之间相互联系、相互制约,同一个因素在不同的国家、不同的时间所起的作用也不同。这里仅选择几个较重要的经济因素来说明它们对汇率变动的影响。

(一)国民经济发展状况

国民经济发展状况是影响一国国际收支,乃至该国货币汇率的重要因素。国民经济发展状况主要从劳动生产率、经济增长率和经济结构三个方面对汇率产生影响。

1. 劳动生产率

劳动生产率的差异会对汇率的变动产生重要的影响。如果一国劳动生产率的增长率在较长时期内持续高于别国,该国单位货币所包含的价值就会相对增加,从而使本国货币的对外价值相应地上升。不过,劳动生产率对汇率的影响是缓慢而长期的,不易马上被察觉出来。

2. 经济增长率

国内外经济增长率的差异对汇率变动的影响是错综复杂的。首先,一国经济增长率较高,意味着收入上升,这会造成进口支出增加,从而导致经常项目逆差;也往往意味着生产率提高很快,从而通过生产成本的降低改善本国产品的竞争地位而有利于增加出口、抑制进口。如果一国经济以出口为导向,经济增长是为了生产更多的出口货物,则经济增长率的提高,可以使出口的增长弥补进口的增长。综合来看,高增长率一般在短期内会引起更多的进口,从而造成本国货币汇率下降,但从长期来看,却有利于维持本国货币的强劲势头。其次,一国经济增长率较高,意味着该国投资利润率也较高,由此吸引国外资金流入本国,进行直接投资,从而增加本国国际收支资本项目的收入,导致该国货币需求旺盛,汇率上升。

3. 经济结构

经济结构主要指产业结构和产品结构,它对汇率的影响主要是通过影响国际收支的经常性项目实现的。如果一国的经济结构比较合理,能够适应世界市场的需求,并且能随着市场需求的变化而调整,那么,该国的贸易收支乃至经常性项目收支就能够持续保持平衡或维持顺差,该国货币在国际外汇市场上就会保持较强的地位。反之,如果一国的经济结构不合理,不能适应世界市场的需求,或不能随着世界市场需求的变化而调整,那么,该国的贸易收支和经常项目收支就难以保持平衡,该国货币在外汇市场上就会趋于疲软。综上所述,国民经济发展状况对国际收支的影响具有长期性和持久性,因此,它对汇率的影响也是长期的。所以,要分析一国汇率的长期变化,首先必须分析该国的国民经济发展状况。

(二)相对通货膨胀率

国内外通货膨胀率的差异是决定汇率长期趋势的主导因素。在纸币流通制度下,一国货币的对内价值是决定其对外价值(即汇率)的基础,而货币的对内价值是由国内物价水平来反映的。通货膨胀意味着该国货币代表的价值量下降,货币对内贬值;而货币对内贬值又不可避免地引起货币的对外贬值,即表现为该国货币对另一国货币汇率的下跌。由于各国普遍存在着通货膨胀问题,因此,必须通过比较国内外通货膨胀率的差异来考察其对汇率的影响。一般而言,如果一国的通货膨胀率超过另一个国家,则该国货币对另一国货币的汇率就要下跌;反之,则上涨。不过,通货膨胀对汇率的影响往往是通过国际收支这个中间环节间接实现的。首先,当一国通货膨胀率较高时,该国商品的价格必然上升,从而削弱本国商品在国际市场上的竞争力,引起出口的减少,同时提高外国商品在本国市场上的竞争力,造成进口增加,从而导致经常项目出现逆差。其次,通货膨胀会影响一国的实际利率。实际利率等于名义利率减通货膨胀率,名义利率不变,通货膨胀率上升,将导致实际利率下降。而实际利率的降低又会引起资本的外逃,可能导致资本项目出现逆差,可能导致该国货币汇率下跌。

(三)相对利率

利率是资金的“价格”,一国利率的变动必然会影响到该国的资金输出和输入,进而影响到该国货币的汇率。如果一国的利率水平相对较高,国外资金流入将增加,本国资金流出将减少,由此改善资本账户收支情况,提高本国货币的汇价;如果一国的利率水平相对较低,资本账户收支便会受到影响,本国货币的汇价将降低。

但在考察利率对汇率的影响作用时，应注意几个问题：一是要比较两国利率的差异，二是要考察去除通货膨胀因素后的实际利率。如果本国利率上升，但其幅度不如外国利率的上升幅度，或不如国内通货膨胀率的上升幅度，就不可能导致本国货币汇率上升。而且，利率差异对汇率的影响一般都是短期的，随着时间的延长，其作用会逐渐减弱，也就是说，利率对长期汇率的影响十分有限。此外，应注意的是，利率对汇率的影响也不是绝对的，这就要求我们在分析利率与汇率的关系时，要同时考虑其他因素，如远期汇率的走势。只有当利率投机的收益足以抵补远期汇率的不利变化时，国际短期资本才会流入。

(四)宏观经济政策

宏观经济政策主要是指一国为了实现充分就业、物价稳定、国际收支平衡和经济增长的目标而实施的财政政策和货币政策。就经济政策的执行而言，它可分为紧缩性的经济政策和扩张性的经济政策。它们对国际收支乃至汇率的作用和结果正好相反。财政政策主要通过调整税率、政府支出两种方式来执行，货币政策主要通过调整再贴现率、存款准备率和货币供应量的方式来执行。扩张性的财政政策和货币政策都会刺激投资需求和消费需求，促进经济的发展，从而增加进口需求，使该国的贸易收支发生不利的变化，从而导致该国货币汇率下跌。扩张性的货币政策还会降低利率，从而引起国际短期资本的大量流出，抑制短期资本的流入，从而可能引起资本项目出现逆差，增加汇率下跌的压力。扩张性的财政政策可能导致巨额的财政赤字，从而导致通货膨胀加剧以及国际收支的恶化，使汇率下浮。但如果政府为了弥补财政赤字，提高利率来发放国债或对付通货膨胀，汇率反而可能上升；同理，当采取紧缩性的财政政策和货币政策时，也有可能导致汇率上升。

一般来说，宏观经济政策对一国经济的影响要在一段时间后才能见效，但它的调整却可能对市场预期产生巨大的影响，从而迅速引起货币供求和汇率的变化。目前，这种对经济政策效果的预期对短期汇率波动的影响越来越大。

(五)国际储备

一国政府持有较多的国际储备，表明政府干预外汇市场、稳定汇率的能力较强，因此储备增加能加强外汇市场对本国货币的信心，从而有助于本国货币汇率的上升；反之，储备下降则会引起本国货币汇率下跌。除了上述经济因素，还有许多非经济因素的作用，如政治、军事以及心理因素。其中心理因素又与政治、经济、军事等因素有极大的相关性，并可能对汇率产生重大的影响。国际金融市场上存在着巨额的短期资金，它们对世界各国的政治、经济、军事等因素都具有高度的敏感性。一旦出现风吹草动，它们就四处流窜，给外汇市场带来巨大的冲击，因此，短期资金是各国货币汇率频繁起伏的重要原因。可以说，预期因素是短期内影响汇率变动的最主要因素。只要市场预期某国货币汇率不久会下跌，那么，市场上就可能立即出现抛售该国货币的活动，从而导致该国货币汇率下跌。

习　题

一、名词解释

外汇、外汇市场、汇率、基础汇率、套算汇率、即期汇率、远期汇率、固定汇率、浮动汇率、直接标价法、间接标价法、美元标价法、即期外汇交易、远期外汇交易。

二、简答题

1. 简述外汇的含义及特点。

2. 什么是汇率？汇率的标价方法有几种？

3. 什么是外汇市场？外汇市场的功能有哪些？

4. 远期交易汇率有哪些类型？如何计算远期交易汇率？

三、论述题

1. 请举例说明影响汇率的因素。

2. 论述外汇市场的运行机制。

第六章　证券投资基金市场

引入案例

基金投资圣手——彼得·林奇

彼得·林奇(Peter Lynch)出生于1944年,1968年毕业于宾州大学沃顿商学院,取得MBA学位;1969年进入富达管理公司研究公司成为研究员,1977年成为麦哲伦基金的基金经理人,是麦哲伦共同基金的创始人。彼得·林奇担任麦哲伦基金经理人的13年间(1977—1990年),该基金的管理资产由2000万美元增长至140亿美元,基金投资人超过100万人,麦哲伦基金成为富达的旗舰基金,并且是当时全球资产管理金额最大的基金,其投资绩效名列第一。13年间,年平均复利报酬率达29%。投资回报率一度高达2500%。目前,他是富达公司的副主席,也是富达基金托管人董事会成员之一。彼得·林奇是一位卓越的股票投资家和证券投资基金经理,也是杰出的职业股票投资人、华尔街股票市场的聚财巨头。其著作《战胜华尔街》《学以致富》一问世就成为畅销书。

彼得·林奇每月走访40—50家公司,一年走访五六百家。少的时候,他一年至少走访200家,阅读700份年报。

他是最早调查海外公司的基金经理。他发现Volvo的时候,连瑞典的分析师都没去过它的工厂。当时,Volvo的股价是4元,每股现金也是4元,价值严重被低估。后来,Volvo让他赚了7900万美元。

他每天6点15分乘车去办公室,晚上7点15分回家。一年行程达16万千米,相当于一个工作日行驶640千米。他每天午餐时要见一家公司,每天听200个经纪人的意见。他和他的助手每月要将2000家公司检查一遍。

在他退休之前,他只度过了两个长假,其中一次是去日本。他用5天时间考察当地公司,在香港找到老婆,在中国玩了3天,然后去曼谷考察及观光,最后去英国,用3天时间做调查。

1944年1月19日,彼得·林奇出生于美国波士顿的一个富裕的家庭。父亲曾经是波士顿学院的一个数学教授,后来放弃教职,成为约翰·汉考克公司的高级审计师。不幸的是,在林奇10岁那年,父亲因病去世,全家的生活开始陷入困境。

为了省钱,家人开始节衣缩食,林奇也从私立学校转到了公立学校,而且开始了半工半读的生活。11岁的他在高尔夫球场找了一份球童的工作。这份工作再理想不过了,球童工作一个下午比报童工作一周挣得还多。

高尔夫球场一直是风云人物、名流巨贾的聚集地。与其他球童不同的是，林奇不仅捡球，还注意学习。从高尔夫俱乐部的球员口中，他接受了股票市场的早期教育，知道了不同的投资观点。林奇跟随球手打完一轮球，就相当于上了一堂关于股票问题的免费教育课。

当时，即使在经济发达的美国，人们的意识也相对保守，对股票业并不是很信任，视股票市场如赌场，认为买股票等同于赌博，虽然这时股票上涨了3倍。原本林奇也是这样想的，但球童的经历开始让他改变了看法，他增强了赚钱意识，虽然那时他并没有钱投资股票。

就这样一边工作一边读书，林奇读完了中学，顺利考入宾州大学沃顿商学院。即使在沃顿商学院学习期间，林奇也未放弃球童的工作，他还因此获得了弗朗西斯·维梅特球童奖学金。

沃顿商学院的经历对于林奇的成长是十分关键的。为了家庭，为了自己，林奇开始着手研究股票，他想找出其中的"秘密"，成为像高尔夫球场上的客户一样成功的人物。于是，他有目的地专门研究与股票投资有关的学科。除了必修课，他没有选修更多的有关自然科学、数学和财会等课程，而是重点专修社会科学，如历史学、心理学、政治学。此外，他还学习了玄学、认识论、逻辑、宗教和古希腊哲学。在真正涉足商海之前，林奇就已经意识到，股票投资是一门艺术，而不是一门科学，历史和哲学在投资决策时显然比统计学和数学更有用。

因为兼职球童以及获得了奖学金，大二的时候，林奇已经有了一笔不小的收入。他决定用这笔积蓄进行股票投资，小试牛刀。他从积蓄中拿出1250美元投资飞虎航空公司的股票，当时他买入的价格是每股10美元。后来，这种股票因太平洋沿岸国家空中运输的发展而暴涨。随着股票的不断上涨，林奇逐渐抛出手中的股票来收回资金。靠这笔资金，他不仅读完了大学，而且念完了研究生。

暑假期间，林奇来到世界最大的证券投资基金管理公司——富达，做暑假实习生。在这样的公司实习，是一个非常难得的机会。这份工作不仅打破了林奇对股票分析行业的神秘感，也让他对书本上的理论产生了怀疑。教授们的理论在真正的市场上，几乎全线崩溃。这种信念促使林奇特别注重实际调研。

他是一个奇迹

1969年，林奇已经毕业了，也服完了兵役。他来到富达，正式成为一名公司的职员。起初，他是金属商品分析师。干了几年的分析工作之后，1974年，林奇升任富达公司的研究主管。当时，公司正陆续扩展化学、包装、钢铁、铝业以及纺织等部门的业务，这些工作开始让他有机会接触到证券市场的最前线。除了不断走访公司，收集情报，从中挑出最有前途的投资领域,他还把自己的判断结果与实践相对照,为以后的真正实践打下了良好的基础。

8年之后,由于工作出色,林奇被任命为富达旗下的麦哲伦基金的主管。这是一次升迁,也是一个很大的挑战:一方面,林奇终于可以直接面对市场;另一方面,富达有几百个甚至几千个这样的基金主管,想要做出一番成就,脱颖而出,他必须付出更多的努力,有更多的想法和思考。

当时的麦哲伦基金,资金仅有2200万美元,其业务仅局限于几家较大的证券公司。对于林奇这个初学者而言,麦哲伦基金再合适不过了,因为它提供了一个可以施展才华的舞台。

为了工作,林奇成了一个工作狂,每天的工作时间长达12个小时,他投入了自己所有的心血和精力。他每天要阅读很多文件,每年要旅行16万公里去各地进行实地考察。此外,他还要与500多家公司的经理进行交谈。在没有阅读和访问时,他要打几小时甚至几十个小时的电话,从各个方面来了解公司的状况、投资领域的最新进展。

他还特别重视从同行那里获得有价值的信息。所有成功的投资家们都有松散或正式的联盟,大家可以通过联盟交换思想,获得教益。当然,人们不会把自己即将购买的股票透露出来,但在交流中可以获得很多信息。这些投资领域的顶尖人物,能够提供比经纪人更丰富的信息源。这才是林奇"金点子"的最好来源。

林奇还创造了常识投资法。他认为普通投资人一样可以按常识判断来战胜股市和共同基金。而他自己对于股市行情的分析和预测,往往来源于他在日常生活中得到的信息。他特别留意妻子卡罗琳和三个女儿的购物习惯,每当她们买东西回来,他总要说上几句。1971年的某一天,妻子卡罗琳买了"莱格斯"牌紧身衣,他发现这将是一个走俏的商品。在他的组织下,麦哲伦当即买下了生产这种紧身衣的汉斯公司的股票。没过多久,股票价格竟达到原来价格的6倍。在日常小事中发现商机,是林奇的能力之一。

可是,股票市场涨幅不定。人们把它看成赌场,就注定了有输有赢,林奇也有判断错误的时候。

1977年,他刚掌管麦哲伦基金不久,就以每股26美元的价格买进华纳公司的股票。当他向一位跟踪分析华纳公司股票行情的技术分析家咨询华纳公司股票的走势时,这位专家告诉林奇华纳公司的股票已经"极度超值"。当时,林奇并不相信。6个月后,华纳公司的股票上涨到了32美元,林奇开始有些担忧,但经过调查,发现华纳公司运行良好,于是林奇选择继续持股待涨。不久,华纳公司的股票上升到了38美元。这时,林奇认为38美元肯定是超值的顶峰,于是将手中所持有的华纳公司股票悉数抛出。然而,华纳公司股票价格一路攀升,最后竟涨到了180美元以上。即使后来股市暴跌,华纳公司股票也维持了不错的水平。

对此，林奇懊悔不已，他再也不相信这些高谈阔论的股市评论专家了，之后只坚信自己的分析判断。林奇十分欣赏沃伦·巴菲特的观点："对我来说，股市是根本不存在的。要说其存在，那也只是让某些人出丑的地方。"他开始不再相信专家、理论、数学分析。

经过了股市涨落、投资失败的林奇更加成熟了，他优秀的选股能力开始让人们感到惊奇。与别人注重进、出场的时机不同，他觉得何时买进、何时抛出没有什么用处，因为行情永远都是跌跌涨涨的。投资人只有在正确的时机选对股票，即使市场行情不好，也要耐心等待，然后在走势向好的时候抛出，才能获得很高的投资回报率。这是一个真正的投资者应该做的事情，而不是去投机。

在林奇的投资组合中，他偏爱两种类型的股票：一类是中小型的成长股股票。在林奇看来，中小型公司股价增值比大公司容易，一个投资组合里只要有一两家股票的收益率极高，即使其他的赔本，也不会影响整个投资组合的成绩。同时他在考察一家公司的成长性时，对单位增长的关注甚至超过了利润增长，因为利润的增加可能是由于物价上涨，也可能是由于巧妙的买进造成的。

另一类股票是业务简单的公司的股票。一般人认为，竞争激烈的领域内管理出色的高等业务公司的股票，例如宝洁公司、3M 公司、德州仪器、道化学公司、摩托罗拉公司更有可能赚大钱。但在林奇看来，投资者不需要固守任何美妙的东西，只需要一个低价出售、经营业绩尚可、股价回升时不至于分崩离析的公司就行。

靠这种有名的投资方式，林奇成为华尔街股市的超级大赢家。他投资的领域，包括克莱斯勒汽车、联邦快递等。彼得·林奇能在对的地方找到他的最爱，他对营运地点就在他周围的公司有特别的偏好。

功成身退

1990 年，林奇管理麦哲伦基金已经 13 年了。在这短短的 13 年里，彼得·林奇悄无声息地创造了一个奇迹和神话。麦哲伦基金管理的资产规模由 2000 万美元增长至 140 亿美元，基金持有人超过 100 万人。当时，麦哲伦基金是全球资产管理金额最大的基金。麦哲伦的投资绩效名列第一，13 年的年平均复利报酬率达 29%。由于资产规模巨大，林奇 13 年间买过 15000 多只股票。其中很多股票，他买过多次，赢得了"不管什么股票都喜欢"的名声。

对于很多人而言，彼得·林奇是一个没有"周末焦虑症"的"死多头"，股市调整对他而言只意味着廉价建仓的机会到了。他不太像一个股市中人，因为他的心态是如此平和。正是因为这样，他才取得了如此巨大的成就。

1991 年，就在他人生的巅峰时刻，林奇却选择退休，离开共同基金的圈子。当时，他还是市场上最抢手的人物，他的才能也是最受倚重的。彼得·林奇非常理智地发表了自己的离去演说："这是我希望能够避免的结局……尽管我乐于从事这份工作，但是我同时也失去了待在家里看着孩子们成长的机会。孩子们长得真快，一周一个样。几乎每个周末都需要她们向我自我介绍，我才能认出她们来……我为孩子们做了成长记录簿，结果积了一大堆有纪念意义的记录，却没时间剪贴。”

这就是彼得·林奇离开的理由，一点儿也不做作和矫情。当然，他也受够了每周工作80个小时的生活。于是，和其他伟大的投资人和交易商一样，彼得·林奇带着赚来的钱，干脆地离了场。

现在，这个曾经的“股市传奇”就像所有普通的父亲一样，在家教导自己的小女儿。不过，他也没有闲着：正积极地帮助波士顿地区的天主教学校，到处募集资金，让贫寒子弟也能接受私立学校的教育。虽然他是亿万富翁，他让别人也成了亿万富翁，但他不是金钱的奴隶，而是金钱的主人。

（资料来源：中国证券投资基金业协会官网）

第一节　证券投资基金市场概述

中国证券投资基金业协会官方数据显示，截至2019年6月底，我国境内共有基金管理公司124家，其中，中外合资公司44家，内资公司80家；取得公募基金管理资格的证券公司或证券公司资管子公司共13家，保险资管公司2家。以上各机构管理的公募基金资产合计13.46万亿元。具体数据如表6－1所示：

表6－1　2019年6月公募基金市场数据

类别	基金数量（只）（2019/6/30）	份额（亿份）（2019/6/30）	净值（亿元）（2019/6/30）	基金数量（只）（2019/5/31）	份额（亿份）（2019/5/31）	净值（亿元）（2019/5/31）
封闭式基金	724	10176.60	10704.60	712	9900.56	10380.53
开放式基金	5259	117894.34	123858.57	5220	121916.13	126875.43
其中：股票基金	999	8129.80	10716.46	986	8050.06	10127.14
其中：混合基金	2478	13906.03	15854.49	2471	13771.07	15172.88
其中：货币基金	331	72783.77	72815.84	331	76620.66	76656.94
其中：债券基金	1305	22348.29	23668.59	1288	22761.87	24152.89
其中：QDII基金	146	726.45	803.19	144	712.47	765.58
合计	5983	128070.94	134563.17	5932	131816.69	137255.96

注：

基金管理公司：经中国证监会核准的基金管理人。

公募基金：指基金管理公司或经中国证监会按照规定核准的其他机构公开募集的证券投资基金。

封闭式基金：指在合同约定期限内采取封闭运作模式，份额保持不变的公募基金。

证券投资基金是资本市场上一个新的资本组合形态，它本质上是股票、债券及其他证券投资的组合，有利于克服个人分散投资的种种不足，因此它是个人投资者分散投资风险的最佳选择，极大地推动了资本市场的发展。

证券投资基金的出现与世界经济的发展有着密切的联系。1868 年，英国政府批准成立了一家海外投资实体，由投资者集体出资，专职经理人负责管理和运作。为确保资本的安全和增值，专职经理人还委托律师签订了文字契约。这个投资实体便是世界上首只证券投资基金——海外及殖民地政府信托。从本质上看，它类似于股票，没有期限，不能退股，亦不能兑现。投资者在购买了基金后，只能按期获得分红和股息。它在许多方面为现代基金的产生奠定了基础。所以，金融史学家将它视为现代基金的雏形。

一、证券投资基金的概念与特征

证券投资基金，是通过发行基金券（基金股份或收益凭证），将投资者分散的资金集中起来，由专业管理人员分散投资于股票、债券或其他金融资产，并将投资收益分配给基金持有者的一种投资制度。

证券投资基金在不同的国家有不同的称谓，美国称它为“共同基金”或“互助基金”，也称“投资公司”；英国和中国香港称它为“单位信托基金”；日本、韩国和我国台湾称它为“证券投资信托基金”。虽然称谓有所不同，但无本质区别。其特点归纳如下：

1. 规模化经营

证券投资基金将小额资金汇集起来，其经营具有规模优势，可以降低交易成本。对于筹资方来说，它可以有效地降低发行费用。

2. 分散化投资

证券投资基金可以将资金分散地投到多种证券或资产上，通过有效的组合最大限度地降低非系统风险。

3. 专家化管理

证券投资基金由具有专业知识的人员进行管理，特别是精通投资业务的投资银行的参与，使得它能够更好地利用各种金融工具，抓住各个市场的投资机会，创造更好的收益。

4. 专业化服务

证券投资基金在发行、收益分配、交易、赎回等方面都有专门的机构负责，可以将收益自动转化为再投资，使整个投资过程变得轻松、简便。

二、证券投资基金的种类

证券投资基金的种类，根据不同的标准，有不同的分类。

1. 根据组织形式，证券投资基金分为公司型基金和契约型基金

（1）公司型基金。公司型基金是依据公司法成立的、以盈利为目的的股份有限公司形式的基金。其特点是基金本身是股份制的投资公司，基金公司通过发行股票筹集资金，投

资者通过购买基金公司的股票而成为股东,享有基金收益的索取权。

公司型基金又可以细分为开放型和封闭型两种。开放型基金是指基金可以无限地向投资者追加发行股份,并且随时准备赎回发行在外的基金股份,因此其股份总数是不固定的。这种基金就是一般所说的证券投资基金或共同基金。而封闭型基金的基金股份总数固定,且规定封闭期限。在封闭期限内,投资者不得向基金管理公司提出赎回,而只能寻求在二级市场上挂牌转让,其中以柜台交易为多。

(2)契约型基金。契约型基金是依据一定的信托契约组织起来的基金。其中作为委托人的基金管理公司通过发行受益凭证筹集资金,并将其交由受托人(基金保管公司)保管,自身则负责基金的投资营运。投资者是受益人,凭基金受益凭证索取投资收益。

契约型基金也有开放式和封闭式之分,其分类与公司型相同。

2. 根据投资目标,证券投资基金可以分为收入型基金、成长型基金和平衡型基金

(1)收入型基金。收入型基金是以获取最大的当期收入为目标的证券投资基金。其特点是损失本金的风险小,但长期成长的潜力也相应较小,适合较保守的投资者。收入型基金又可以分为固定收入型和权益收入型两种:前者主要投资于债券和优先股股票;后者则主要投资于普通股。

(2)成长型基金。成长型基金是以追求资本的长期增值为目标的证券投资基金。其特点是风险较大,可以获取的收益也较大,适合能承受高风险的投资者。成长型基金又可以分为三种:一是积极成长型,这类基金通常投资于有高成长潜力的股票或其他证券;二是新兴成长型基金,这类基金通常投资于新兴行业中有成长潜力的小公司或有高成长潜力的行业(如高科技)内的小公司;三是成长收入型基金,这类基金兼顾收入,通常投资于成长潜力大、红利较丰厚的股票。

(3)平衡型基金。平衡型基金是以净资产的稳定、可观的收入及适度的成长为目标的证券投资基金。其特点是具有双重投资目标,谋求收入和成长的平衡,故风险适中,成长潜力不是很大。

3. 根据不同地域,证券投资基金可以分为国内基金、国家基金、区域基金和国际基金

(1)国内基金。国内基金是把资金只投资于国内有价证券,且投资者多为本国公民的一种证券投资基金。

(2)国家基金。国家基金是指在境外发行基金份额筹集资金,然后投资于某一特定国家或地区资本市场的证券投资基金。这种基金大都规定了还款期限,并有发行总额的限制,属于封闭型基金。

(3)区域基金。区域基金是把资金分散投资于某一世界性区域的各个不同国家资本市场的证券投资基金。这种基金的风险较国内基金和国家基金小。

(4)国际基金。国际基金,也称全球基金,它不限定国家和地区,将资金分散投资于全

世界各主要资本市场上，从而能最大限度地分散风险。

4. 根据投资对象细分

按投资对象，证券投资基金大致可以分为如下八种：

(1)股票基金，即基金的投资对象是股票。这是基金最原始、最基本的品种之一。

(2)债券基金，即投资于债券的基金。这是基金市场上规模仅次于股票基金的另一个重要品种。

(3)货币市场基金，即投资于存款证、短期票据等货币市场工具的基金，属于货币市场范畴。

(4)专门基金，是从股票基金发展而来的投资于单一行业股票的基金，也称次级股票基金。

(5)衍生基金和杠杆基金，即投资于衍生金融工具，包括期货、期权、互换等，并利用其杠杆比率进行交易的基金。

(6)对冲基金与套利基金。对冲基金，又称套期保值基金，是在金融市场上进行套期保值交易，利用现货市场和衍生市场对冲的基金。这种基金能最大限度地避免和降低风险，因而也被称为避险基金。套利基金是在不同金融市场上利用其价格差异低买高卖进行套利的基金，属于低风险稳回报基金。

(7)雨伞基金。严格说来，雨伞基金并不是一种基金，而是在一组基金（称为“母基金”）之下再组成若干个“子基金”，以方便和吸引投资者在其中进行自由选择和低成本转换。

(8)基金中的基金，是以本身或其他基金单位为投资对象的基金，其选择面比雨伞基金更广，风险也更低。

第二节　证券投资基金的发起设立

一、基金发起人

1. 基金发起人的概念

基金发起人是指发起设立基金的机构。它在基金的设立过程中起着重要的作用。

证券投资基金按交易方式的不同可以划分为开放式和封闭式两种。开放式基金的发起人是指以开放式基金的设立和组建为目的，并采取必要的措施和步骤来达到设立和组建基金目的的法人。

在国外，基金的发起人多数为有实力的金融机构，可以是一个，也可以是多个。在我国，根据《证券投资基金管理暂行办法》的规定，基金的发起人为按照国家有关规定设立的证券公司、信托投资公司及基金管理公司，基金发起人的数目为两个以上。

2. 基金发起人应具备的资格条件

基金发起人在各国基金管理法规中都有一定的资格条件规定，只有具备一定条件的法人机构，才能作为基金的发起人，申请设立和组建基金。

比如说在基金的诞生地英国，要发起设立基金，必须首先成为英国基金行业协会的会员，而能否成为会员，要看发起人是否符合会员资格与要求。这种资格和要求是与英国基金业发展的历史、法律法规的完善、行业自律性组织的健全等方面相适应的。

在我国，基金发起人必须符合《证券投资基金管理暂行办法》中关于发起人性质、资金实力、经营管理状况等方面的限制和中国证监会规定的其他条件。

3. 基金发起人应承担的责任和义务

基金发起人在设立和组建时必须签订发起人协议书用以明确其应享有的权利和必须承担的义务和责任。在基金发起设立时，发起人要负责起草申请基金设立报告、信托契约，要负责设计和策划基金实施的各项具体方案。同时，发起人还要为基金的设立承担相应的责任，倘若基金设立不成功，发起人必须承担由此而产生的一切费用。此外，在基金设立过程中，当发起人的过失行为导致基金受到损害时，发起人要负连带赔偿责任。

根据《证券投资基金管理暂行办法》及中国证监会的有关规定，基金发起人的主要职责包括以下几方面：

(1)制定有关法律文件并向主管机关提出设立基金的申请，筹建基金

①基金发起人必须对国家的经济金融政策、市场状况、大众投资心理等进行研究分析，在此基础上对拟设立的基金进行策划，如确定基金的主要投向、基金的类型、基金的存续期限以及基金的募集规模。

②基金发起人要代表基金持有人与基金管理人、基金托管人签订基金契约，约定基金各方当事人的权利、义务。同时，基金发起人还需要制作管理机关要求的其他相关文件，如招募说明书。

③确定发行方案，选定销售机构。

④向主管机关提出设立申请，并报送主管机关要求的有关文件。

⑤设立申请获得批准后，进行公告。

(2)认购或持有一定数量的基金单位

基金发起人必须在募集基金时认购一定数量的基金单位，并在基金存续期内保持一定的持有比例，从而使基金发起人与基金持有人的利益结成一体，并保证基金发起人以维护投资人的合法权益作为准则，不从事有损投资者利益的活动，以切实保护投资者的利益。

(3)基金发起人在基金不能成立时的责任

基金不能成立时，基金发起人须承担基金募集费用，将已募集的资金加上银行活期存款利息在规定的时间内退还给基金认购人。

由于基金发起人对基金的设立有重大的影响，因此，一些国家和地区对发起人应具备的条件都有严格的要求。

二、证券投资基金设立管理制度

由于各国证券市场的发展程度和监管体制不同，世界上对证券投资基金的发起设立实行两种基本管理模式：注册制和审批制。

1. 注册制

注册制是指基金的发起人只需要向证券监督管理机构送报法律法规规定的有关材料，进行登记注册，即可发起设立证券投资基金。目前发达国家和地区一般采用注册制，包括英国、美国、我国香港和台湾地区。

在注册制下，申报材料只做形式上的审查，而材料的真实性、准确性和完整性等实质性内容由独立的中介机构进行鉴证。若发起人和中介机构存在舞弊、欺诈等违法行为，证券监管机关将有权依法查处。该管理制度有利于在市场化、法律化的监管原则下，避免政府对市场的过度干预，由市场发挥其基本作用。

2. 审批制

审批制是指证券监管当局按照有关法律法规的规定，对证券投资基金的发起设立所提供的材料在内容上的真实性、完整性和准确性等方面做实质性审查，以及对程序和形式的合法性进行审查，并决定是否同意设立该基金的制度。我国《证券投资基金管理暂行办法》明确规定："基金的设立，必须经中国证券监督管理委员会审查批准。"由此可以看出，我国目前在证券投资基金的管理制度上仍旧采取审批制的模式。证监会对证券投资基金的设立主要进行以下两方面的审查：一是审查基金发起人申报的各项材料是否全面，有无虚假陈述；二是审查材料内容是否符合法律规定。

3. 注册制与审批制的比较

（1）注册制的效率优于审批制

注册制在程序上简便，只对基金申报材料和信息披露的完整性进行审查，而不对内容的真实性、可靠性进行审查，因此可以通过电子注册等手段完成，效率较高。而审批制需要层层上报与核准，程序复杂，不仅要进行形式和程序上的审查，还要进行内容的真实性审查，环节较多，因此效率较低，可能导致招募说明书所披露的信息滞后。

（2）在法律法规尚不健全和市场化程度不够高的情况下，审批制也许比注册制更能较好地控制风险，在一定程度上有利于证券投资基金的规范发展

在市场发育初期，市场主体发育不成熟，市场专业化分工不细，市场还不能有效地控制自己，此时需要政府出面推动和管理市场，维护市场秩序，促进市场发展。在法律法规

较完善和市场化程度较高的情况下，注册制优于审批制。这是因为当市场具备自我调节的能力时，政府部门过多地干预市场，只会降低市场的运行效率。证券监督部门在进行实质性审查时，无法真正把握内容的可靠性和真实性。中国证券市场三十多年的实践中，出现的许多虚假信息和欺诈事件就充分表明证监会对证券发行公司所披露信息的真实性无法做到实质性审查，而且容易出现审批权腐败现象，破坏证券市场的秩序。因此，在市场机制能较好地自我调节和市场主体具有较强的自律意识的情况下，证券监管当局应逐步淡出市场，由发起人、管理人和独立的中介机构来解决真实性问题，并在法律上对此加以约束。这样就能更好地保证信息的真实性和可靠性，而且可以相应地提高监管效率，降低监管成本。

三、证券投资基金设立的条件

由于开放式基金与封闭式基金的交易方式有所不同，因此二者设立的条件也不尽相同。相关法规对二者的发起人、托管人、管理人都有具体的规定；此外，对开放式基金的投资方向、组织方式、运作形式等另有规定。

1. 封闭式基金的设立条件

我国《证券投资基金管理暂行办法》规定，设立封闭式基金应具备以下条件。

(1) 主要发起人为按照国家有关规定设立的证券公司、信托投资公司、基金管理公司。

(2) 每个发起人的实收资本不少于3亿元，主要发起人有3年以上从事证券投资的经验、连续盈利的记录，但是基金管理公司除外。

(3) 发起人、基金托管人、基金管理人有健全的组织机构和管理制度，财务状况良好，经营行为规范。

(4) 基金托管人、基金管理人有符合要求的营业场所、安全防范措施和与业务有关的其他设施。

2. 开放式基金的设立条件

根据《证券投资基金管理暂行办法》和《开放式证券投资基金试点办法》规定，开放式基金的设立条件如下。

(1) 开放式基金必须由基金管理人设立。

(2) 申请设立开放式基金，必须在人才和技术设施上能够保证每周至少一次向投资者公布基金资产净值和申购、赎回价格。

(3) 开放式基金的设立必须有合格的基金管理人和基金托管人：①基金托管人、基金管理人有健全的组织机构和管理制度，财务状况良好，经营行为规范；②基金托管人、基金管理人有符合要求的营业场所、安全防范措施和与业务有关的其他设施；③基金托管人、基金管理人近一年内无重大违法、违规行为。

(4) 开放式基金的设立必须有合格的注册登记机构：①开放式基金的注册登记业务可

以由基金管理人办理,也可以由各商业银行或中国证监会认定的其他机构办理;②商业银行办理开放式基金的注册登记业务,应当经中国证监会和中国人民银行审查批准。

(5)开放式基金的设立必须有明确的产品:①产品有明确、合法、合理的投资方向;②基金名称显示投资方向的,基金的非现金资产应当至少有80%属于该基金名称所显示的投资内容。

《开放式证券投资基金试点办法》还规定,基金管理人有下列情形之一的,中国证监会不受理其设立开放式基金的申请,包括:有重大违法、违规行为,正在受到国家有关部门的调查;公司高级管理层变动、与公司有关的诉讼或仲裁等重大事件,可能或已经对所管理的基金运作造成不良影响;中国证监会认定的其他情形。

四、设立证券投资基金的程序

证券投资基金要由发起人组建。发起人要逐步完成繁重的证券投资基金发起组建工作。从工作步骤上讲,证券投资基金的发起设立工作可以概括为以下四个步骤:

1. 确定将要发起的证券投资基金的性质,完成证券投资基金产品的设计方案

要成功发起设立一个证券投资基金,首先必须做好基金的必要性和可行性分析。设立基金的必要性,首先要考虑设立基金的目的、投资方向、市场经济的发展程度、我国经济体制改革的动向、国际经济法规、金融政策、社会需求和广大投资者对基金品种的认识程度。设立基金的可行性一般要从以下几方面来加以考虑:一是国外基金运作的成功经验;二是市场经济体制发展的要求;三是我国金融市场及产业政策不断发展的需求;四是基金发起人的资金实力和良好的管理经验。在进行了必要性和可行性分析后就可以设计出该基金的具体方案了,包括采取哪种基金类型有利于吸引投资者和基金的运作,确定何时、何地推出,发起规模和存续时间等。按照证券投资基金的组织形态,基金有公司型和契约型两种。一般来说,采取契约型还是公司型与该国的证券投资基金传统有关,如英国通常采取契约型,而美国则采取公司型。按证券投资基金是否可以赎回,基金可以分为开放式和封闭式两种。采取封闭型还是开放型,主要看投资对象的流动性和成熟度以及经理人的经验。通常,投资对象流动性高、市场成熟时可以选择设立开放式基金,因为它能够随时应付投资者的赎回要求。封闭式基金则有利于经理人运营,因为其资产规模相对固定,不会出现赎回波动,因此不会影响经理人的投资计划。当投资对象是流动性较差的资产时,采取封闭式基金较为妥当。

由于基金产品的设计关系到基金募集时市场的接受程度以及基金的绩效,因此基金公司特别审慎。在与公司内部各相关部门如业务人员、基金经理、客户服务人员等共同讨论出产品雏形后,产品设计人员还应针对一般客户进行市场问卷调查,确定一般社会大众对新基金产品的接受程度。

在基金产品的设计过程中,应主要考虑以下两个重要因素:一是该国经济运行情况和

证券市场运行情况。这是因为从基金新产品的最初构思到获得主管机构的核准直至最终募集发行需要时间。该新基金产品在募集时是否能获得市场的认同以及是否能够适应未来一段时期的市场状况是必须要考虑的因素。二是产品设计人员要全面考虑基金公司旗下现有的基金品种结构,并配合基金公司本身的优势发展新的基金产品。这样不仅可以强化公司的专长领域,还可以补足现有的产品类型。

2. 选择共同发起人、基金托管人,并制定各种申报文件

发起人要根据对基金发起人资格的有关规定慎重地选择共同发起人,签订"合作发起设立证券投资基金协议书"。选择合适的银行作为托管人,并制定各种有关发起文件和申请文件,规定基金管理人、托管人和投资人的责任、权利和义务。这些文件主要有:

(1)基金申请报告;

(2)发起人名单及其协议;

(3)基金招募说明书草案;

(4)会计师、律师、经纪人和投资顾问等接受委任的信件;

(5)基金章程或信托契约、委托管理协议书、委托保管协议书、基金管理公司章程;

(6)基金设计方案;

(7)基金管理人和托管人简介;

(8)主管机关认为必要的其他文件。

3. 向主管机关报批,进行人员培训,为基金成立做好一切准备

基金发起人申请设立基金,要按照相关法规的规定向中国证监会提交各种文件,如设立基金的申请报告、发起人名单及协议、基金契约和托管协议、招募说明书、要求的财务报告、律师事务所出具的法律意见书、募集方案、开放式基金实施方案及相关文件等。

上述基金契约、托管协议和招募说明书的内容和格式,中国证监会在《证券投资基金管理暂行办法》实施准则中有详细的规定。发起人要严格按照要求起草上述文件。

中国证监会收到上述文件后对基金发起人资格、基金管理人资格、基金托管人资格以及基金契约、托管协议、招募说明书以及上报资料的完整性、准确性进行审核,若符合有关标准,则正式下文批准基金发起人公开发行基金。

4. 基金发起人收到中国证监会的批文后,于发行前三天公布招募说明书,公告具体发行方案,并发售基金凭证

基金经批准向社会公众公开发售后,并不表明基金已经正式成立。基金要正式成立,还必须满足一定的条件。承销商和承销方式的选择以及基金凭证的推销策略等都对基金的正式成立有着重要的影响。在一定的期限内,一旦招募的资金达到上述标准,基金便宣告成立,否则基金发起失败。基金不能成立时,基金发起人必须承担基金募集费用,并将募集的资金连同活期存款利息返还给投资者。

五、申请设立证券投资基金的主要文件

不论是开放式基金还是封闭式基金在申请设立的过程中都需要提交申请报告、发起人协议、基金契约、托管协议、招募说明书、发起人财务报告、法律意见书等材料。此外，由于二者的交易方式不同，开放式基金的发起人还必须另行提交代销协议、供销机构情况等材料，二者具体需提交的材料见表 6－2。

表 6－2　开放式基金与封闭式基金申报材料比较表

	开放式基金	封闭式基金
申报材料	1. 申请报告 2. 基金契约 3. 托管协议 4. 招募说明书 5. 代销协议 6. 基金管理人董事会决议 7. 发行方案 8. 基金管理人财务报告 9. 供销机构情况 10. 基金注册登记机构 11. 法律意见书 12. 附加参考资料	1. 申请报告 2. 发起人 3. 基金契约 4. 托管协议 5. 招募说明书 6. 发起人财务报告 7. 法律意见书

（1）申请报告

申请报告是基金发起人为设立基金而向基金主管部门即中国证监会提交的请示报告。

开放式基金的申请报告内容包括：基金发行简要情况，如基金名称、类型、规模、发行对象与价格、发行费率、认购及赎回安排、拟任基金管理人和托管人等、设立基金的可行性以及基金管理人签字、盖章等。

封闭式基金的申请报告内容包括：基金名称、拟申请设立基金的必要性和可行性、基金类型、基金规模、存续期间、发行价格、发行对象、基金交易或申购与赎回安排、拟委托的委托人和管理人以及主要发起人签字、盖章等。

（2）基金契约

基金契约的目的是明确基金契约各方当事人的权利和义务，规范基金运作，保护投资者的合法权益。它是为受益人的利益服务的。基金契约当事人为基金的发起人、托管人和基金管理公司，受益人本身并不是基金当事人。

证券投资基金契约的主要内容包括：前言，基金契约当事人，基金的基本情况，基金单

位的发行，基金的成交和交易安排，基金的托管，基金的投资目标、投资范围、投资决策、投资组合和投资限制，基金发起人、管理人、托管人、持有人的权利与义务，基金持有人大会，基金管理人、基金托管人的更换条件和程序，基金资产，基金资产的估值，基金费用与税收，基金收益与分配，基金的会计与审计，基金的信息披露，基金的中止和清算，违约责任，争议的处理，基金契约的效力，基金契约的修改和中止，其他事项，基金契约当事人及法定代表签字，签订地，签订日。

(3)招募说明书

招募说明书是有关基金设立情况的详细、全面的说明文件，是基金向投资者提供的经国家有关部门认可的一项法律文件，是基金设立过程中申报、注册必须提交的最主要文件，也是基金最重要、最基本的信息披露文件。

根据中国证监会发布的《证券投资基金管理暂行办法》实施准则第三号，基金招募说明书信息披露要求如下：

基金招募说明书必须符合《证券投资基金管理暂行办法》。基金的全体发起人必须保证招募说明书不含有虚假的内容或误导性陈述，不遗漏该准则规定的内容，并符合该准则规定的格式。全体发起人对基金招募说明书承担连带责任。招募说明书的有效期自签署之日至基金成立之日，不得超过6个月，并且招募说明书的内容浅显易懂。

招募说明书的内容与格式包括四个方面，即招募说明书封面、招募说明书目录、招募说明书正文和招募说明书备查文件。其中，招募说明书正文内容包括：绪言、释义、基金设立、本次发行有关当事人、发行安排、基金成立、基金投资、风险揭示、基金资产、基金资产估值、基金费用、基金税收、基金收益与分配、基金的会计与审计、交易安排、基金的信息披露、基金持有人、基金发起人、基金管理人、基金托管人、基金中止、基金清算、其他应披露事项、招募说明书存放及查阅方式。

基金招募说明书具有以下特点：①它是基金的自我介绍性文件；②它附带了向投资者提示的内容；③招募说明书是基金经营的行动纲领；④招募说明书作为法律性文件，是保护投资者权益的保障；⑤招募说明书的表述要使用浅显易懂、符合法律法规及该准则规定的语言，以便非专业投资者准确了解基金状况；⑥文本必须经主管机构批准同意，才具备法律效力；⑦必须包含特定内容并采取特定的格式。

作为基金设立发行过程中最重要的文件，招募说明书具有以下两点作用：第一，它是推销基金产品的有力工具；第二，它是保护投资者利益的主要依据。

第三节　证券投资基金的发行与交易

一、证券投资基金的发行

（一）基金券与基金单位

基金券是基金发起人或其委托的证券机构向投资者发行的，表示其持有人有权按其所持有的基金份额享有基金资产所有权、收益分配权、剩余财产分配权和其他相关权利，并同时承担相应义务的可转让或可赎回凭证。基金券是一种有价证券：对公司型基金来说，基金券表现为公司股份；对契约型基金来说，基金券是受益凭证。

证券投资基金在募集资金时，为了正确计量投资者的投资份额及受益金份额，必须确定基金单位。基金单位又称受益权单位。在某种意义上讲，基金单位也可看作投资的最低额。如某个基金在发行时规定认购基金应是10元或10元的倍数金额，这表明该基金单位是10元，投资100元即得10个基金单位。基金单位的价格并不是固定的，它随着基金资产价值和收益的变化而变化。基金单位在首次发行时通常确定一个整数票面价格。首次发行结束后，不管是认购价还是赎回价，基金单位都是以净资产价值来计价的。受益凭证是常见的基金券形式。受益凭证多是无面额的可自由转让的有价证券。它记载着投资者认购的基金单位数，表明受益人可依据基金单位数按比例分享基金权益的资格，以及对基金管理机构或保管机构行使基金管理办法和信托契约所规定的权利，包括本金受偿权及参与投资人大会表决等。受益凭证分为记名和不记名两种，由基金管理机构和保管机构共同签署并经公证后发行。投资人可以根据自己的要求选择记名式受益凭证或不记名式受益凭证，并可随时申请变换。受益凭证通常有规定的记载内容，其内容包括：

（1）证券投资基金名称，受益权单位总数，受益凭证发行日期及能否追加发行；

（2）基金管理机构和保管机构的名称和地址；

（3）本受益凭证的收益权单位数；

（4）基金投资的基本方针和投资范围；

（5）证券投资基金的存续期限；

（6）受益权单位净资产价值的计算及公告方法；

（7）受益人请求回购受益凭证的程序、时间、地点、回购价格及回购费用的计算方式，基金管理机构给付回购款项的时间、方式；

（8）基金管理机构和保管机构所收费用的计算方法、给付方式及时间；

（9）基金收益分配的项目、时间和方式；

（10）基金不再存续时，基金的清算方法、受益人请求归还金额的计算方法、给付方式及时间；

(11)证券投资信托契约变更、中止的程序及其公告方法，受益凭证上记载的受益权，包括受益人享有的受益凭证本金的受偿权、收益的分配权及其他权利。

(二)证券投资基金发行的含义

封闭式基金的发行是指基金管理公司或信托投资机构等在基金发行申请经主管机关批准之后，向投资者销售基金证券或受益凭证的行为。基金证券的发行市场又称基金一级市场。

开放式基金发行是指基金的申报获得中国证监会批准后，基金管理人利用自身的直销网点和符合条件的代理人的营业网点向投资人首次销售基金份额的行为。

基金发行的内容包括发行对象、发行日期、销售方式、发行价格、发行数额、发行地点等。在国外，封闭式基金在发行时，除规定发行价格、发行对象、申购方法、认购手续、最低认购额外，还需要规定基金的发行总额和发行期限。一旦发行总额认满，不管是否到期，基金都会自行封闭，不再接受认购申请。

(三)证券投资基金的发行方式

证券投资基金的发行方式是指基金募集资金的方法。按照不同的划分标准可以划分出不同类型的基金发行方式，一般有以下几种。

1. 按照发行对象和发行范围划分

按照发行对象和发行范围的不同，基金的发行方式可以分为公募和私募两种形式。

公募，又称公开发行，就是发行单位不是直接把发行的基金受益凭证卖给一般投资者，而是通过承销集团和销售集团分散地和小批量地卖给一般投资者。采用公开发行方式的优点是：发行面比较广，购买者比较普遍，发行的受益凭证容易为广大的投资者所了解、熟悉，以后若再发行受益凭证，容易被广大的投资者接受。其缺点是：发行手续比较繁杂，需要很多说明材料，需要报主管机关审批，时间长，费用多。需要注意的是，在我国，根据《证券投资基金管理暂行办法》和《开放式证券投资基金试点办法》规定，开放式基金以公募的方式发行。

私募，又称私下发行，即发行单位直接把所发行的受益凭证卖给投资者，免去承销集团的中介参与。有时他们也参加，但不插手受益凭证发行的具体业务，而只是以中介人的身份，把买卖双方联系到一起，具体问题由买卖双方洽谈。在私募方式下，买方大都是机构投资者，每年买卖的数额都比较大。采用这种方式的优点是：不需要向主管机关报批，节约时间，免去了许多准备文件、资料的工作；不用支付承购包销的大量费用。其缺点是：这种方式所发行的受益凭证不得向公众出售，除非补办报批手续；受益凭证的发行面很窄，只限于少数大机构，故投资人对这种基金根本不了解、不认识。

2. 按照是否通过交易所系统划分

从发行渠道来看,证券投资基金有网上发行和网下发行两种方式。

网上发行方式,是指将所要发行的基金单位通过与证券交易所的交易系统联网的全国各地的证券营业部向广大的社会公众发售基金单位的发行方式。我国的封闭式基金大多采取网上发行的方式。

网下发行方式,是指将所要发行的基金通过分布在一定地区的证券或银行营业网点,向社会公众发售基金单位的发行方式。

3. 按照销售渠道划分

按照基金的销售渠道,证券投资基金的发行方式可以分为直接销售法、承销法、集团承销法三种。

(1)直接销售法

这种方法是指基金发起人不通过承销商而由自己直接向投资者销售基金的方式。在这种发行方法中,基金券的出价与报价都按净资产价值确定。其操作方法比较简单,其流程如图 6－1 所示。

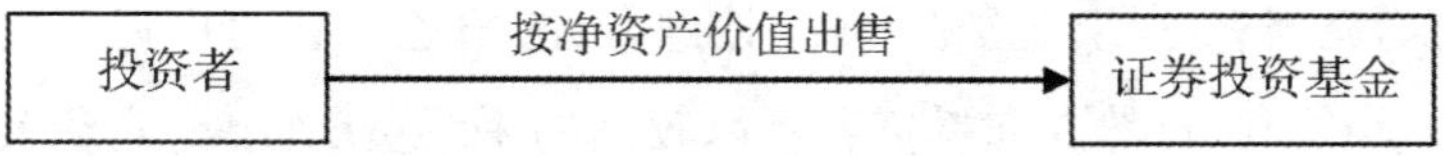

图 6－1　直接法销售基金

(2)承销法

该方法是发起人通过证券承销商发行基金券的一种做法。证券承销商一般由投资银行或证券公司来担任,它们先按净资产价值购入证券投资基金券,然后增加一定的销售费用,以公开销售价格将基金券出售给投资者。其发行流程如图 6－2 所示。

图 6－2　承销法销售基金

(3)集团承销法

当证券投资基金规模较大、发行任务较重时,证券承销商独自承购销售有困难,这时,他们会牵头组织一个或数个承销集团。每个承销集团又由数个承销商组成,各个承销商承担一部分销售任务,以将该证券投资基金全部推销出去。未能销售出去的部分,由各承销商按事先约定的比例自行买下。牵头承销商支付给每个承销商一定的销售费用。其发行流程如图 6－3 所示。

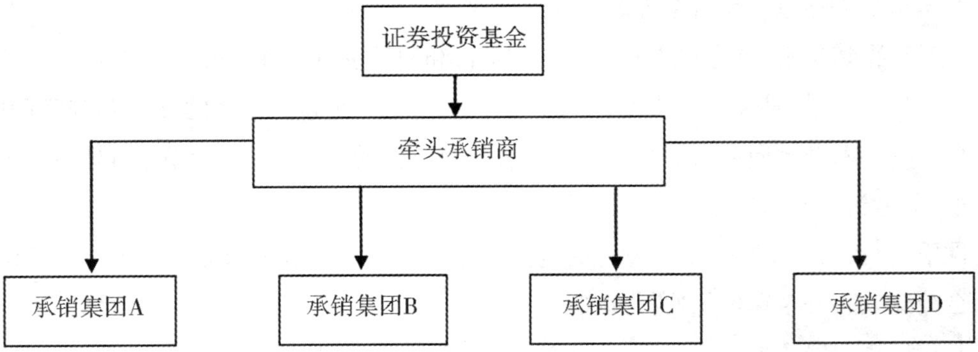

图 6－3　集团承销法销售基金

在集团承销的发行方式中,还衍化出一种新的发行方式。为了吸引投资者加入证券投资基金,有些证券投资基金采用分期付款的方式推销一部分基金券。为了适应这种需要,在承销商与投资者之间确定了一个销售经理人——计划公司。计划公司一方面与承销商订立销售合同,另一方面与投资者订立延期付款销售合同。计划公司收到投资者一定比例的款项后,就向承销集团认购约定数量的基金券,并向投资者提供一笔贷款,存入投资者在计划公司开立的专门账户,以保证投资者按合同规定购买基金券。在这种发行方式下,计划公司充当着延期付款销售合同协调人的角色。它为投资者延期付款购买基金券提供了服务和便利,自然要向投资者收取较高的手续费。此外,它还要向投资者收取贷款利息。计划公司一般由投资银行等金融机构来担任。其发行流程如图 6－4 所示。

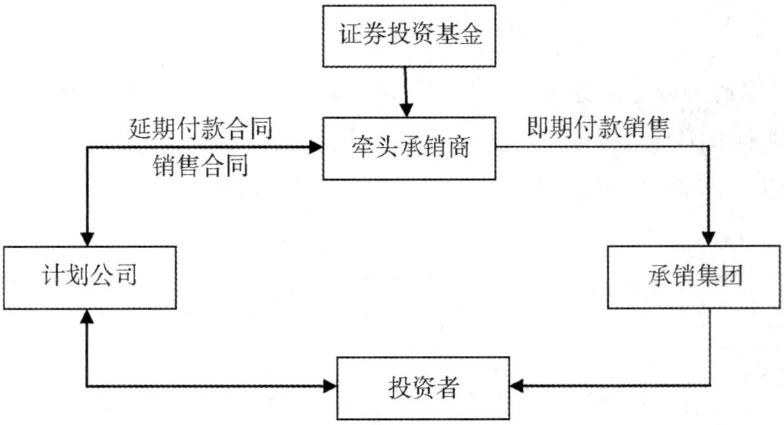

图 6－4　分期付款销售基金

随着证券投资基金的迅速发展,许多国家除了使用传统的发行基金券的方式,即通过投资银行或证券公司来销售基金券外,还越来越多地通过商业银行和保险公司来促进基金券的销售。利用商业银行和保险公司参与分销基金券至少有以下三个优点:

(1)商业银行和保险公司有着广泛的营业网点和坚实的客户基础,便于推销证券投资基金。

(2)商业银行的信用等级较高,利用商业银行推销基金券,有利于增强投资者的信心,并能吸引许多非银行客户购买基金券。

(3)商业银行和保险公司可以结合自身已有的相关业务推出有利于促销的新业务来扩大基金券的销售,如香港市场上的"定期投资计划"就是让投资者通过银行转账的方式,根据最低投资额的规定,按月将存款中的一部分款项转拨给基金管理公司,购买单位信托基金。投资者遇到财务困难时,也可将基金卖给基金公司,并将资金转入银行存款账户。

(四)证券投资基金的发行价格

所谓证券投资基金的发行价格是指投资者购买基金券的单价。

基金单位或(基金券)的发行价由三部分组成:①基金的面值;②基金的发起与招募费用;③基金销售费。其中基金的面值和基金的发起与招募费用是构成基金单位发行价格的主要组成部分。我国基金的面值为1.00元人民币,发行费用为0.01元,其发行价格就是1.01元。

根据基金的发行价格与基金净值的关系,基金的发行可以分为溢价发行、平价发行和折价发行。所谓溢价发行就是指基金按高于净值的价格发行,由此产生的溢价收入一般作为基金的创业利润,由基金持有人共享;平价发行是指基金按每个基金单位的净值发行,我国目前的封闭式基金采取此种方式;折价发行是指基金以低于基金净值的价格发行,我国现阶段不允许折价发行。

封闭式基金的发行总额固定,存续期限也是固定的。投资者不可以要求基金公司赎回基金券,也不可以要求随时申购。因此,大多数国家和地区都允许封闭式基金上市,以满足投资者的变现要求。于是,封闭式基金就有了两种价格:发行价格和交易价格。而开放式基金可以随时填单申购和赎回或转移,因此开放式基金也就没有所谓的发行价格和交易价格的区别,只有交易价格一种。

(五)证券投资基金的发行费用

由于在基金发行和设立的过程中要产生一些前期费用,这些费用理论上应由基金持有人共同承担,因此在基金发行时一般要向投资者收取一定的发行手续费。我国封闭式基金通过沪、深证券交易所发行基金单位的费用是按实际认购基金成交金额的3.5%收取的。发行费用扣除基金发行中会计师事务所审计费、律师见证费、发行公告费、材料制作费、上网发行费等费用后的余额归基金所有,计入基金资产。

开放式基金的发行费用按投资者支付时间的不同分为:前端费用、后端费用。前端费用是投资人申购时按投资金额一定的百分比缴纳的费用,实际上就是购买价格与净投资额之间的差额;后端费用是投资人在赎回时缴纳的费用,也叫作或有递延销售费。后端费用一般随基金持有期的延长而减少。对某些基金而言,若持有期超过一定的期限,后端费用一般可以免除。一般来说,基金的发行费用比例并不是固定的,它可以根据投资者认购金额的多少在一定的范围内进行浮动，如机构投资者认购大额基金时，可获得一定的返佣或回扣。我国《开放式证券投资基金试点办法》第三十三条对开放式证券投资基金的申购与赎回费率做了明确的规定："开放式基金可以收取申购费，但申购费率不得超过申购金额的5%，申购费用可以在基金申购时收取，也可以在赎回时从赎回金额中予以扣除。开放式基金可以根据基金管理运作的实际需要，收取合理的赎回费，但赎回费率不得超过赎回金额的3%；赎回费收入在扣除基本手续费后，余额应当归基金所有。开放式基金可以选用可调整的申购、赎回费率。开放式基金收取费用的方式、条件以及费率标准应当在基金契约和招募说明书中予以载明。"

(六)证券投资基金的发行期限

我国对于证券投资基金的发行期限进行了严格的限制。目前封闭式基金的募集期限为3个月，其计算起始日为该基金批准成立之日。对于开放式基金的募集，中国证监会在《开放式证券投资基金试点办法》中规定：①基金管理人应当自开放式基金设立申请获得批准之日起6个月内进行设立募集；超过6个月尚未开始设立募集的，原申请内容如有实质性改变，应当向中国证监会报告；原申请内容没有实质性改变的，应当向中国证监会备案；②开放式基金的设立募集期限不得超过3个月。设立募集期限自招募说明书公告之日起计算。

(七)证券投资基金成立的条件

封闭式基金成立的条件包括：封闭式基金自批准之日起3个月内募集的资金超过该基金批准规模的80%，该基金方可成立。封闭式基金募集期满时，若募集的资金少于该基金批准规模的80%，该基金不得成立。一旦出现基金募集不成功的情况，发起人必须承担基金的募集费用，已募集的资金加计银行活期存款利息必须在30天内退还给基金认购人。

开放式基金成立的条件：①在设立募集期限内，净销售额超过2亿元；②在设立募集期限内，最低认购户数达到100人。不符合上述条件的，该基金不得成立。基金管理人应当承担募集费用，已募集的资金加计银行活期存款利息必须在30天内退还给基金认购人。

二、封闭式基金的交易

(一)封闭式基金交易的要点

封闭式证券投资基金通过证券交易所完成资金募集，会计师事务所对所募集资金进行验证后，即可宣告基金成立。封闭式基金成立后，基金管理公司即可依法向有关证券交易所提出上市申请。申请材料包括：上市申请书、上市公告书、批准设立和发行基金的文件、基金契约、基金托管协议、基金募集资金的验资报告、一至两名会员的上市推荐书、基金托管人的审查批准文件、基金管理人的批准设立文件、基金管理人和基金托管人的营业执照、基金已托管的全部证明文件及其他文件等。证券交易所审查批准基金上市后，基金管理人要与交易所签订上市协议书，并于上市首日前3个工作日在至少一种证券监管部门指定的报刊上公布上市公告书。一般来说，封闭式基金在1—3月内即可上市。

基金管理公司在基金发行、上市和买卖证券前，要做好各项技术准备工作，如与交易所确认基金发行代码、交易代码、资金到账衔接、交易信息传递、向券商租用基金专用交易席位。基金托管人则要代表基金，以基金的名义开设证券账户和资金清算账户，并作为证券交易所的清算对手方对基金买卖证券进行清算交割。

在我国，投资者认购封闭式基金必须开立基金账户或者股票账户，基金账户只能用于基金的申购和交易，不能进行股票交易，而股票账户则都可以。只是基金账户开户费用低，只要5元/户，而股票账户要50元/户。投资者的基金交易由中国证券登记结算有限责任公司负责清算和交割。

封闭式证券投资基金的交易特点为：①按“价格优先，时间优先”的原则进行竞价交易；②价格变化单位为0.001元；交易佣金上限为2.5‰，可自由浮动；③基金交易免征印花税；④基金交割方式为“T+1”。

（二）封闭式基金的交易价格

封闭式基金的交易价格是指封闭式基金在证券市场挂牌交易时的价格。封闭式基金的买卖价格以基金单位的资产净值为基础，由市场供求来确定。

按照买卖标的的具体形式，封闭式基金的价格有面值、净值和市价三种。这三种价格通常分别出现在三个不同的阶段。基金的发行阶段，又称第一阶段，发行价格一般为基金的面值，即平价发行。基金发行期满后至基金上市之日前为第二阶段，这时的基金价格按资产净值计算。基金上市交易后称为交易阶段，又称第三阶段，这时的基金价格由交易双方在证券交易市场上通过公开竞价的方式来确定，即按市价买卖。

基金面值、净值、市价都是封闭式基金价格的构成内容，它们之间有密切的关系：面值、净值是市价的基础，市价是面值和净值的市场表现形式。同时，它们之间也存在着重要的区别。

首先，面值和净值属价值范畴，市价属价格范畴。面值是指基金券账面价值，净值可以看作基金券的实际价值，市价是基金的现实价格。对投资者来说，当基金封闭以后，面值已无多大的意义，投资者注重的是净值。待基金上市交易后，投资者最关心的是市价及其背后的净值。

其次，面值、净值主要是由基金本身的内在表现即资产和收益等状况来决定的，而市价主要是由供求关系决定的。面值是发行之时购入基金的价格，净值是实际的价值，市价则是上市后的市场价格。例如，面值1元，市价可能是1.25元或0.93元。

封闭式基金交易过程中经常出现溢价或折价现象。当基金的市值低于净值时，称为折价。基金溢价和折价的大小可通过下列计算公式来表现：

$$\frac{市值-净值}{净值}\times100\%=溢价或折价\%$$

美国的封闭式基金常常以折价出售，这和我国基金绝大多数以平价和溢价出售的情形不同。美国封闭式基金多以折价出售的原因在于：①美国的基金大多是开放式基金，封闭式基金很少，证券经纪商不太愿意经营这类基金券买卖；②美国的封闭式基金组织大多比较保守，不做推销广告，往往不能引起投资者的注意，其需求量不大；③美国封闭式基金所提供的服务项目较少，不像开放式基金那样可为投资者提供股息转投资、指令计划等服务。因此封闭式基金少有投资者问津，其基金券常以折价方式出售。

三、开放式基金的申购与赎回

开放式证券投资基金首次发行结束后，由存款银行出具认购人存款证明，由会计师事务所进行验证，扣除认购费用等费用后，转入基金专户。会计师事务所对基金的资金进行再次验证，并出具验资报告。基金管理人出具认购户数证明，向证券监管部门备案后，开放式证券投资基金即可宣告成立，一定时期后（一般为 1—3 个月）就进入了基金的上市运行阶段。开放式基金的上市实际上就是基金的持续申购和赎回机制的启动。如果发行时没有达到预定的募集目标，基金管理公司也可先启动持续申购机制，一定的时期后再启动持续赎回机制。一般来说，开放式基金的交易途径分为两种：一种是以商业银行、保险公司、证券公司、信托投资公司等作为中介代理机构，进行基金单位的交易；另一种是投资者和基金管理公司的基金经理人直接进行基金单位交易。我国目前大部分基金管理公司规定 100 万元以上的交易可直接与基金管理公司进行交易，100 万元以下的一般只能通过代销机构进行申购与赎回。封闭式证券投资基金和开放式证券投资基金最大的不同点是：封闭式基金上市后的交易行为发生在投资者与投资者之间，这种交易不会影响基金总资产的变动，只影响基金的市场价格；而开放式基金的交易行为发生在投资者与基金之间，投资者之间不直接发生交易行为，这种交易直接影响到基金总资产的变动。

投资者在进行开放式证券投资基金交易中的行为可以分为五种：认购、申购、赎回、转换、变更。认购主要是指开放式基金募集发行时投资者的购买行为；申购主要是指基金上市后的认购行为；赎回是基金上市后的卖出行为；转换是指不同基金之间的基金单位的转变，如投资者在伞形结构下进行证券投资基金之间的转换或在不同系列基金之间进行转换；变更是指投资者的非交易过户行为，如继承、捐赠、司法执行等原因导致受益人改变。其中，申购与赎回是最基本的交易行为。

开放式基金的开放日，是指基金对外接受投资者的申购赎回的日期。每月较多的开放日代表交易频率较高，可以减少套利的可能，并增加开放式基金的流动性，有利于提高对投资者的服务能力，对投资者的利益较为有利。而每月较少的开放日代表交易频率较低，在技术上延长了投资者赎回的时间间隔，有利于基金管理人更好地管理流动性，同时可以减少交易成本。不同国家或地区对开放式基金的开放日有不同的规定。比如美国，每个工作日都可以办理开放式基金交易。我国香港特别行政区规定，每月最少需要有一个定期开放日。我国《开放式证券投资基金试点办法》规定，开放式基金每周至少有一天应为基金的开放日，办理基金投资人申购、赎回、变更登记、基金转换等业务申请。

（一）开放式基金的申购流程

投资者到基金管理公司或到选定的基金代销机构购买基金单位的过程称为申购。我国开放式基金的申购流程是：

1. 开立账户

投资者凭身份证由本人或委托人开立基金账户和资金账户，用于基金单位清算和资金结算。若投资者要进行每月自动扣款或是网络交易，还必须与银行签订自动扣款委托协议。协议应注明自动扣款账号，并经投资人签字后生效。

2. 确认申购金额

因为开放式基金的单位净值在投资者申购次日才会公布，所以投资者在申购时不可能知道自己可以申购到多少基金单位，只能确定在基金上投资多少资金，至于到底能申购到多少基金单位，则要等到基金单位净值公布后才能知道。

3. 支付款项

国外申购基金的付款方式一般采用银行汇款或支票。投资者在支付或汇款时，还要再加上申购的手续费。各个市场申购的手续费也不一样，从1.5%—5%不等。在美国，近年来已兴起许多无手续费基金，或者出于促销考虑，手续费也会有优惠。我国规定开放式基金的申购手续费不得超过申购金额的5%，实际操作中，一般低于2%，并根据申购金额分档次计算，申购费率随申购金额的增加而递减。

4. 申购确认

基金管理公司一般在“T+2”日为客户提供成交确认书，确认成交的基金单位数。客户也可以通过语音电话或传真进行查询，以确认最终申购的基金单位。

对基金公司而言，在接到客户的开户及申购申请后，内部要完成以下的工作：

1. 保存客户资料

保存客户的开户资料和有效信息。国外较具规模的基金公司，会将客户交易文件以原件影像方式储存，以便随时从电脑中查寻客户资料，提高作业处理的效率。有的基金公司还将客户的交易资料和行销活动资料形成完整的客户资料库，作为未来提供客户服务或销售的参考。

2. 确认付款

基金公司在确认客户的申购款项确已划出后，在当天进行所有的申购金额统计，按照申购日当天的基金净值将相应的基金单位数记入客户账户。

3. 确认基金单位数

若不出问题，最快在申购的次二个营业日，基金公司就可以通过成交确认书向投资人确认申购的基金单位数。目前，国外已逐渐兴起“无实体交易”的方式，投资人可以通过不同的便利渠道，如上网、语音电话，向基金公司确认投资状况。

(二) 开放式基金的赎回流程

开放式基金的赎回就是投资者出售基金、收回投资的行为，它是申购行为的反向操作。投资人可以通过直销和代销机构向基金公司发出赎回指令。其流程如下：

1. 发出赎回指令

客户可以通过传真机、电话、互联网、基金公司的柜台或代销机构等下达基金赎回指令。

2. 赎回价格基准

国际市场上，基金的赎回价格是赎回当日的基金净值。有些基金公司会加计赎回手续费，形成买进和赎回两种报价。

3. 领取赎回款项

投资人赎回基金时，无法在交易当天拿到款项，一般在交易日的3—5天后得到款项。投资人可以指示基金公司将赎回款项直接汇入他在银行的户头，或是寄发支票给投资人。

基金管理公司在接到客户赎回指令时，会通过下列步骤将赎回款项汇给投资人：

1. 确认赎回是否有效

对客户的赎回申请与客户预留的资料进行签名或印章是否相符的对比，确认客户身份和汇款账户。

2. 赎回款项准备

基金公司每天汇总当日的申购与赎回情况，还要留出相应的现金以备支付投资人的赎回款项。对基金公司而言，如果是债券型基金，交易日与付款日的间隔较小，一般是交易日的次一日；如果是股票型基金，一般是交易日的次三日或次五日。

3. 付款

基金公司最后指示托管银行将客户的赎回款汇至指定的银行账户或寄发支票到指定的地点。

(三) 申购与赎回原则

(1)“未知价”原则，即申购、赎回价格以申请当日的基金单位资产净值为基准进行计算。

(2)“金额申购、份额赎回”原则，即申购以金额申请，赎回以份额申请。

(3)在限制申购的情况下，申购费用按单笔申购申请金额对应的费率乘以单笔确认的申购金额计算。

(4)当日的申购和赎回申请可以在基金管理人规定的时间(现定为15:00)以前撤销。

(5)基金存续期间,单个基金账户最高持有基金单位的比例不超过基金总份额的10%。当募集期间认购不足、存续期间其他投资者赎回或分红再投资等原因导致个别投资者持有比例超过基金总份额的10%时,不强制赎回,但限制追加投资。

(6)基金存续期内,单个投资者申购的投资份额加上上一个开放日起持有的基金份额不得超过上一个开放日基金总份额的10%,超过部分不予以确认。

(7)基金管理人可以根据基金运作的实际情况更改上述原则。基金管理人必须于新规则开始实施日前的第三个工作日在至少一种中国证监会指定的媒体上刊登公告。

(四)申购和赎回数额的约定

(1)首次申购的最低金额为1000、5000或10000元人民币,已在任意网点有认购该基金纪录的投资者不受首次申购最低金额的限制,追加申购最低基金为1000元人民币。

(2)赎回的最低份额为1000份基金单位,基金持有人可将其全部或部分基金单位赎回。当某笔赎回导致在某一个网点的基金单位余额少于1000份时,余额部分基金单位必须一同赎回。

(3)基金管理人可根据市场情况,调整首次申购金额和赎回份额的数量限制。调整前的第三个工作日,基金管理人必须至少在一种中国证监会指定的信息披露刊物上刊登公告。

(4)申购份额、余额的处理方式:申购的有效份额的处理方式为按实际确认的申购金额在扣除相应的费用后,以当日基金单位资产净值为基准进行计算,保留小数点后两位,小数点两位以后的部分舍去。舍去的部分所代表的资产归基金所有。

(5)赎回金额的处理方式:赎回金额以按实际确认的有效赎回份额乘以当日基金单位资产净值为基准,按四舍五入的方法计算,并扣除相应的费用。

(五)开放式基金的费率结构

开放式基金存续和运作过程中产生的全部费用,无论是一次性费用还是周期性费用,无论是在期初发生还是在期间发生,都统称为基金全部持有成本。全部持有成本的构成,其分类方法各有不同。

1. 基金持有人费

在投资者进行某项基金交易时向该投资者直接收取的费用统称为基金持有人费,具体包括以下几种。

(1)申购佣金。申购佣金为申购或赎回基金时支付的一次性申购费用,由投资人直接支付给基金管理人。申购时支付的费用,称为前端费用;赎回时支付的费用,称为后端费用。

这里需要注意的是后收费与赎回费的区别。后收费属于销售佣金,只不过不是在申购时而是在赎回时收取。赎回费是针对赎回行为本身而收取的一次性费用。有的基金在申购费收取上采用后收费方式,同时另外收取赎回费。后收费由投资者支付给基金公司,而赎回费由投资者支付给基金本身。

(2)红利再投资费用。若投资人选择红利再投资,则存在一个红利再投资费用问题。目前绝大部分基金不收取红利再投资费。

(3)转换费。对发行多只基金的基金公司而言,投资者可以在同一系列的多个基金产品间切换,这就产生了转换费用。目前绝大多数基金不收取转换费。

(4)赎回费。这是投资者赎回基金时基金公司向投资者收取的略带惩罚性质的费用。这种费用增加了投资者的赎回成本,有利于基金资产的稳定。赎回费呈逐年下降的趋势,典型的做法是第一年到第六年收费水平呈下降的趋势,第六年后维持低收费水平或根本不收费,以鼓励基金持有人长期持有基金。

(5)账户保管费。投资者会支付账户保管费,一般只有当投资余额低于某一水平时才会收取该费用。账户保管费与托管费有所不同,一旦投资余额恢复到最低限额,就不再收取账户保管费。

2. 基金营运费用

基金营运费用主要包括管理费(又叫基金管理人投资顾问咨询费)、托管费、12b－1费用、过户代理费等费用。这些费用每年产生,在基金利润分配前直接从基金资产中扣除。

(1)管理费。各国各地区对该费用的收取比例不尽相同,美国一般为0.4%—1%,香港一般不超过2%,台湾一般不超过1.5%。

(2)托管费,支付给托管银行,一般为0.1%—0.2%。

(3)12b－1费用,即持续性销售费用,系美国证券交易委员会(The U.S. Security and Exchange Commission)规定的每年收取的用以支付销售开支的营销费用。该费用每年支付,可以归为每年产生的运作费用之一。持续性销售费用一般不超过净资产的0.75%。需要注意的是,投资时间越长,持续性销售费用的负担越明显。在美国,大多数机构投资者很少与征收持续性销售费用的基金发生关系。销售佣金和持续性销售费用一起构成了总的分销成本。

(4)其他费用,例如过户代理费、销售服务费、律师费、审计费、股东大会费。在美国,销售服务费一般不超过0.25%,用以支付注册交易代表或推销人员提供的投资咨询等费用。一般说来,持续性销售费用和销售服务费加起来不超过1%。只有既不收申购佣金(无论是前端费用还是后端费用),持续性销售费用加上销售服务费用又不超过0.25%的基金,方可称为免佣基金。经纪费等证券交易费用反映在证券价格中,因此不直接包括在基金的营运费用内。

3. 业绩表现费

有的基金为了进一步激励基金管理人，在正常的基金管理费外又设置了与业绩挂钩的业绩表现费。

（六）开放式基金的交易价格

开放式基金单位的价格分为发行价、申购价与赎回价三种。发行价，即开放式基金发行时的认购价，一般按照面值再加一定的手续费计算。当开放式基金进入日常的申购与赎回时，投资者可按照基金净值向基金管理人申购或赎回基金。因此在确定开放式基金的申购价与赎回价前，有必要了解开放式基金的资产净值。

1. 开放式基金的资产净值及估值

开放式基金资产净值是指在某一基金估值时点上，按照公允价格计算的基金资产总值扣除负债后的余额，该余额是基金单位持有人的权益。按照公允价格计算基金资产的过程就是基金的估值。基金的估值是计算单位基金资产净值的关键。

单位基金资产净值，即每个基金单位代表的基金资产的净值。其计算公式为：

$$单位基金资产净值=(总资产-总负债)/基金单位总数$$

其中，总资产是指基金拥有的所有资产（包括股票、债券、银行存款和其他有价证券等）按照公允价格计算的资产总额。总负债是指基金运作以及融资时所形成的负债（包括应付管理费、应付托管费、应付资金利息等）。开放式基金的单位总数每天都不同，必须在当日交易截止后进行统计，并与当日基金资产净值相除，得出当日的单位资产净值，以此作为投资者申购和赎回的依据。

国外对基金资产进行估值的一般原则如下：

(1)上市股票和债券按估值日收盘价计算，若估值日无收盘价，则以其前日收盘价计算。

(2)未上市债券，以其面值加计至估值日应收的利息计算。如产生其他的利息或收益，应列入资产价值内。

(3)短期票据或证券，以买入成本加计至估值日止应收的利息计算。如产生其他的利息或收益，应列入资产价值内。

(4)现金与相当于现金的资产，应收账款、已付及迟延费用应列计其全价或市价。

(5)基金管理公司及注册会计师如认为某项资产无法全部收回时，应做好提取损失准备。

(6)尚未履行的资产取得或处分契约。

(7)债务应包括按基金契约规定到估值日止应付但未付给基金管理公司和托管公司的报酬。

(8)债务应以逐日提列的方法计算。

(9)如遇特殊情况或不宜依上述标准确定净资产价值时,管理公司应依照主管机关的规定办理。

我国基金参照上述原则,确定了如下基本估值原则:

(1)上市流通的有价证券以估值日证券交易所挂牌的收盘价估值。该日无交易的,以最近一日的收盘价计算。

(2)未上市的属于配股或增发的股票以估值日证券交易所提供的统一股票的收盘价估值。该日无交易的,以最近一日的收盘价计算。

(3)未上市的属于首次公开发行的股票以其成本价计算。

(4)配股权证,从配股除权日起到配股确认日止,按收盘价高于配股价的差额估值。如收盘价低于配股价,则估值增额为零。

(5)若有确凿的证据表明按上述规定不能客观反映基金资产公允价值的,基金管理人可根据具体情况,在与基金托管人商议后,按最能反映基金资产公允价值的方法估值。即使存在上述情况,基金管理人采用(1)到(4)规定的方法对基金资产进行了估值,也仍被认为采用了适当的估值方法;

(6)若有新增事项或变更事项,按国家最新规定估值。

2. 我国基金的估值程序

基金日常的估值程序由基金管理人完成。基金管理人对基金单位资产净值完成估值后,将估值结果以书面形式报告给基金托管人,基金托管人按基金契约规定的估值方法、时间、程序进行复核,基金托管人复核无误后将报告返回给基金管理人。

3. 开放式基金申购价和赎回价的计算

基金的申购、赎回价格是以当日基金资产净值加减一定的手续费为基础计算出来的,即申购价 = 基金资产净值 + 手续费,赎回价 = 基金资产净值 - 手续费。由此可见,基金资产净值和手续费是影响基金申购、赎回价格的主要因素。

基金资产净值的计价方法有两种:一是已知价或事前价;二是未知价或事后价。已知价是基金经理根据上一个交易日的证券市场收市价计算出来的。如果采用已知价交易,投资者当天就可以知道基金的申购价与赎回价,可以早一天办理交割手续。未知价是基金经理根据当天的收市价计算出来的。投资者在当天交易日结束后才能知道基金单位价格。稳健型基金或低风险基金,通常波动幅度较小,所以多采用已知价交易。采用已知价交易的基金,有的会在基金说明书中声明:如果基金价格出现大的波动,基金经理有权改变计价方式,将已知交易改为未知交易。这一规定在于确保买卖价格能够正确反映基金在交易当日的价值,避免基金被炒卖。在以未知价交易的情况下,开放式基金在申购和赎回时是按照金额申购、份额赎回的方式进行的。因为基金的申购价格是以当天的基金净值来确定的,投资者在购买基金时,还无法确定基金当天的净值,也就不知道能买多少份基金,所以只能以购买金额计算。在赎回时,赎回的价格也是以当天的基金净值来确定的,当天的基金净值只有在股票市场收盘后才能计算出来。投资者在提出赎回申请时只知道自己所持有的基金数量,而不知道能赎回多少现金,所以只能以基金的份额计算。投资者在买入和卖出基金单位时必须缴纳一定的手续费,即申购费和赎回费。手续费率的高低直接关系到申购、赎回价格的高低。手续费的计算方法主要有以下三种。

(1)外加法

手续费 = 认购金额 × 手续费率

客户实际认购金额 = 认购金额 + 手续费

成交份数 = 认购金额/基金单位净值

(2)内扣法1

手续费 = 认购金额 × 手续费

净认购金额 = 认购金额 - 手续费

成交份数 = 净认购金额/基金单位净值

(3)内扣法2

手续费 = 认购金额/(1 + 手续费率) × 手续费率

净认购金额 = 认购金额 - 手续费

成交份数 = 净认购金额/基金单位净值

以上三种方式中,第二种方法最为普遍。美国等国家和我国香港地区都采用这种计算方法。这一方法的优点是:投资者不需要在认购资金外,再额外缴纳一笔手续费;计算公式简明扼要,有利于投资者自行计算复核,避免了一次申购多次资金流转的问题。

投资者在赎回时,由于不知道基金单位的价格,只能进行份额赎回。开放式基金的登记过户系统根据投资者的赎回份额,计算出该投资者的赎回总额,赎回总额与相应的赎回费率的乘积便是该笔交易的赎回费用。赎回总额减去投资者的赎回费用就是投资者的赎回金额。具体计算方法有以下两种:

(1)方法一

赎回费 = 赎回当日基金资产净值 × 赎回份额 × 赎回费率

赎回金额 =(赎回当日基金单位资产净值 × 赎回份额) - 赎回费

(2)方法二

赎回金额 = 赎回当日基金单位资产净值 × 赎回份额 ÷(1 + 赎回费率)

基金单位资产净值计算时必然会出现很多小数位,而且难免会发生计算错误,因此必须明了基金单位资产净值的确认及错误的处理方式。我国一般是这么规定的:基金单位资产净值的计算采用四舍五入的方法保留小数点后四位。当基金资产的估值导致基金单位资产净值小数点后四位以内发生错误时，视为基金单位资产估值错误。基金管理人和基金托管人将采取必要、适当、合理的措施确保基金资产估值的准确性和及时性。当发生估值错误时，基金管理人应立即进行公告，予以纠正，并采取合理的措施防止损失进一步扩大。错误偏差达到基金资产净值的 0.5% 时，基金管理人应当通报基金托管人并报中国证监会备案。因发生差错造成基金持有人损失的，由基金管理人负责赔偿。赔偿原则如下：赔偿仅限于因差错而导致的基金持有人的直接损失；基金管理人代表基金保留要求返还不当得利的权利；基金管理人仅负责赔偿在单次交易时给单一当事人造成的 10 元人民币以上的损失。

当发生水灾、地震、洪水等不可抗拒的灾害时，基金管理人和基金托管人虽然已经采取必要、适当、合理的措施进行检查，但未能发现错误，由此造成基金资产估值错误，基金管理人和基金托管人可以免除赔偿责任。但基金管理人应当积极采取必要的措施消除由此造成的影响。

（七）开放式基金的特殊交易处理

1. 开放式基金的巨额赎回

当基金管理公司遇到大规模赎回时，如赎回数额占基金资产的比率超过管理当局规定的比率时，基金管理公司可以暂停计算赎回价格，并延期给付赎价款。对于请求部分赎回的情况，基金托管机构除应支付投资者赎回价款外，还要在赎回价款给付期限（一般为五天）的第一天起 7 日内，更换基金单位证明给投资者。

我国对巨额赎回的认定是：本基金单个开放日，基金净赎回申请（赎回申请总数扣除申购申请总数后的余额）超过上一日基金总份额的 10% 时，即认为发生了巨额赎回。

我国对巨额赎回的处理方式是：①全额赎回。当基金管理人认为有能力兑付投资者的赎回申请时，按正常赎回程序执行。②部分延期赎回。当基金管理人认为兑付投资者的赎回申请有困难或认为兑付投资者的赎回申请而进行的资产变现可能对基金的资产净值造成较大的波动时，基金管理人在当日接受赎回比例不低于上一日基金总份额的 10% 的前提下，对其余额赎回申请延期办理。对于当日的赎回申请，按单个账户赎回申请量占赎回申请总量的比例，确定当日受理的赎回份额。未受理部分可延迟至下一个开放日办理。转入第二个工作日的赎回申请不享有优先权并以该开放日的单位基金资产净值为依据计算赎回的金额。依此类推，直到基金全部赎回为止。但投资者在申请赎回时可将当日未获受理部分予以撤销。③巨额赎回的公告。当发生巨额赎回并延期支付时，基金管理人应通过指定媒体、基金管理人的公司网站或代销机构网点在三个证券交易日内刊登公告，并说明有关处理方法。

基金连续两个开放日以上发生巨额赎回，如基金管理人认为有必要，可暂停接受赎回申请；已接受的赎回申请可以延缓支付赎回款项，但不得超过正常支付时间的 20 个工作日,并应当在指定媒体上进行公告。

2. 开放式基金的暂停赎回

暂停赎回是指由于不可抗力、证券市场停止交易、通信故障、连续发生巨额赎回等原因,基金管理公司暂停处理基金持有人的申请。暂停赎回的情形有:

(1)不可抗力;

(2)证券交易所在交易时间非正常停市;

(3)基金连续两个开放日以上发生巨额赎回申请,基金管理人可以暂停处理赎回申请;

(4)基金管理人认为市场缺乏投资机会,继续接受申请可能对已有的基金持有人的利益产生损害;

(5)基金管理人或基金托管人、基金销售代理人或注册登记机构的技术保障或人员支持不够;

(6)基金管理人认为有损现有基金份额持有人利益的其他赎回。

交易暂停的程序性要求包括:需要向主管机关申请核准,并报告、公告和通知相关单位持有人。当基金管理人或托管人认为引起暂停的原因已经消除,暂停应当结束,基金交易则重新开始。基金重新开放时,基金管理人应予以公告,并报告最新的基金单位资产净值。

使用暂停手段解决巨额赎回等意外情况时一定要慎重,因为暂停赎回实际上剥夺了基金的流动性,增加了基金的风险,而收益并没有必然增加。这会损害投资者证券投资基金的积极性,也会损害基金管理人的形象。暂停的条件和程序应在相关法规和招募说明书等基金文件中予以规定。除发生连续巨额赎回暂停接受赎回申请外,我国《开放式证券投资基金试点办法》规定,发生基金契约或招募说明书中未载明的事项,但基金管理人有正当理由认为需要暂停开放式基金的赎回申请的,报经中国证监会批准后,可以暂停基金赎回申请。经批准后,基金管理人应当立即在指定的媒体上刊登暂停公告。暂停期间,每周至少刊登提示性公告一次。

3. 基金自行封闭

在开放式基金达到一定的规模时,基金管理公司可以决定将基金封闭,即只接受赎回,不接受申购。这就是开放式基金的自行封闭。开放式基金自行封闭的原因是基金管理公司需要对基金规模进行控制。每个基金经理都有其熟悉的股票和投资区域,当基金规模增长过快时,基金经理不得不把超额的资金投向他不熟悉的股票和投资区域,这就会对基金的业绩产生不利的影响。另一方面,基金规模太大,在实际操作过程中难以维持良好的盈利表现。比如,当某只超级股票基金打算投资某公司股票时,很快就会引起市场的注意。该基金计划部署还没有完成,股票价格已被炒得很高。同时超级股票基金也难以对有快速增长潜力的小公司进行投资,因为这些小公司相对于基金规模太小。即使对该小公司投入较少的金额,结果对基金的整体盈利表现也无足轻重。

基金管理公司的解决方法就是自行宣告将基金封闭,即基金只可赎回,不可申购。在封闭原有基金的同时,可以为投资者开设同类新基金。这样一来,既保证原基金继续运作,又可以避免失去客户。宣布自行封闭的开放式基金,并不等同于封闭式基金。一般说来,随着市场情况的变化,自行封闭的基金会重新开放。

4. 自动投资计划与自动再投资计划

自动投资计划是指基金管理公司与投资者签订委托协议,投资者给基金管理公司出具授权书,授权基金管理公司定期从投资者在某银行的账户上划出定额资金进行投资。从投资者的角度来看,自动投资免去了定期投资的麻烦,而且一些国家和地区的自动投资计划一般没有最低投资额,取消首次申购费,成本大大降低;同时可以使投资者买入开放式基金的成本平均化,减少了在高位集中买入基金份额的风险。从基金管理公司的角度来看,投资者的未来投资是一系列确定的现金流,自动投资更有利于投资者做出投资决策。

自动投资计划又称"定期储蓄式"基金购买方法,或称平均成本法,是指在固定的时间间隔内,用相同的投资金额追加基金的投资方法。这种方法比较适合于个人退休计划,如美国的个人退休账户 IRA。

比如,每次投资 360 元,一段时间内投资 5 次,总计金额 1800 元,基金价格变动幅度在 5—10 元之间。每次购买数量如下:

价格(元)	购买基金数(份额数)
10	36
8	45
6	60
5	72
9	40

总计:253 份

平均购买成本 $1800/253 \approx 7.11$(元)

平均购买价格 $(10+8+6+5+9)/5=7.6$(元)

用这种方法购买基金,平均购买成本会低于基金的均价,因为低价位基金购买数量多,拉低了平均成本。这是一种长线投资方法,不必担心基金价格变化。特别是在基金价格有涨有落时,这种方法最有利。这种投资方式和银行零存整取的储蓄方法十分相似。因此,可以利用银行系统,使开放式基金的投资账户与职工工资账户、退休金账户联网,鼓励投资者将资金用于定期购买基金,既可以降低购买基金的成本,又可以增加基金的现金流入。

自动再投资计划是指投资者将在基金投资过程中应分配的基金红利，自动转为基金单位进行再投资。这实际上是收入分配的一种形式。基金管理公司为了鼓励投资者用其分配的收入继续购买基金份额，大部分自动再投资不收取任何附加费用。有些基金管理公司还允许投资者把投资红利再投资于其名下的其他基金。我国南方稳健成长开放式基金在首次分红时，就推出了两种可选择的红利分配方式：领取现金和将红利转为基金单位，即红利再投资方式。

第四节　证券投资基金的终止与清算

一、封闭式基金的扩募或续期

封闭式基金只要具备国家证券监管部门规定的条件或基金契约规定的条件，就可以进行扩募或续期。在我国，封闭式基金扩募或续期一般应当具备如下条件：

（1）基金年收益率高于全国证券投资基金的平均收益率；

（2）基金管理人、基金托管人最近三年内无重大违法、违纪行为；

（3）基金持有人大会和基金托管人同意扩募或续期；

（4）中国证监会规定的其他条件。

基金在具备上述条件后，基金管理人可以向中国证监会申请基金扩募或在存续期满时申请基金续期，该申请由中国证监会审查批准。

二、封闭式基金的转型

基金的转型是指基金由契约型封闭式转为契约型开放式。我国对基金的转型条件做了如下规定：

（1）基金管理人（托管人）必须具备管理（托管）开放式基金所需的人才、技术、设施等必要条件；

（2）基金管理人、托管人最近三年内无重大违法、违纪行为；

（3）基金持有人大会同意基金转型；

（4）中国证监会规定的其他条件。

基金在具备上述条件后，管理人可以在基金存续期内向中国证监会申请基金的转型，该申请由中国证监会审查批准。

三、证券投资基金的终止

证券投资基金经营期满或投资契约终止时即为存续期届满。当存续期届满而未获延长时，或因种种特殊情况无力继续经营，或基金持有人大会决定中止等，经主管机关批准，基金应予以结业终止。

(一)封闭式证券投资基金的终止

我国规定出现下列情形之一时,基金应当终止。

(1)基金封闭期满,未被批准续期的;

(2)基金经批准提前终止的;

(3)因重大违法、违规行为,基金被中国证监会责令中止。

(二)开放式证券投资基金的终止

开放式基金不具有封闭期,因此开放式基金的终止因素与封闭式基金不尽相同。我国大部分基金在契约中都对基金的终止条件做了约定。一般说来,当出现下列情形之一时,基金应当终止。

(1)存续期内,基金持有人数量连续60个工作日不能达到100人,或连续60个工作日基金资产净值低于5000万元人民币,基金管理人将宣布基金终止;

(2)基金经持有人大会表决终止的;

(3)因重大违法、违规行为,基金被中国证监会责令终止;

(4)基金管理人因解散、破产、撤销等事由,不能继续担任本基金管理人的职务,而无其他适合的基金管理人承担原有的权利及义务;

(5)基金托管人因解散、破产、撤销等事由,不能继续担任本基金托管人的职务,而无其他适合的基金托管人承担原有的权利及义务;

(6)投资方向变更引起基金合并、撤销;

(7)中国证监会允许的其他情况。

四、基金清算

基金的清算是指基金终止后,在监管当局的监督下,由清算小组负责原证券投资基金资产的报关、清理、估价、变现和分配,并依法从事必要的民事活动。不论是封闭式基金还是开放式基金,在基金终止时,都要组织清算小组,按一定的清算程序,对基金资产进行处置。我国对基金的清算程序做了如下规定:

1. 成立基金清算小组

(1)自基金终止之日起3个工作日内成立清算小组。基金清算小组必须在中国证监会的监督下进行基金清算。

(2)基金清算小组成员由基金发起人、基金管理人、基金托管人、具有从事证券相关业务资格的注册会计师、具有从事证券法律业务资格的律师以及中国证监会指定的人员组成。基金清算小组可以聘用必要的工作人员。

(3)基金清算小组负责基金资产的保管、清理、估价、变现和分配,编制基金清算报告,并将清算结果上报中国证监会。清算小组可以依法从事必要的民事活动。

2. 基金清算程序

(1)基金终止后,由基金清算小组统一接管基金资产;

(2)基金清算小组对基金资产进行清算和确认;

(3)对基金资产进行估价;

(4)对基金资产进行变现;

(5)将基金清算结果上报中国证监会;

(6)公布基金清算公告;

(7)进行基金剩余资产的分配。

3. 清算费用

清算费用是指基金清算小组在进行基金清算的过程中产生的所有费用。清算费用由基金清算小组从基金资产中支付。

4. 基金剩余资产的分配

基金清算后的全部剩余资产扣除基金清算费用后,按基金持有人持有的基金单位比例进行分配。

5. 基金清算的公告

基金终止并报中国证监会备案后 5 个工作日内由基金清算小组公告;清算过程中的有关重大事项要及时公告;基金清算结果由基金清算小组经中国证监会批准后第 3 个工作日内公告。

6. 清算账册及文件的保存

基金清算账册及有关文件由基金托管人按照国家有关规定进行保存。

习　题

1. 证券投资基金是什么?概述证券投资基金常见的分类标准与分类情况。

2. 证券投资基金的主要特征是什么?

3. 证券投资基金的功能主要体现在哪些方面?

4. 试述我国证券投资基金的发展现状。

第七章　金融衍生市场

引入案例

“中航油”事件

中国航空油料集团公司成立于2002年10月11日，是以中国航空油料总公司及所属部分企事业单位为基础组建的国有大型航空运输服务保障企业，是国家授权投资机构和国家控股公司试点，主要从事航空油料及其他成品油的批发、储存、零售及成品油的境外期货套期保值经营等业务。中国航油（新加坡）股份有限公司（简称中航油）是以经济持续、高速增长的中国为依托的石油跨国企业，是中国航空油料集团公司在新加坡的分公司。

2003年下半年，中航油开始参与200万桶原油的期货买卖，初期获利；2003年下半年，中航油开始交易石油期权。

2004年上半年，油价攀升，中航油亏损3000万美元；2004年10月20日，母公司提前配售15%的股票，将所得的1.08亿美元资金贷款给中航油；2004年10月26日至28日，公司因无法补加一些合同的保证金而遭逼仓，蒙受1.32亿美元的实际亏损；2004年11月8日至25日，公司的衍生商品合同继续遭逼仓，截至25日，实际亏损达3.81亿美元；2004年12月1日，在亏损5.5亿美元后，中航油向法庭申请破产保护令。

2005年2月，中航油掌门陈久霖入狱；2005年5月，中航油公布重组方案；2005年12月，BP入股中航油。

2006年2月，林日波掌舵中航油；2006年3月22日，新加坡高等法院正式批准中航油重组方案；2006年3月29日，经历一年重组风波的中航油终于复牌。中航油在衍生产品交易过程中，严重违反内控程序，授权和止损制度形同虚设，导致巨额亏损。中航油在国际市场上应该是石油买家，按规定只能套期保值——买进和需求相当的期货期权，不能卖空。实际上它不但卖空，而且空量巨大，接近中国全年进口量的15%。

2007年2月7日，国务院国资委宣布，孙立代替荚长斌任中航油公司总经理，荚长斌、陈久霖等4人对中航油新加坡公司特别巨大经济损失事件负主要或相应责任，予以责令辞职或获党纪政纪处分。

（资料来源：新浪财经）

第一节　金融衍生市场概述

金融衍生市场是一种以证券市场、货币市场、外汇市场为基础派生出来的金融市场。它是利用保证金交易的杠杆效应，以利率、汇率、股价的趋势为对象设计出大量的金融商品进行交易，以支付少量保证金及签订远期合同进行互换、掉期等金融衍生工具的交易市场。

一、金融衍生工具的产生和发展

很多衍生工具都有非常悠久的历史，早在古罗马、古希腊和古代印度时期就已经有关于远期交易的记载。期权交易的雏形最早出现于古希腊和古罗马时期。到十八九世纪，美国和欧洲的农产品期权交易已相当流行。19 世纪，以单一股票为标的资产的股票在美国诞生，标志着期权交易开始被引入金融市场；1848 年，芝加哥期货交易所也开始了有组织的期货交易。但是，衍生工具尤其是金融衍生工具的蓬勃发展是从 20 世纪 70 年代开始的。它实际上是伴随着近几十年来世界经济发展环境的深刻变化以及风靡全球的金融创新浪潮发展起来的。同时，金融理论和金融工程技术的发展为金融衍生工具的迅速发展提供了有力的工具和手段，而信息技术的进步则为金融衍生工具的开发和发展提供了强大的技术平台。

（一）金融衍生工具产生的最基本原因是避险

在 20 世纪 60 年代以前，整个世界经济大多数时候处于比较稳定的状态。然而，进入 20 世纪 70 年代以后，许多市场的价格波动速度加快，频率提高，幅度加大。这是多种因素综合作用的结果；爆发于 1973 年的石油危机，突然改变了石油这个基础性商品的长期价格，带动了其他基础原材料商品价格上涨，对西方国家的经济造成“供给冲击”，这是商品市场价格波动的重要源头；经济全球化和许多新兴市场经济的迅速兴起，改变了原有的经济格局，带来了经济发展的不确定性；1971 年，因所谓的“尼克松震荡”而停止了美元和黄金的兑换，从 1972 年到 1973 年，主要的经济大国纷纷实行浮动汇率制，浮动汇率成为国际外汇市场的主要汇率形式之一；在金融领域，物价波动造成名义利率与实际利率脱节，加上金融自由化的趋势，利率波动幅度也相应增大；另外，信息技术的进步使得市场主体对信息的获取、处理和反应的速度加快，加剧了价格波动。总之，从 20 世纪 70 年代开始，世界经济环境的不确定性增大，导致了各种市场价格波动加剧，从而使得市场主体所面临的风险加大，对风险管理技术和风险管理工具的需求相应地上升，这是金融衍生工具产生和发展的基本因素之一。

（二）制度环境的变迁是金融衍生工具产生和发展的重要推动力

随着全球经济环境的变化，西方国家20世纪30年代经济大危机以来的很多金融管制措施已经不再适用。于是，20世纪80年代以后，西方各国纷纷放松金融管制，鼓励金融机构业务交叉经营、平等竞争，形成了一股金融自由化的改革潮流。在金融自由化的过程中，金融机构之间的竞争日益激烈。是否具有创新能力，已经成为机构生存的基本准则。金融创新的突出表现之一是金融工具的创新，尤其是一些能够为市场主体规避各类风险（商品价格、利率、汇率、证券价格、信用风险等）、提高流动性的金融衍生工具。同时，在金融创新的过程中，监管机构可能会根据市场情形不断修改监管规则，而金融机构会根据新规则进行新的创新，以满足市场的需求。因此，这个“管制—创新—再管制—再创新”的过程就成了金融衍生工具发展的推动力。

（三）金融机构的利润驱动是金融衍生工具产生和迅速发展的又一个重要原因

金融机构通过金融衍生工具的设计开发以及担任中介，显著地推进了金融衍生工具的发展。金融中介机构积极参与金融衍生工具的发展主要有两个方面的原因：一是在金融机构进行的资产负债管理背景下，金融衍生业务属于表外业务，既不影响资产负债表状况，又能带来手续费等收入。1988年国际清算银行（BIS）制定的《巴塞尔协议》规定：开展国际业务的银行必须将其资本对风险资产的比率维持在8%以上，其中核心资本对风险资产的比率至少为4%。这一要求促使各国银行大力拓展表外业务，相继开发了既能增进收益又不扩大资产规模的金融衍生工具，如期权、互换、远期利率协议。二是金融机构可以利用自身在金融衍生工具方面的优势，直接进行自营交易，扩大利润来源。

（四）金融理论和金融工程技术的发展为金融衍生工具的开发和设计提供了手段

金融衍生工具的开发和设计中最重要的两个问题是定价和产品设计，而这两个方面的精确度，都依赖相关金融理论和现代金融工程技术的发展。例如，一项资产的价格应该等于其产生的未来现金流现值之和，这一点由费雪在1896年最先确认并进行了相应的解释。金融衍生工具开发过程中涉及的现代（微观）金融理论和金融工程技术是在20世纪以后发展起来的，其中包括1938年弗里德里克·麦考莱（Frederick Macaulay）提出的“久期”概念和“利率免疫”思想，1952年马科维茨提出的“证券组合分析”方法，1958年莫迪利亚尼（F. Modigliani）和米勒（M. H. Miller）在研究企业资本结构和企业价值关系（即MM定理）时所提出的无套利定价原理，夏普、摩森和林特耐一起创造的资本资产定价模型（CAPM），布莱克（Fisher Black）和斯科尔斯（Myron Scholes）成功推导出的期权定价模型，以及运用数学、统计学和建模技巧对各种基础产品和金融衍生工具进行分析、分解和组合形成的新的金融衍生工具、解决金融现实问题的金融工程技术，等等。事实上，现代金融理论的发展一直遵循着这样一种趋势，那就是尽快将工程技术领域和基础自然科学领域的最新进展应用于金融领域，这对金融市场和金融衍生工具的发展是非常重要的。同时，金融工程技术本身和金融衍生工具的发展紧密结合在一起。金融工程就是运用数学建模、数值计算、网络图解、仿真模拟等方法对新型金融产品进行设计、开发和实施,以创造性地解决金融问题的一门学科和技术。正是在日益发展的金融理论和金融工程技术的背景下,金融衍生工具的定价和设计日趋精密、准确和复杂,才有越来越多的金融衍生工具被创造出来并投入实际应用,满足市场的需求,提高市场的运行效率。

(五)技术革命为金融衍生工具的产生与发展提供了物质基础

信息技术的进步为金融工程和金融衍生工具的发展提供了重要的物质条件、研究手段、技术支持平台和新的发展空间。计算机的大规模运算和强大的数据处理能力以及现代信息技术的发展,使大型金融工程的实施和金融衍生工具设计成为可能。

首先,运用计算机软件开发出的各种计算和分析软件包,为金融工程提供了开发和使用各种新型金融衍生工具、解决财务金融问题的有效手段。比如,人们运用数值计算和仿真技术把复杂的金融产品分解为一组相对简单的金融产品,并利用数据处理程序和相关计算机技术对各种简单的金融产品进行估价,解决了金融产品开发和设计过程中的最大难题——定价问题。

其次,计算机和现代信息技术的应用,创造了全球性金融市场,促进了各类金融机构顺利开展金融工程活动,同时也促进了金融衍生市场的发展。大型计算机的运用,使得金融工程方法的供给者可以直接或间接地与原先分散在单个市场的最终用户联系起来,加快新型金融工具与技术供求的结合,同时扩大金融产品的推广范围;高速微处理器、远程数据传输技术和计算机存储设备的改进,使金融市场交易者可以运用最新的金融工程技术和金融衍生工具开展工作;电子化资金转移和清算系统的创建、电子化证券交易系统的开发与实施,在金融市场上形成了完善的电子化资金和信息流转网络,它们是信息技术在金融领域的应用,也是金融工程的重要内容之一。

再次,信息技术的发展还影响着其他环境因素,对金融工程和金融衍生工具的发展产生了深远的影响。如前所述,信息技术的进步使市场获取信息的速度加快,使市场获取的数据大大增加。这使得个别市场上的异常交易价格迅速蔓延到周边乃至世界市场,加剧了全球市场价格的波动,从而对价格风险的防范提出了更高的要求,市场交易者对金融工程和金融衍生工具的巨大需求便自然地产生了。

在金融衍生市场发展的四十年中,前二十年产生了一些基础性衍生工具,如期货、期权和互换;进入20世纪90年代之后,大多数新的衍生工具或者是基于20世纪七八十年代产生的基本衍生工具在某些应用方面的扩展,或者是基本证券和衍生证券的某种分解与组合,例如信用衍生产品和结构性衍生产品。尽管这些证券产品的创新似乎无法形成如金融期货、期权、互换产生时所带来的那种轰动效应,但它们却体现了对市场需求的更深层次、更为细致的满足,也说明金融工程技术的发展和应用已经到了更成熟的阶段,衍生证券创新的能力提高了。从另一个角度来看,20世纪90年代出现的众多衍生产品中有许多是柜台交易(OTC)产品。OTC产品往往不像交易所的标准化产品那样引人注目,但是从另一个角度表明了证券创新和衍生证券渗透到整个金融界。衍生产品的创新已经不再是令人吃惊的事情,而是金融业的基本生存规则。因此,在经历了20世纪60至80年代的爆炸性发展后,金融衍生市场的发展进入了一个更深入和广泛的历史阶段。从目前来看,这个趋势仍将持续下去。

二、金融衍生工具的含义

(一)金融衍生工具的概念

金融衍生工具又称为金融衍生产品、金融创新工具,是指在金融原生工具的基础上派生出来的新的、较复杂的、价值依赖于其他基本变量的金融工具,如远期、期货、期权、互换。根据美国财务会计准则委员会(FASB)的定义,金融衍生工具是期货、远期合约、互换和期权合约以及类似性质的金融工具,如利率上限与固定利率借款承诺。通俗来讲,金融衍生工具就是在货币、债券、股票等传统金融工具的基础上衍生而来,通过预测股价、利率、汇率等未来行情走势,借助信用交易产生杠杆效应的新型金融工具。它是一把双刃剑,运用得当可以给投资者带来巨大的收益,但是稍有不慎则可能带来灭顶之灾。

(二)金融衍生工具的特征

1. 跨期性。金融衍生工具的交易双方通过对利率、股价、汇率等因素变动趋势的预测,约定在未来某一时间按照一定的条件进行交易或者选择是否进行交易的合约。无论哪一种金融衍生工具,都会影响交易者在未来一段时间或者一个时点上的金融资产转移,都具有十分突出的跨期性。金融衍生工具的交易双方需要对利率、股价、汇率等因素的变动趋势进行预测,这一预测准确与否将直接影响交易双方在交易中的盈亏。

2. 杠杆性。金融衍生工具的交易通常无须支付标的资产的全部价值,而只需缴存一定比例的押金或保证金,就可以签订远期大额合约或者互换不同的金融工具。正是这一杠杆作用大大提高了资金利用率和收益增加的可能性,但是也带来了极大的风险。

3. 高风险性。金融衍生工具的投资成败取决于投资者对未来市场价格的判断。金融衍生工具价格变幻莫测决定了金融衍生工具交易盈亏不稳定,这是金融衍生工具具有高风险的重要诱因。除了价格的不确定性,金融衍生工具的风险还包括信用风险、市场风险、流动性风险、结算风险和法律风险等。

三、金融衍生工具的分类

(一)按照交易方式划分

根据交易方式即合约类型的不同,金融衍生工具可以划分为金融远期、金融期货、金融期权和金融互换。

金融远期是指合约双方同意在未来的日期按照固定价格交换金融资产的合约。金融远期合约规定了将来交换的资产、交换的日期、交换的价格和数量,合约条约因双方需要不同而不同。金融远期合约主要有远期利率协议、远期外汇合约和远期股票合约。

金融期货是指买卖双方在有组织的交易所内以公开竞价的形式达成的,在将来某一特定时间交收标准数量特定金融工具的协议,主要包括货币期货、利率期货和股票指数期货三种。

金融期权是指合约双方按约定价格,在约定日期内就是否买卖某种金融工具所达成的契约,包括现货期权和期货期权两大类。

金融互换是指两个或两个以上的当事人按共同商定的条件,在约定的时间内交换一定支付款项的金融交易,主要有货币互换和利率互换两类。

(二)按照基础工具划分

按照基础工具,金融衍生工具可以划分为股权类衍生工具、货币衍生工具、利率衍生工具、信用衍生工具以及其他衍生工具。

股权类衍生工具指以股票或股票指数为基础工具的金融衍生工具,主要包括股票期货、股票期权、股票指数期货、股票指数期权以及上述合约的混合交易合约。

货币衍生工具指以各种货币作为基础工具的金融衍生工具,主要包括远期外汇合约、货币期货、货币期权、货币互换以及上述合约的混合交易合约。

利率衍生工具指以利率或利率的载体为基础工具的金融衍生工具,主要包括远期利率协议、利率期货、利率期权、利率互换以及上述合约的混合交易合约。

信用衍生工具指以基础产品所蕴含的信用风险或违约风险为基础变量的金融衍生工具,用于转移或防范信用风险,是20世纪90年代以来发展最迅速的一类衍生产品,主要包括信用互换、信用联结票据等。

除以上四类金融衍生工具外,还有相当数量的金融衍生工具是在非金融变量的基础上开发的其他衍生工具,例如用于管理气温变化风险的天气期货、管理政治风险的政治期货、管理巨灾风险的巨灾衍生产品。

(三)按照产品形态划分

美国财务会计准则委员会(FASB)于1998年发布了第1号会计准则——《衍生工具与避险业务会计准则》。这个准则将金融衍生工具划分为独立衍生工具和嵌入式衍生工具两大类,给出了较为明确的识别标准和计量依据。尤其是所谓公允价值的应用,对后来各类机构制定金融衍生工具的计量标准具有重大的影响。

独立衍生工具指包括远期合同、期货合同、互换与期权,以及具备远期合同、期货合同、互换和期权中一种或者一种以上特征的工具。

嵌入式衍生工具指嵌入非衍生工具(即主合同),使混合工具的全部或者部分现金流量随着特定利率、金融工具价格、商品价格、汇率、价格指数或者其他类似变量的变动而变动的衍生工具。嵌入式衍生工具与主合同共同构成混合工具，如可转换公司债券。

四、金融衍生工具的功能

如今，金融衍生工具在金融市场上发展迅速，受到诸多投资者的欢迎，这显然与金融衍生工具所具有的功能与作用密不可分。金融衍生工具的种类多种多样，它们各自所具有的功能也不尽相同，但是它们具有共同的基础功能，主要表现在避险保值、价格发现、提高交易效率、优化资源配置四个方面。

（一）避险保值

金融衍生工具产生的最基本原因就是避险保值。金融市场上的投资者面临着众多的风险，这些风险对投资者未来收益的影响程度不同。金融衍生工具交易活动通过套期保值交易创造出转移风险的合理机制：交易主体通过金融衍生工具的交易实现对持有资产头寸的风险对冲，将风险转移给愿意并且有能力承担风险的投资者，同时也将潜在的利润转移出去。

（二）价格发现

价格发现是金融衍生市场的外部性功效。在金融衍生工具交易中，市场主体根据市场信号对金融资产的价格走势进行预测，进行金融衍生工具的交易。在金融衍生工具的价格发现中，中心环节就是价格决定，这一环节是通过供给方和需求方在公开喊价的交易所大厅（或电子交易屏幕）内达成的。所形成的价格又可能产生新的价格信息来指导金融衍生工具的供给和需求，从而影响下一期的价格决定。大量的交易形成了金融衍生工具基础金融产品的价格。这一市场均衡价格不仅有指示性功能，而且有助于金融产品价格的稳定。

（三）提高交易效率

在很多金融交易中，金融衍生工具的交易成本通常低于直接投资标的资产，其流动性（由于可以卖空）也比标的资产强得多，而交易成本和流动性正是提高市场交易效率不可缺少的重要因素。所以，许多投资者以金融衍生工具取代直接投资标的资产，在金融市场开展交易活动。

（四）优化资源配置

金融衍生市场扩大了金融市场的广度和深度，从而扩大了金融服务的范围和基础，增强了金融市场的资源配置作用。一方面，金融衍生工具以基础金融资产为标的物，达到了为金融资产增值的目的；另一方面，金融衍生市场是从基础金融市场中派生出来的。金融衍生工具的价格在很大程度上取决于对基础金融资产价格的预期，有利于基础金融工具市场价格的稳定和加快金融工具的流动性。

第二节 金融远期市场

早在古希腊和古罗马时代,商品买卖中就存在远期交易。这种交易方式能够转移生产和贸易活动中由季节性等原因造成的价格变动所带来的风险,方便成本核算与商品定价,在商品交易中沿用至今,并被引入现代金融市场。

一、金融远期的含义

(一)金融远期合约的概念

金融远期又称为金融远期合约、金融远期交易,是指双方约定在未来的某一确定的时间,按确定的价格买卖一定数量的某种金融资产的合约。合约中规定在将来买入标的物的一方称为多头方,在未来卖出标的物的一方称为空头方。合约中规定的未来买卖标的资产的价格称为交割价格。

(二)金融远期的特征

金融远期是一种简单的金融衍生工具,它是在一个确定的将来时间按确定的价格购买或出售某项资产的协议。在签订金融远期合约之前,双方可以就交割地点、交割时间、交割价格、合约规模、标的资产等细节进行协商,以满足双方的需求,因此具有较大的灵活性。

但是,金融远期也存在一些明显的缺点:

1. 场外交易。金融远期一般在场外市场交易,没有固定、集中的交易场所,不利于信息交流和传递,不利于形成统一的市场价格,效率较低。

2. 非标准化。金融远期合约千差万别,给金融远期合约的流通带来较大的不便,流动性差。

3. 违约风险较高。金融远期的交易无须交纳保证金,缺乏有效的信用保证体系,因此当价格变动对一方有利时,有利的一方将面临另一方违约的风险。

二、金融远期的种类

金融远期合约主要包括远期利率协议、远期外汇合约和远期股票合约等。

(一)远期利率协议

远期利率协议是买卖双方同意从未来某一商定的时期开始的一段时间内按协议利率借贷一笔数额确定、以具体货币表示的名义本金的协议。远期利率协议的买方是名义借款人,其订立远期利率协议的主要目的是规避利率下降的风险。之所以称为“名义”,是因为借贷双方不必交换本金,只是在结算日根据协议利率和参考利率之间的差额乘以名义本金额这一结果,由交易一方付给另一方结算金。

1. 重要术语和交易流程

为了规范远期利率协议,英国银行家协会(British Banker's Association)于1985年颁布了远期利率协议标准化文件(简称FRABBA),作为市场实务的指导原则。FRABBA对远期利率协议的重要术语做了规定:

合同金额(contract amount)——名义借贷本金额

合同货币(contract currency)——合同金额的货币币种

交易日(dealing date)——远期利率协议成交的日期

结算日(settlement date)——名义贷款或存款开始日,也是交易一方向另一方交付结算金的日期

确定日(fixing date)——决定参考利率的日期

到期日(maturity date)——名义贷款或存款到期日

合同期限(contract period)——在结算日和到期日之间的天数

合同利率(contract rate)——协议中规定的固定利率

参考利率(reference rate)——市场决定的利率,在确定日用以计算结算金,即交割额

结算金(settlement sum)——在结算日,协议一方交给另一方的金额,根据协议利率和参考利率之差计算得出

假定今天是2002年10月5日星期二,双方同意成交一份1×4名义金额100万美元、合同利率4.75%的远期利率协议。其中"1×4"是指起算日和结算日之间为1个月,起算日至名义贷款最终到期日之间的时间为4个月。交易日与起算日一般时隔两个交易日。在本例中,起算日是2002年10月7日星期四,而结算日则是2002年11月8日星期一(11月6、7日为非营业日),到期时间为2003年2月8日星期一,合同期为2002年11月8日至2003年2月8日,即92天。结算日之前的两个交易日(即2002年11月5日星期五)为确定日,确定参照利率。参照利率通常为确定日的伦敦银行同业拆放利率。假定参照利率为5.50%。在结算日,由于参照利率高于合同利率,名义贷款方(卖方)就要向名义借款方(买方)支付结算金。上述流程如图7-1所示。

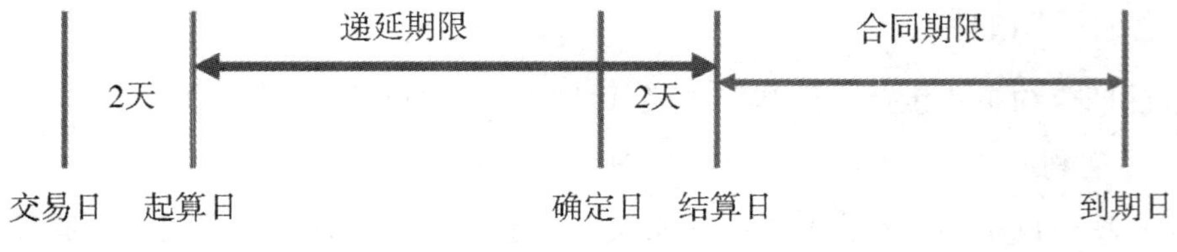

图7-1　远期利率协议流程图

2. 结算金的计算

在远期利率协议下,如果参照利率超过合同利率,那么卖方就要支付给买方一笔结算金,以补偿买方在实际借款中因利率上升而造成的损失。反之,若参照利率小于合同利

率,则买方要支付给卖方一笔结算金。

一般来说,实际借款利息是在贷款到期时支付的,而结算金是在结算日支付的。因此,结算金并不等于利率上升给买方造成的额外利息支出,而等于额外利息支出在结算日的贴现值。具体计算公式如下:

$$结算金=\frac{(r_r-r_k)\times A\times \frac{D}{B}}{1+r_r\times \frac{D}{B}}$$

其中,r_r 表示参照利率,r_k 表示合同利率,A 表示合同金额,D 表示合同期天数,B 表示天数计算惯例(如美元为360天,英镑为365天)。

把上述数字代入公式,计算出卖方应向买方支付的结算金为:

$$结算金=\frac{(5.5\%-4.75\%)\times 1000000\times \frac{92}{360}}{1+4.75\%\times \frac{92}{360}}=1893.94(美元)$$

(二)远期外汇合约

远期外汇合约是指双方约定在将来某一时间按约定的远期汇率买卖一定金额的某种外汇的合约。交易双方在签订合同时,就确定好将来进行交割的远期汇率,到时不论汇率如何变化,都应按此汇率交割。在交割时,名义本金并未交割,而只交割合同中规定的远期汇率与当时的即期汇率之间的差额(即国际金融市场的升、贴水)。

按照远期的开始时期划分,远期外汇合约可分为直接远期外汇合约和远期外汇综合协议。前者的远期期限是直接从交易后开始算的,而后者的远期期限从交易日未来的某个时点开始计算,实际上是远期的远期外汇合约。

远期外汇买卖是国际上最常用的一种避免外汇风险、固定外汇成本的方法。现实生活中,无论是对外贸易结算、海外投资还是外汇借贷、外汇还贷,都会涉及外汇保值的问题。通过远期外汇买卖业务,可事先将某一项目的外汇成本固定,或锁定远期外汇收付的换汇成本,从而达到保值的目的。

(三)远期股票合约

远期股票合约是指在将来某一特定的时期按特定的价格交付一定数量的单个股票或一揽子股票的协议。在美国,有些公司非常看好本公司未来的股价走势,因此在制定股票回购协议时就采用了这种远期股票合约的形式,即承诺在未来某个日期按设定的价格(高于交易达成时的股票价格)买入自己公司的股票。远期股票合约在世界上出现不久,交易仅在小范围内进行。

第三节 金融期货市场

20 世纪 70 年代初,西方国家出现了严重的通货膨胀,固定汇率制被浮动汇率制取代,国内外经济环境和体制的转变使经济活动的风险增大。这种情况反映到金融市场上就是利率、汇率和证券价格的急剧波动,原有的远期交易由于流动性差、信息不对称、违约风险高等缺陷而无法满足人们急剧增长的需要,金融期货交易应运而生。

一、金融期货的含义

金融期货是指以金融工具为标的物的期货合约。金融期货合约(futures contracts)是指协议双方同意在约定的将来某个日期按约定的条件(包括价格、交割地点、交割方式)买入或卖出一定标准数量的某种金融资产的标准化协议。合约中规定的价格就是期货价格。

金融期货交易具有以下特点:

1. 标准化的交易场所。期货合约有标准化的交易场所,都是在交易所交易,交易双方不直接接触,而是各自与交易所的清算部或专设的清算公司结算。清算公司充当所有期货买者的卖者和所有卖者的买者,交易双方无须担心对方违约。

2. 标准化的合约。期货合约的条款都是由交易所确定的,在合约规模、交割日期、交割地点上都进行了标准化。这并不是说所有期货合约的交割月份和交割地点等都是一样的,金融工具相同的期货合约可以有不同的交割月份,但它是由交易所事先确定,并在合约中事先载明的,而不是由交易双方商定后载入合约的。

3. 标准化的价格确定方式。期货价格是在交易所按照类似股票交易的竞价拍卖方式来确定的。

4. 标准化的履约方式。期货交易的履约由交易所按照标准程序保证实行。它在清算和损益实现上都不同于远期合约。

5. 违约风险较小。期货合约的交易机制保证了它的违约风险大大小于远期合约。

二、金融期货市场的基本交易规则

(一)标准化合约和集中交易

金融期货交易是标准化合约的交易,它对交易单位、最小变动价值、每日价格波动、合约月份、交易时间、最后交易日等基本要素都做了标准化规定,唯一不确定的是成交价格。金融期货交易在交易所采取公开竞价的方式决定买卖价格,集中进行交易。交易所实行会员制度,非会员参与金融期货交易须通过会员代理完成。

(二)保证金制度和逐日清算制度

保证金制度和逐日清算制度是金融期货市场交易安全的重要保证。与远期交易不同,期货交易是每天进行清算的,而不是到期一次性进行的,这就是所谓的逐日清算制度。其目的是减少信用风险。

保证金的支付可分为客户向会员支付的保证金和会员向清算公司支付的保证金。买卖双方在交易之前都必须在经纪公司开立专门的保证金账户,并存入一定数量的保证金,这个保证金也称为初始保证金。初始保证金可以用现金、银行信用证或短期国库券等缴纳。保证金的比例因合约而不同,也可能因经纪人而不同。对大多数的期货合约而言,初始保证金通常仅为基础金融工具价值的5%—10%。在每天交易结束后,清算所根据当日的结算价格(结算价格由交易所规定,它有可能是当天的加权平均价,也可能是收盘价,还可能是最后几秒钟的平均价)对投资者未结清的合约进行重新评估,保证金账户将根据期货结算价格的涨跌进行调整,以反映交易者的浮动盈亏,这就是所谓的逐日盯市(marking to market)。当保证金账户的余额超过初始保证金水平时,交易者可随时提取现金或用于开新仓。当保证金账户的余额低于交易所规定的维持保证金水平时(维持保证金水平通常是初始保证金水平的75%),经纪公司就会通知交易者限期将保证金账户余额补足到初始保证金水平,即追加保证金。如果客户不能及时存入追加保证金,就会被强制平仓。与经纪人要求投资者开设保证金账户一样,清算所也要求其会员在清算所开设保证金账户,缴存清算保证金。与投资者保证金账户的操作方式类似,清算所会员的保证金账户也实行逐日清算制度。不过,对清算所会员来说,只有初始保证金,没有维持保证金,即每天保证金账户的余额必须大于或等于初始保证金。

某交易者在6月1日开盘时购买了1份某金融资产的期货合约。每份合约的交易单位是100单位的某金融资产。当时期货价格为800元,如果初始保证金比率为5%,维持保证金率为初始保证金的75%,则交易者要在保证金账户中至少存入4000(800×100×1×5%)元。如当日交易结束后,该金融资产期货价格跌至500元,投资者损失了1500元。此时,保证金账户余额为2500元,低于维持保证金3000元(4000×75%)的要求,此时交易者需要追加保证金1500元,即达到初始保证金水平。若该金融资产期货价格上升到1000元,则保证金账户余额为5000元,投资者可将初始保证金的1000元提走或者开新仓。

(三)涨跌停板制度

涨跌停板制度是将期货交易每日价格波动限定在一定幅度之内的规定。这种人为的制度安排是为了防止期货价格的剧烈波动,保证市场的稳定。

(四)限仓和大户报告制度

限仓制度是期货交易所为防止市场风险过度集中于少数交易者和防范大户操纵市场

而规定会员或投资者可以持有的、按单边计算的某一合约投机头寸的最大数额。大户报告制度是与限仓制度紧密相关的另一项旨在控制交易风险、防止大户操纵市场的制度。期货交易所建立限仓制度后，会员或客户投机头寸达到交易所规定的数量时须向交易所申报。申报的内容包括客户的开户情况、交易情况、资金来源、交易动机等，以便于交易所审查大户是否有过度投机行为和操纵市场行为以及大户的交易风险情况。

三、金融期货市场的功能

（一）套期保值功能

期货交易套期保值的基本原理是某一特定的商品或金融资产的期货价格和现货价格受相同经济因素的制约和影响，因此它们的变动趋势是一致的。而且，现货价格与期货价格具有市场走势的收敛性，即当期货合约临近到期日时，现货价格与期货价格将逐渐趋同，它们之间的价差即基差将接近于零。

套期保值的基本做法是：在现货市场买进或卖出某种金融资产的同时，做一笔与现货交易品种、数量、期限相同但方向相反的期货交易，以期在未来某一时间通过期货合约的对冲，以一个市场的盈利来弥补另一个市场的亏损，从而规避现货价格变动带来的风险，实现保值的目的。套期保值的基本类型有两种：一是多头套期保值，即交易者先在期货市场买进期货，以便将来在现货市场买进时不至于因价格上涨而给自己造成经济损失的一种期货交易方式；二是空头套期保值，即交易者先在期货市场卖出期货，当现货价格下跌时以期货市场的盈利来弥补现货市场的损失，从而达到保值目的的一种期货交易方式。

（二）套利功能

套利功能是指利用同一合约在不同的市场上可能存在的短暂价格差异进行买卖，赚取差价，或者用同一合约在不同的时期根据价格差异进行买卖，或者利用不同的合约在同一市场上利用价格差异来进行套利。因此，金融期货市场有跨市套利、跨期套利、跨品种套利，套利者能够从价格差异中赚取利润，获得收益。

（三）价格发现功能

价格发现功能是指在一个公开、公平、高效、竞争的期货市场上，通过集中竞价形成期货价格的功能。期货价格具有预期性、连续性和权威性的特点，能够比较准确地反映出未来商品价格的变动趋势。金融期货市场之所以具有价格发现功能，是因为金融期货市场将众多影响供求关系的因素集中于交易场所内，通过买卖双方公开竞价，集中转化为一个统一的交易价格。这一价格一旦形成，就立即向世界各地传播，并影响供求关系，从而形成新的价格。如此循环往复，使价格不断趋于合理。

（四）规避风险功能

金融衍生工具产生的原因和动机之一就是为了规避风险。投资者通过购买相关的金融期货合约，通过在期货市场上建立与现货市场相反的头寸，并根据市场的不同情况采取到期前对冲平仓或到期履约交割的方式来实现规避风险的目的。单个主体能够通过期货交易达到规避风险的目的。而对整个社会而言,期货交易通常不能消除风险,它只是将风险在不同投资主体之间进行转移,相当于博弈中的“零和游戏”。

四、金融期货的种类

金融期货按基础工具来划分,主要有三种类型:外汇期货、利率期货和股票价格指数期货。

(一)外汇期货

外汇期货又称外币期货或货币期货,是指以外汇为标的物的期货合约,是金融期货中最先产生的品种,主要是为了规避外汇风险。外汇风险,又称汇率风险,是指外汇市场汇率的不确定性使人们遭受损失的可能性。从其产生的领域分析,外汇风险可以分为商业性汇率风险和金融性汇率风险两大类。

商业性汇率风险主要是指人们在国际贸易中因汇率变动而遭受损失的可能性,是外汇风险中最常见的风险。金融性汇率风险包括债权债务风险和储备风险。债权债务风险是指国际借贷中因汇率变动而使其中一方遭受损失的可能性;储备风险是指汇率变动使国家、银行、公司等持有的储备性外汇资产的实际价值减少的可能性。

外汇期货交易产生于1972年,由芝加哥商业交易所的国际货币市场(IMM)首创。最初的交易货币包括英国英镑、德国马克、瑞士法郎、加拿大元、日元等。此后,美国中美洲商品交易所、费城期货交易所等相继推出外汇期货交易。1982年9月,类似IMM的伦敦国际金融期货交易所开张营业;1984年,新加坡国际金融期货交易所也开始进行外汇期货交易。目前,世界上主要的期货市场大多进行外汇期货交易。

(二)利率期货

利率期货是继外汇期货之后产生的又一个金融期货类别。其标的物是一定数量的某种与利率相关的商品,即各种固定利率的有价证券。利率期货主要是为了规避利率风险而产生的。固定利率有价证券的价格受到现行利率和预期利率的影响,价格变化与利率变化一般成反比关系。

1975年10月,芝加哥期货交易所推出了第一张利率期货合约——政府国民抵押协会抵押凭证期货合约;1976年1月,国际货币市场推出了3个月期的美国短期国库券期货合约,短期利率期货得到了迅速的发展;1977年8月,芝加哥期货交易所又推出了美国长期国债期货合约,从此长期利率期货蓬勃发展。目前,利率期货的品种繁多,交易也十分活跃。

(三)股票价格指数期货

股票价格指数期货是金融期货中产生最晚的一个品种,是20世纪80年代金融创新中出现的最重要、最成功的金融工具之一。股票价格指数期货是反映整个股票市场上各种股票的市场价格总体水平及其变动情况的一种指标，它是以股票价格指数为标的物的期货交易。

股票价格指数期货的标的物特征决定了它独特的交易规则。股票价格指数期货的交易单位是以标的指数的点数与某一既定的货币金额的乘积表示的。这一乘数是由交易后规定的、赋予每一指数点以一定价值的金额。这一固定金额反映了股票价格指数期货合约的标准化特征。股票价格指数期货的报价方式是以期货合约标的指数的点数来报出价格的，最小变动价位通常以一定的指数点来表示。由于股价指数本身并没有任何的实物存在形式，因此股票价格指数期货是以现金结算方式来结束交易的。在现金结算方式下，每一个未平仓合约将于到期日得到自动的冲销，即买卖双方根据最后结算价计算出盈亏金额，通过借记或贷记保证金账户来结清交易部位。

1982 年 2 月，美国堪萨斯农产品交易所首创价值线综合平均指数期货，之后芝加哥商业交易所（1982 年 4 月）、纽约证券交易所（1982 年 5 月）及芝加哥期货交易所（1984 年 7 月）也相继开办了股票指数期货交易，美国的股票价格指数期货的交易品种已发展至数种。1984 年，伦敦国际金融期货交易所推出了金融时报 100 种股票价格指数期货，中国香港期货交易所开办了恒生价格指数期货。

第四节　金融期权市场

一、金融期权的产生与发展

早在古希腊和古罗马时期，就已经出现了期权交易的雏形。17 世纪 30 年代爆发了“荷兰郁金香热”，一些珍贵品种的郁金香球茎供不应求。郁金香交易商向种植者收取一笔费用，授予种植者按约定价格向该交易商出售郁金香球茎的权利。这就是人类历史上最早的期权交易之一。

到了 19 世纪，以单一股票为标的资产的股票期权在美国诞生，期权交易开始被引入金融市场。早期的期权交易由于条件限制，都是在场外市场进行的。当时，股票期权交易品种单一，而且无统一的合约规格，无统一的交易规则，无统一的结算机构，交易费用高昂。因此，买卖双方不易成交，市场流动性较差，交易规模也相当有限。所以，在集中性的期权交易专门场所产生之前，期权交易的效率相当低，金融期权市场的发展比较缓慢。

1973 年 4 月 26 日，美国芝加哥期权交易所（CBOE）正式成立，从此开始了集中性的场内期权交易。期权交易所实现了期权合约在交易数额、交割月份和交易程序等方面的标准化，并且以公开竞争的方式组织交易。同时，布莱克（Black）和斯科尔斯（Scholes）在期权定价方面取得了突破性成果。交易制度方面的创新和理论技术方面的发展共同促进了金融期权市场的迅速发展。1982 年,芝加哥期货交易所推出了以长期国债期货为标的的期权交易。1983 年,芝加哥商品交易所推出了 S&P500 股价指数期权。随着这些金融期权交易的成功,各交易所迅速将期权交易扩展至其他金融品种如利率、外汇。美国期权交易的示范效应带动了世界各国期权市场的发展。除美国外,全球较有影响的期权市场还有欧洲期货交易所(EUREX)、伦敦国际金融期货期权交易所(LIFFE)、香港交易所(HLEX)、韩国期货交易所(KOFEX)等。

总之,从期权交易发展的历史可以看到,真正意义上的金融期权市场的形成和发展只有 40 多年时间,然而它却呈现出迅猛发展的势头,具有巨大的发展潜力。交易所期权的巨大成功及其对期权交易的重要推动作用已经成为不可否认的事实,但这并不意味着场外期权交易的消亡。场外期权交易最大的好处在于金融机构可以根据客户的需要进行一对一的谈判,为客户提供许多非标准化的个性化期权合约,从而创造了其特有的存在空间。交易所期权所带来的巨大冲击在一定程度上促进了场外市场的创新和发展,OTC 市场的金融机构充分利用自身的灵活性优势,不断创新,吸引客户,抢夺市场,这反过来又促进了交易所期权的变革和创新。

二、金融期权的含义

期权又称为选择权,是指其持有者能在规定的期限内按交易双方商定的价格购买或出售一定数量的某种特定商品的权利。期权交易实际上是一种权利的单方面有偿让渡。期权的买方以支付一定数量的期权费为代价而拥有了这种权利,但不承担必须买进或卖出的义务;期权的卖方则在收取了一定数量的期权费后,在一定的期限内必须无条件地服从买方的选择并履行成交时的允诺。金融期权是指以金融商品或金融期货合约为标的物的期权交易形式。具体而言,其购买者在向出售者支付一定的费用后,就获得了能在规定的期限内以某个特定的价格向出售者买进或卖出一定数量的某种金融商品或金融合约的权利。

金融期权具有以下特征:

1. 金融期权交易的对象是一种权利。金融期权交易买卖的是一种选择权,即买进或卖出一定数量的某种金融产品的权利,但并不承担一定要买进或卖出的义务。这种权利赋予了购买方执行、转让和放弃等多种选择。这是金融期权交易的一个显著特征。

2. 金融期权的交易双方具有权利和义务的不对称性。权利和义务的不对称是金融期权交易的基本特征之一,表现在期权购买者拥有履约的权利而不承担相应的义务,而期权出售者只承担义务而不拥有权利。

3. 金融期权交易具有很强的时效性。金融期权的持有者具有的权利只有在限定的时间内才有效。超过规定的期限,期权合约自动失效,所拥有的权利也随之消失。

4. 金融期权的标的物是一定数量的某种金融商品或金融期货合约。

三、金融期权的类型

（一）根据投资者的买卖行为，金融期权可以分为买入期权和卖出期权

买入期权又称看涨期权，是指期权的买方具有在约定的期限内按协议价买入一定数量的金融资产的权利。投资者之所以买入看涨期权，是因为他预计这种金融资产价格近期将上涨。如果判断正确，按协议价买入该项资产并以市价卖出，投资者可以赚取市价与协议价之间的差额；如果判断失误，则损失期权费。

卖出期权又称看跌期权，是指期权的买方具有在约定的期限内按协议价卖出一定数量的金融资产的权利。投资者买入看跌期权，是因为投资者预计该项资产的价格近期将下跌。如果判断正确，投资者可以从市场上以较低的价格买入该项金融资产，再按协议价卖出，赚取协议价与市价的差额；如果判断失误，将损失期权费。

（二）按照合约所规定的履约时间，金融期权可以分为欧式期权和美式期权

欧式期权只能在期权到期日执行，既不能提前，也不能推迟。

美式期权则可在期权到期日或到期日之前的任何一个营业日执行。当然，若超过到期日，美式期权也同样会被作废。

（三）按照金融期权标的物性质，金融期权可以分为股票期权、股票指数期权、利率期权、货币期权、金融期货合约期权

股票期权是指买方在交付了期权费后，即取得在合约规定的到期日或到期日以前按协议价买入或卖出一定数量相关股票的权利。

股票指数期权以股票指数为标的物，买方在支付了期权费后，即取得在合约有效期内或到期时以协定指数与市场实际指数进行盈亏结算的权利。股票指数期权没有可作实物交割的具体股票，采取现金轧差的方式结算。

利率期权是指买方在支付了期权费后，即取得在合约有效期内或到期时以一定的利率（价格）买入或卖出一定面额的利率工具的权利。利率期权合约通常以政府短期、中期、长期债券，欧洲美元债券，大面额可转让存单等利率工具为标的物。

货币期权又叫外币期权、外汇期权，是指买方在支付了期权费后，即取得在合约有效期内或到期时以约定的汇率购买或出售一定数额的某种外汇资产的权利。货币期权合约主要以美元、日元、英镑、欧元、加拿大元及澳大利亚元为标的物。

金融期货合约期权是一种以金融期货合约为交易对象的选择权，它赋予其持有者在规定的时间内以协议价格买卖特定的金融期货合约的权利。

四、金融期权与金融期货的区别

金融期权与金融期货是 20 世纪的两大金融创新，二者有密切的联系。虽然二者的交易对象都是标准化合约，但一般认为，大规模的期权交易是在期货交易的基础上发展起来的，以期货市场的发达与规则的完善为前提。期权在为交易者提供更多的选择工具的同时，也推动了期货市场的发展。期权交易是一种以特定的权利为买卖对象的交易，与期货交易的主要区别有以下四点：

1. 买卖双方的权利和义务不同，这是金融期权与金融期货最大的区别。在期货交易中，买卖双方都被赋予了相等的权利和义务；而在期权交易中，买方有权在认为合适的时候行使或放弃权利，而卖方却只有满足买方要求履行合约规定的买入或卖出一定数量的基础金融工具的义务。

2. 对履约保证金的规定不同。在期货交易中，买卖双方都要缴纳一定数量的保证金；而在期权交易中，期权买方只支付购买期权的期权费，不需要缴纳保证金，只有期权卖方尤其是出售无担保期权时才需要缴纳保证金。

3. 价格风险不同。在期货交易中，市场风险取决于价格变动的幅度，买卖双方的风险都是无限的。在期权交易中，买方的风险是有限的，最大额度为期权费；而期权卖方的风险是无限的，其风险近似于持有单向期货头寸的风险。

4. 基础金融工具不同。金融期货合约是交易双方在未来特定的日期交付一定金融工具的可转让且标准化的合约，合约的基础金融工具是基础性的金融工具；而期权交易的基础金融工具除了一般的金融工具，还包括金融期货合约甚至金融期权合约本身，即会形成复合期权。

五、金融期权的盈亏分布

金融期权分为看涨期权和看跌期权两类。在金融期权交易中，交易者分为期权买方与期权卖方。金融期权的这两种基本类型和两类基本交易者可以形成四种不同的组合，即四种交易策略：买进看涨期权、卖出看涨期权、买进看跌期权、卖出看跌期权。

在这部分内容，我们将了解金融期权的盈亏分布，这对于制定期权交易策略具有十分重要的作用。

（一）看涨期权的盈亏分布

从期权买方的角度来分析，如果期权购买者以一定的价格购买了某种标的物资产，若期权到期时，该标的物资产的市价比协议价格低，则期权购买者会放弃期权，他的最大损失即之前购买期权时所支付的期权费；若期权到期时，该标的物资产的市价高于协议价格，但高出的价格没有超过期权费，此时期权买方仍会选择执行该期权，此时会有亏损，但亏损不会超过期权费（当高出的价值等于期权费时，期权购买者刚好实现盈亏平衡）；若期权到期时，该标的物资产的市价高于协议价格，且高出的价格大于期权费，则期权购买者将会实现盈利，且盈利是无限的。

从图 7－2 可以看出，对于看涨期权的买方来说，亏损是有限的，其最大的亏损限度是期权费，而其盈利是无限的。相反，对于看涨期权的卖方来说，盈利是有限的，其最大的盈利限度是期权费,而其亏损是无限的。

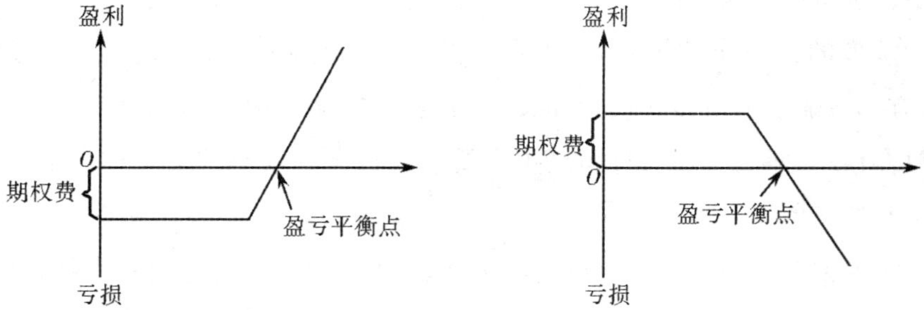

(a) 看涨期权多头买方　　(b) 看涨期权空头卖方

图 7-2　看涨期权盈亏分布图

(二)看跌期权的盈亏分布

从期权买方的角度来分析,如果期权购买者以一定的价格购买了某种标的物资产。若期权到期时,该标的物资产的市价比协议价格高,则期权购买者会放弃期权,他的最大损失即之前购买期权时所支付的期权费;若期权到期时,该标的物资产的市价低于协议价格,但低出的价格没有超过期权费,此时期权买方仍会选择执行该期权,亏损不会超过期权费(当低出的价值等于期权费时,期权购买者刚好实现盈亏平衡)。若期权到期时,该标的物资产的市价低于协议价格,且低出的价格大于期权费,则期权购买者将会实现盈利,但不同于看涨期权的情况,其盈利是有限的。看跌期权买方和卖方的盈亏分布如图 7-3 所示。

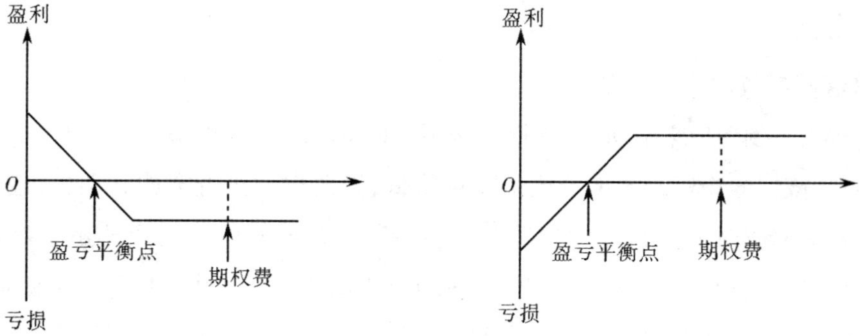

(a) 看跌期权多头　　(b) 看跌期权空头

图 7-3　看跌期权盈亏分布图

第五节　金融互换市场

一、金融互换市场的产生与发展

根据国际清算银行的定义，互换（swap）是指双方签约同意，在确定的期限内互相交换一系列支付的一种金融活动。人们对互换交易的发展历史看法不一，但有一点是一致的，即金融互换起源于20世纪70年代英国与美国企业安排的英镑与美元的平行贷款。

（一）平行贷款

20世纪70年代初，由于国际收支恶化，英国实行外汇管制，并采取对外投资进行征税的办法，以限制资金外流。一些企业为了逃避外汇管制便采取了平行贷款（parallel loan）的对策。平行贷款涉及两个国家的母公司，各自在国内向对方在其境内的子公司提供与本币等值的对策。

平行贷款中涉及两个单独的贷款合同，分别由两个不同的母公司各自贷给对方设在本国境内的子公司。贷款由银行作为中介完成，子公司的贷款分别由母公司提供担保。平行贷款一般为5—10年，大多采用固定利率计息，按期每半年或一年互相向对方支付利息，到期各自偿还借款金额。由于平行贷款涉及两个单独的贷款合同，并分别具有法律效力。因此若一方违约，另一方仍要执行合同，不得自行抵消。于是，为降低违约风险，背对背贷款应运而生。

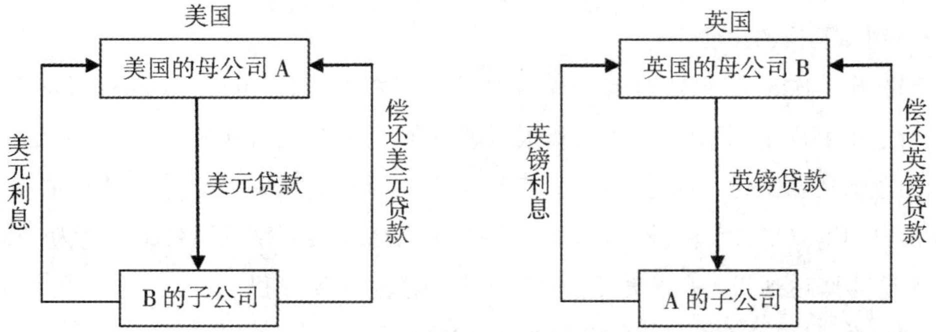

图7－4　平行贷款操作流程

（二）背对背贷款

背对背贷款（back-to-back loan）是指两个国家的公司互相直接提供贷款，贷款的币种不同但币值相等，并且到期日也相同，双方按期支付利息，到期各自向对方偿还借款金额（见图7－5）。

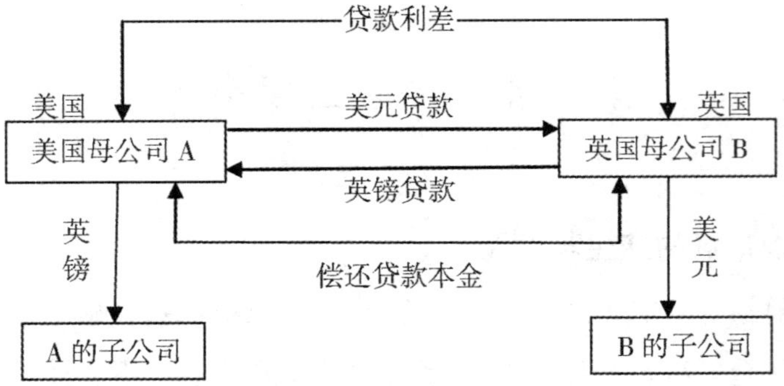

图 7-5　背对背贷款操作流程

背对背贷款与平行贷款在贷款结构上不同,效果却相同。结构不同之处在于:它是两个公司之间直接提供贷款,双方只签订一个贷款合同。若一方违约导致另一方遭受损失,另一方有权不偿还对它的贷款债务以抵消该损失,从而降低双方的贷款风险。背对背贷款已经非常接近现代货币互换,但就本质而言,它还是借贷行为,在法律上产生了新的资产与负债,双方互为对方的债权人和债务人;而货币互换则是不同货币间负债或资产的交换,属于表外业务,不会产生新的资产与负债。

(三)货币互换的出现

虽然 1977 年英国公司与荷兰公司已经开始进行货币互换交易,但世界银行与 IBM 公司于 1981 年进行的互换才真正使互换与国际资本市场融为一体。当时在所罗门兄弟公司的安排下,世界银行发行债券所筹集的 2.9 亿美元与 IBM 公司发行债券时所筹集的德国马克和瑞士法郎进行了货币互换。

(四)利率互换的出现

利率互换首次出现于 1982 年。学生贷款市场协会(Student Loan Marketing Association)发行了中期固定利率债券,由投资银行做中介,将利息支付互换成以 3 个月国债收益为标准的浮动利息支付。通过互换,它获得了与其浮动利率资产相匹配的负债现金流。利率互换自问世以来,市场规模迅速增长,1985 年底未清偿利率互换名义本金为 170 亿美元,到 1997 年底达到 2.2 万亿美元;到了 2012 年底,这一数字已上升至 370 万亿美元。可以说,互换市场是增长速度最快的金融产品市场之一。尤其是利率互换,已经成为所有互换交易乃至所有金融衍生产品中交易量极大的一个品种,影响巨大。

金融互换市场的迅速发展主要有三个原因:第一,互换交易在风险管理、降低交易成本、规避管制和创造新产品等方面都有重要的作用;第二,在发展过程中,互换市场形成的一些运作机制,如做市商制度、标准化,在很大程度上促进了该市场的发展;第三,监管当局在互换市场发展过程中并未对其在整体上做过多的干涉,而是主要采取一些比较有针对性的监管方法。这种监管态度为互换交易提供了合法发展的空间。

二、金融互换的含义

(一)金融互换的概念与特征

金融互换(financial swaps)是两个或两个以上当事人按照商定的条件,在约定的时间内交换一系列现金流的合约。远期合约可以被看作仅交换一次现金流的互换。在大多数情况下,互换协议的双方通常会约定未来多次交换现金流,因此互换可以看作一系列远期合约的组合。

(二)金融互换的特征

总的来说,金融互换的特征有以下几个:

1. 互换交易是表外业务。所谓表外业务,是指那些不会引起资产负债表内业务发生变化,却可为商业银行带来业务收入或减少风险的中间业务。互换交易就是一种金融衍生工具的表外业务。

2. 互换交易可以进行长期安排。互换交易的期限一般为2—20年,因此可进行长期安排,而期货、期权等交易则不能。故在资产负债长期管理中,互换交易更为适用。

3. 互换交易具有较高的灵活性,可以适应各种交易的需要。互换交易是场外交易,按非标准形式进行(目前有标准化趋势),具有较高的灵活性以适应各种交易者的需要。但正是由于互换交易按非标准化形式进行,因此它的交易成本较高,谈判比较复杂,同时违约风险也较大。

4. 互换交易可以暂时改变给定资产或负债的风险与收益,而不必出售原始资产与负债。这是互换最主要的特点,这对于流动性相对较差的资产与负债来说尤为重要。

(三)金融互换的理论基础

比较优势(comparative advantage)理论是英国著名经济学家大卫·李嘉图(David Ricardo)提出的。他认为,在两个国家都能生产两种产品,且其中一个国家在这两种产品的生产上均处于有利地位,而另一个国家均处于不利地位的条件下,如果前者专门生产优势较大的产品,后者专门生产劣势较小(即具有比较优势)的产品,那么通过专业化分工和国际贸易,双方仍能从中获益。李嘉图的比较优势理论不仅适用于国际贸易,而且适用于所有的经济活动。互换是比较理论在金融领域最生动的运用。根据比较优势理论,只要满足以下两个条件,就可进行互换:首先,双方对对方的资产或负债均有需求;其次,双方在两种资产或负债上均存在比较优势。概言之,金融互换实际上是一个市场参与者利用自身在某个市场上的比较优势得到另一个市场所需的资产或负债。

三、金融互换的种类

金融互换虽然历史较短,但品种创新却日新月异。除了传统的利率互换和货币互换,一大批新的金融互换品种不断涌现。

(一)利率互换

利率互换(interest rate swaps)是指双方同意在未来的一定期限内根据同种货币同样的名义本金交换现金流,其中一方的现金流根据浮动利率计算,而另一方的现金流根据固定利率计算。互换的期限通常在2年以上,有时甚至在15年以上。利率互换只交换利息差额,因此信用风险很小。进行利率互换的主要原因是双方在固定利率和浮动利率市场上具有比较优势。假定A、B公司都想借入5年期的1000万美元的借款,A想借入浮动利率借款,B想借入固定利率借款。由于两家公司信用等级不同,因此市场向他们提供的利率也不同,如表7-1所示。

表7-1　公司A和B的融资利率

公司	固定利率	浮动利率
A公司	10%	LIBOR+0.3%
B公司	11.2%	LIBOR+1%

从表7-1中可以看出,A公司的借款利率均比B公司低,即A在两个市场都具有绝对优势。但在固定利率市场上,A比B的绝对优势为1.2%;而在浮动利率市场上,A比B的绝对优势为0.7%。这就是说,A在固定利率市场上有比较优势,而B在浮动利率市场上有比较优势。这样,双方就可以利用各自的比较优势为对方借款,然后互换,从而达到共同降低筹资成本的目的。即A以10%的固定利率借入1000万美元,而B以LIBOR+1%的浮动利率借入1000万美元。由于本金相同,故双方不必交换本金,而只交换利息的现金流,即A向B支付浮动利息,B向A支付固定利息。通过发挥各自的比较优势并进行互换,双方的筹资成本降低了0.5%(11.2%+LIBOR+0.3%-10%-LIBOR+1%),这就是互换利益。互换利益由双方共享,具体分享比例由双方谈判决定。

假定双方各分享一半,则双方都将使筹资成本降低0.25%,即双方最终的实际筹资成本为:A支付LIBOR+0.05%的浮动利率,B支付10.95%的固定利率。这样,双方就可以根据借款成本与实际筹资成本的差异计算各自向对方支付的现金流,即A向B支付按LIBOR计算的利息,B向A支付按9.95%计算的利息。在上述互换中,每隔6个月为利息支付日,因此互换协议的条款应规定每6个月一方向另一方支付固定利率与浮动利率的差额。假定某一支付日的LIBOR为11%,则A应向B支付5.25万美元[100万×0.5×(11.00%-9.95%)]。利率互换的流程如图7-6所示。

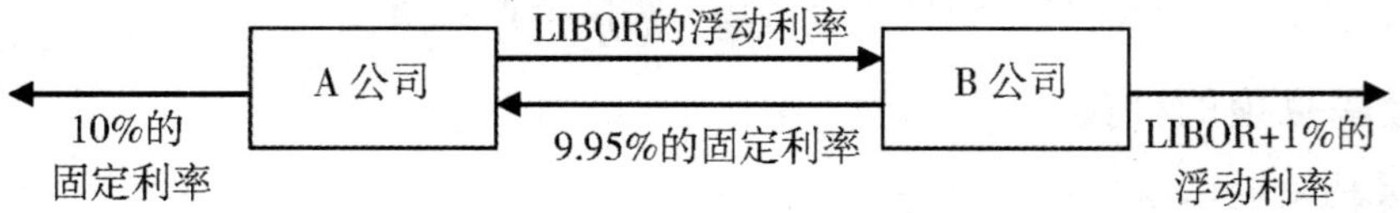

图7-6　公司A和B的利率互换交易流程

(二)货币互换

货币互换(currency swaps)是将一种货币的本金和固定利息与另一种货币的等价本金和固定利息进行交换。货币互换的主要原因是双方在各自国家的金融市场上具有比较优势。货币互换涉及本金。因此当汇率变动较大时,双方将面临一定的信用风险。当然这种信用风险仍比单纯的贷款风险小得多。假定英镑和美元汇率为 1 英镑 = 1.5000 美元。A 想借入 5 年期的 1000 万英镑借款,B 想借入 5 年期的 1500 万美元借款。由于 A 的信用等级高于 B,两国金融市场对 A、B 两公司的熟悉状况不同,因此市场向他们提供的固定利率不同,如表 7 – 2 所示。

表 7 – 2　公司 A 和 B 的利率安排

公司	美元	英镑
A 公司	8%	11.6%
B 公司	10%	12%

从表 7 – 2 中可以看出,A 的借款利率均比 B 低,即 A 在两个市场都具有绝对优势,但绝对优势大小不同。A 在美元市场上的绝对优势为 2%,在英镑市场上只有 0.4%。也就是说,A 在美元市场上有比较优势,B 在英镑市场上有比较优势。这样,双方就可以利用各自的比较优势借款,然后通过互换得到各自想要的资金,并通过分享互换收益(1.6%)降低筹资成本。于是,A 以 8% 的利率借入 5 年期的 1500 万美元借款,B 以 12% 的利率借入 5 年期的 1000 万英镑借款。然后,双方先进行本金的交换,即 A 向 B 支付 1500 万美元,B 向 A 支付 1000 万英镑。假定 A、B 公司商定双方平分互换收益,则双方都降低筹资成本 0.8%,即双方最终的实际筹资成本分别为:A 支付 10.8% 的英镑利率,B 支付 9.2% 的美元利率。这样,双方就可以根据借款成本与实际筹资成本的差异计算各自向对方支付的现金流,进行利息互换,即 A 向 B 支付 10.8% 的英镑借款的利息计 108 万英镑,B 向 A 支付 8% 的美元借款的利息计 120 万美元。经过互换,A 的最终实际筹资成本降为 10.8% 的英镑借款利息,而 B 的最终实际筹资成本变为 8.0% 的美元借款利息加上 1.2% 的英镑借款利息。若汇率水平不变,B 的最终实际筹资成本相当于 9.2% 的美元借款利息。若担心未来汇率水平变动,B 可以通过购买美元远期或期货来规避汇率风险。在贷款期满后,双方要再次进行借款本金的互换,即 A 向 B 支付 1000 万英镑,B 向 A 支付 1500 万美元。到此,货币互换结束。若不考虑本金问题,上述货币互换的流程如图 7 – 7 所示。

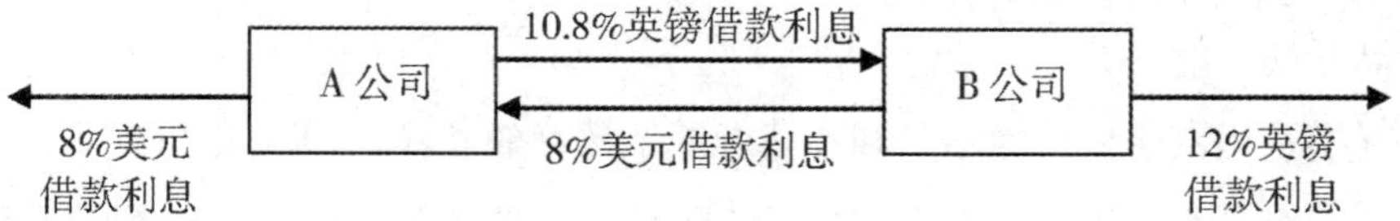

图 7 – 7　公司 A 和 B 的货币互换交易流程

(三)其他互换

从最普遍的意义上来说,互换实际上是现金流的交换。由于计算或确定现金流的方法有很多,因此互换的种类也有很多。除了上述最常见的利率互换和货币互换,其他主要的互换品种有以下几种。

1. 交叉货币利率互换

交叉货币利率互换是利率互换和货币互换的结合,它是以一种货币的固定利率交换另一种货币的浮动利率。

2. 增长型互换、减少型互换和滑道型互换

在标准的互换中,名义本金是不变的,而在这三种互换中,名义本金是可变的。其中增长型互换的名义本金开始时较少,而后随着时间的推移逐渐增多。减少型互换则正好相反,其名义本金随着时间的推移逐渐变少。滑道型互换的名义本金则在互换期间内时而增多,时而减少。

3. 基点互换

在基点互换中,双方都是浮动利率,只是两种浮动利率的参照利率不同,如一方为LIBOR,另一方为基准利率。

4. 可延长互换和可赎回互换

在标准互换中,期限是固定的。而可延长互换的一方有权在一定的期限内延长互换期限,可赎回互换的一方则有权提前中止互换。

5. 零息互换

零息互换是指固定利息的多次支付流量被一次性的支付取代。该一次性支付既可以在互换期初也可以在互换期末。

6. 后期确定互换

在普通的涉及浮动利率的互换中,每次浮动利率都是在计息期开始前确定的。后期确定互换的浮动利率则是在每次计息期结束之后确定的。

7. 差额互换

差额互换是对两种货币的浮动利率的现金流量进行交换,只是两种利息现金流量均按同种货币的相同名义本金计算。

8. 远期互换

远期互换是指互换生效日是在未来某一确定的时间开始的互换。

9. 商品互换

商品互换是用商品价格而不是利率或者汇率计算的互换。1986年出现了第一笔石油交易的互换。交易双方确定一个名义本金,只不过名义本金是以石油的桶数而不是以美元来表示的。定期的清算安排则是基于固定和浮动的石油价格进行的。在石油互换中采

用的浮动价格并不是通常意义上的单一即时价格，而是一个特定的时期内石油的平均价格。在石油互换中，尽管现金流是以石油表示的，但在交割结算中并不涉及实际数量的石油，结算时的净现金流仅仅是石油价格的反映。

10. 股票互换

股票互换是以股票指数产生的红利和资本利得与固定利率或浮动利率交换。在股票互换中，交易方的净现金流取决于特定股票指数的收益率。投资组合管理者可以用股票互换把债券投资转换为股票投资，反之亦然。

习　　题

1. 金融衍生工具有哪些特征和功能？
2. 金融衍生工具有哪些种类？
3. 金融远期交易具有哪些特点？
4. 金融期货交易的基本交易规则有哪些？
5. 什么是金融期权？金融期权和金融期货有什么区别？
6. 什么是金融互换交易的理论基础？

第八章　资产证券化

引入案例

资产证券化的演进之路

随着金融机构对金融功能需求的急剧增长，从20世纪70年代开始，资产证券化应运而生并蓬勃发展。在大洋彼岸的美国，资产证券化市场规模已超过国债市场，成为最重要的资本市场之一。资产证券化的创新使美国拥有了世界上最具效率的金融市场，并使美国在经济危机爆发之前实现了长达近6年的稳定增长。

一、美国资产证券化的产生

20世纪70年代，美国经济出现了所谓的“滞胀”问题。在此背景下，美联储实施货币紧缩予以应对，导致市场利率持续升高。银行存款利率无法及时调整，使得存款者的机会成本不断增加，存款者纷纷提取存款，转而投入资本市场。

1970年之后，美国经济出现了严重的滞胀问题，美联储采取金融紧缩政策，市场流通货币减少，银行存款者纷纷取出存款，进入资本市场。这种由监管目标和货币政策目标相互冲突导致的资金分流就是“金融脱媒”。“金融脱媒”的出现降低了银行业的竞争力，在“金融脱媒”的影响下，银行机构的大量现金被提取，导致储蓄信贷危机。为了解决这个问题，美国创造性地提出了住房抵押贷款证券，简称MBS。将这些证券发放给投资者，可以增强信贷资产的流动性，如图8－1所示。资产证券化创立初期是为了释放信贷资产的流通性，政府扮演了主导角色，这种模式带来了经济体系的高速、稳定发展。

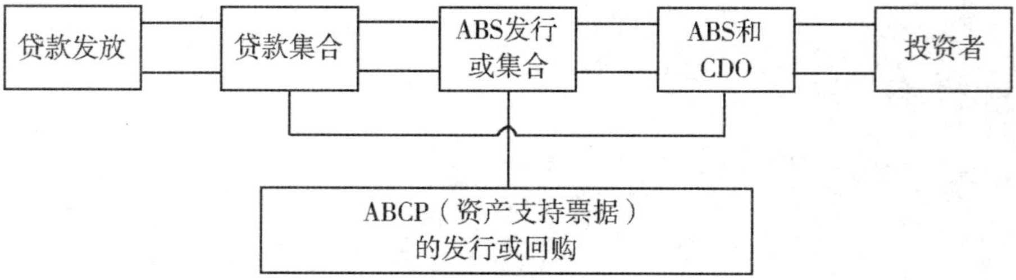

图8－1　资产证券化的创新途径

二、美国资产证券化的发展

在资产证券化快速发展时期，衍生出各种结构性金融工具和具有风险保险性质的衍生工具(比如信用违约互换)。参与主体包括特设目的机构(SPV)、结构性投资主体(SIVS)、专业金融公司、投资银行以及保险公司(如AIG)等。参与主体通过资产证券化实现风险转移,其内在的风险隔离机制刚好符合银行金融系统的风险转移需求。具体的风险转移机制如图8-2所示。

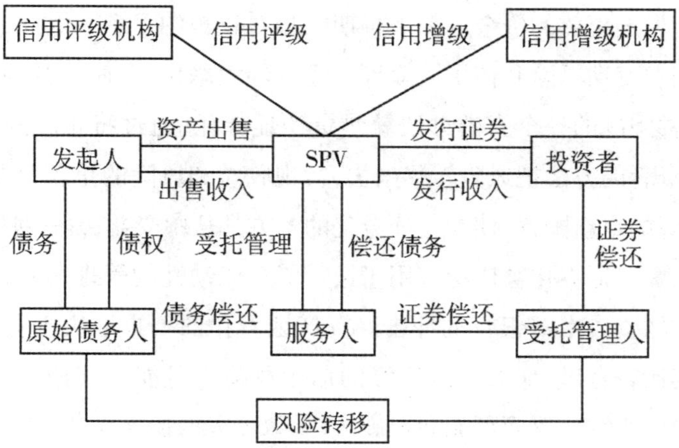

图8-2 资产证券化的风险转移功能

对于这种机制,有学者从监管套利的角度进行了分析,认为商业银行通过流动性担保不仅能够减少损失,规避各种风险,还能在一定程度上规避行业监管。资产证券化创新的重要动因是监管套利,而不是风险转移。

(资料来源:郭经延、赵睿《美国资产证券化的经验及启示》,《上海经济研究》,2015年第10期)

第一节 资产证券化

一、资产证券化

资产证券化(asset-backed securitization)是将那些缺乏流动性,但能够产生可预见现金收入的资产(如住房贷款、学生贷款、信用卡应收款)出售给特定的发行人,通过创设一种以该资产产生的现金流为支持的金融工具或权利凭证,将这些不流动的资产转换成可以在金融市场上出售和流通的证券的一种融资过程或融资方法。

在资产证券化中,可预见的现金流是进行证券化的先决条件,但是不管这种现金流由哪种资产产生。产生可预见现金流的资产可以是实物资产(如高速公路的收费),也可以是非实物资产(如住房抵押贷款、汽车消费贷款、信用卡)。所以,资产证券化实际上是以资产所产生的现金流为支持。这是资产证券化的本质特征。换句话说,资产证券化“证券化”的不是资产本身,而是资产所产生的现金流。所以,美国华尔街的投资银行家们有句名言:“如果有稳定的现金流,那就将它证券化。”

资产证券化也是利用资本市场对资产收益和风险进行重新分配的过程。对发放住房抵押贷款的银行来说,资产的收益是抵押贷款的本息,但是这种现金流要在较长的时间内才能实现;而用于发放贷款的资金大都来自期限相对较短的存款。因此,银行面临着资产的流动性风险、利率变动风险和信用风险等。经济环境恶化,会使银行因流动性不足而破产倒闭。解决这种问题的一个有效办法就是资产证券化,通过将相应的收益让渡给参与证券化的其他投资者的方法把风险转移出去,实现收益和风险的重新分配。所以,资产证券化是对既有资源的重新配置,使参与证券化的各方都从中受益,是一种“帕累托改进”。

也正因如此,资产证券化被广泛应用于银行资金流动性的管理,它可以帮助银行增加融资渠道,并减小融资成本对银行的冲击。资产证券化的结果取决于资产收益重组的结构,如果重组结构比较合理,那么所有层级的信用风险都可能得到控制;如果重组结构不合理,那么原有的信用结构反而可能会被破坏,导致更大的损失。

美国是资产证券化的发源地,也是全球最大、最发达的证券化市场。资产证券化在美国固定收益市场中占有重要的地位,2014 年,美国资产证券化产品的发行量为 15731 亿美元,在固定收益产品总量中占比 26.46%,超过了公司债券的发行量(14409 亿美元),仅次于美国国债的发行量(22154 亿美元);2015 年,美国资产证券化产品的发行量为 19090 亿美元,同比增长 21.35%,在固定收益产品发行总量中占比 29.64%,超过了公司债券的发行量(14932 亿美元),略低于美国国债的发行量(21225 亿美元)。以下重点介绍中国资产证券化产品的主要类型及不同类型的市场概况。

二、资产证券化的参与者

一般而言,资产证券化的参与者包括:原始债务人、原始债权人(发起人)、特别目的机构(发行人)、投资者、专门服务人、信托机构、担保机构、信用评级机构和证券承销商等中介机构。

(一)原始债务人

原始债务人(obligator)是指在与原始债权人签订的债权债务合同中承担债务的一方。在抵押贷款中,原始债务人是指抵押贷款合同中承担还本付息义务的借款方。

(二)原始债权人

原始债权人(originator)是指在与原始债务人签订的债权债务合同中享有债权的一方,如抵押贷款的发放银行。在资产证券化过程中,原始债权人把需要证券化的资产出售给特别目的机构,从而实现资产风险与收益的重组。原始债权人又被称为资产证券化的发起人。

（三）特别目的机构

特别目的机构（special purpose vehicle，SPV）是指从发起人那里购买可证券化的资产，并发行以此为支持的证券的特殊实体。由于 SPV 的业务范围被严格限定了，所以它是一般不会破产的高级信用等级实体。SPV 不仅业务范围特别，而且它在资产证券化中的地位也很特别。它是资产证券化过程的核心，各个参与者都围绕它来开展工作。

（四）投资者

投资者（investor）是指在资本市场上购买特别目的机构发行的抵押支持证券或资产支持证券的机构或个人。

（五）专门服务人

专门服务人（servicer）是指负责按期收取证券化资产所产生的现金流，并将其转移给 SPV 或 SPV 指定的信托机构的实体。由于发起人对证券化资产比较熟悉，所以专门服务人一般由发起人兼任。

（六）信托机构

信托机构（trustee）是指由 SPV 指定的负责对专门服务人收取的现金流进行管理，并向证券投资者按时支付的机构。

（七）担保机构

担保机构（guarantor）是指为 SPV 发行证券提供担保的机构。其作用是对抵押支持证券或资产支持证券进行信用增级。担保机构可以是政府型的担保机构，也可以是私人担保公司。

（八）信用评级机构

信用评级机构（rating agency）是指通过对资产证券化的各个环节进行评估而给出抵押支持证券或资产支持证券的信用等级的机构。其作用是对证券进行信用增级，降低发行成本。

（九）证券承销商

证券承销商（underwriter）是指为 SPV 发行的证券进行承销的实体，其作用是确保证券成功销售。

三、资产证券化的一般程序

一般而言，资产证券化的基本运作程序是：发起人将需要证券化的资产出售给一家特设信托机构（SPV），由 SPV 主动购买可证券化的资产，然后将这些资产汇集成资产池，再以该资产池产生的现金流为支撑在金融市场上发行有价证券进行融资，最后用资产池产生的现金流清偿所发行的有价证券。在这个过程中，SPV 以证券销售收入向资产权益人偿付资产出售价款，以资产产生的现金流向投资者偿付所持证券的权益。这一操作程序具体包括以下几个步骤，如图 8－3 所示。

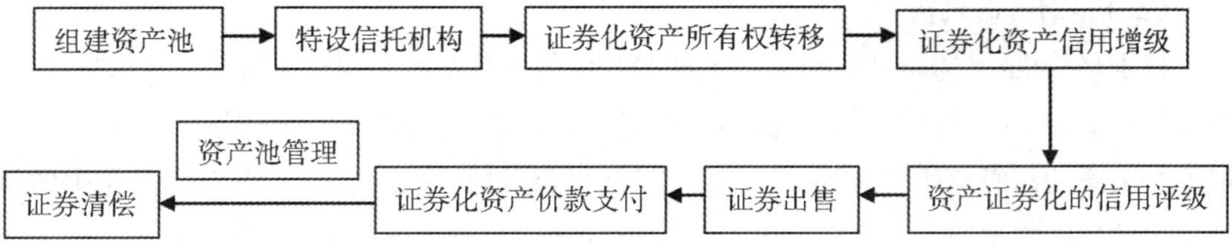

图 8－3　资产证券化的一般程序

（一）组建资产池

发起人（sponsor）确定证券化资产后，组建资产池。尽管证券化以资产所产生的现金流为基础，但并不是所有能产生现金流的资产都可以证券化。一般来说，应该选择未来现金流稳定、可靠，风险较小的资产作为证券化资产，并具备以下特征：①能产生可预见的现金流；②违约和损失的历史统计记录较低；③现金流分期支付；④资产债务人分布广泛；⑤抵押品的流动性较强；⑥证券化资产具有同质性，以便进行汇集和分类。

（二）设立特设信托机构

SPV 在资产证券化中扮演着重要的角色。它的主要功能是隔离风险，实现发起人需要证券化的资产与其他资产之间的“风险隔离”。当发起人由于公司财务状况不佳而清偿资产时，证券持有人对证券化资产享有专享权而不需与公司其他债权人分享公司财产。

（三）资产权属让渡

证券化资产完成从发起人到 SPV 的转移后，即实现了资产的权属让渡。这样发起人的债权人将不得追索该资产，SPV 的债权人也不得追索发起人的其他资产，实现了风险隔离。

（四）信用增级

SPV 取得证券化资产后，为吸引投资者并降低融资成本，必须提高拟发行资产支持证券的信用等级，使投资人的利益能得到有效的保护。

第二节　抵押支持证券

一、抵押支持证券的定义和分类

抵押支持证券（mortgage backed security，简记为 MBS）是以各种抵押债权（如各种住房抵押贷款）或者抵押池的现金流作为支持的证券的统称。根据对利息、计划偿还本金、提前偿付本金（prepayment）的处理方法的不同，抵押支持证券可以分成三类：抵押过手证券（mortgage pass-through security）、抵押担保债券（collateralized mortgage obligation，简记为 CMO）和可剥离抵押支持证券（stripped mortgage-backed security）。其中，抵押担保债券和可剥离抵押支持证券是由抵押过手证券衍生出来的。

(一)抵押过手证券

抵押过手证券是抵押支持证券中最简单的一种形式。抵押过手证券是将一个或一个以上抵押贷款集合起来,建立一个抵押池,并出售该抵押池的参与凭证(participation certificate)形成的。抵押过手证券的现金流取决于标的抵押贷款的现金流。这些现金流包括每月规定的还款额(其中包括利息和计划归还本金)和提前偿付本金。每月由抵押池产生的这些现金流扣除一定的费用后再按比例"过手"给证券持有人。由于抵押贷款人始终具有提前偿付的动机,因此,抵押过手证券存在着提前偿付风险(prepayment risk)。抵押过手证券的构建流程及现金流模式如图 8-4 所示。

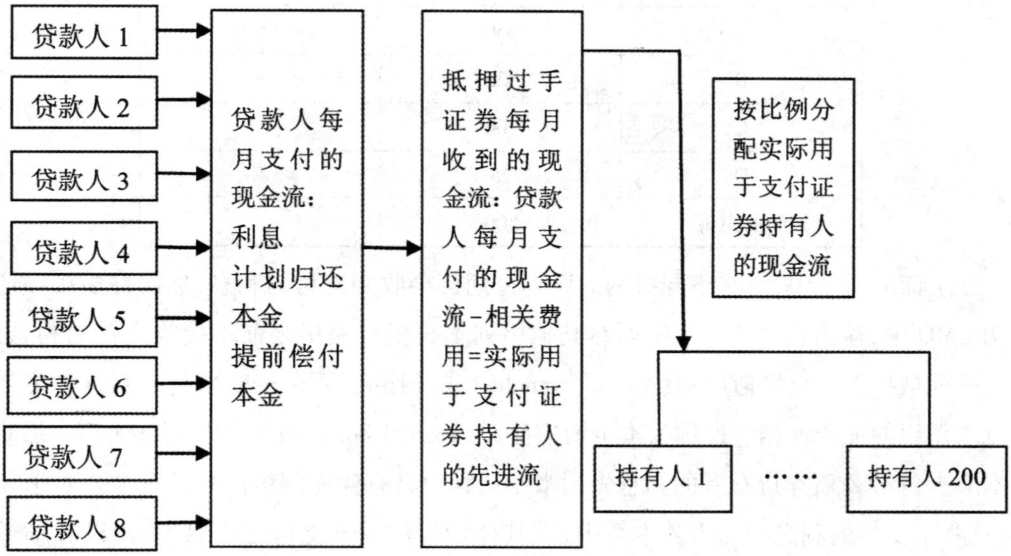

图 8-4 抵押过手证券的构建流程及现金模式

(二)抵押担保债券

投资抵押过手证券存在提前偿付风险。不同的投资者对风险的偏好程度不同,为了满足不同投资者的风险偏好,抵押贷款产生的现金流可以被重新分配,从而使提前偿付风险也得到重新分配,形成了一系列不同期限、不同息票率、不同风险程度的投资序列(tranche),抵押担保债券(CMO)应运而生。

CMO 是以抵押过手证券或抵押贷款本身的现金流为基础发行的一种衍生债券,又称为多级抵押支持债券。资产池中总的提前偿付风险并没有因为 CMO 的出现而减少,CMO 提供的只是风险的重新分配。在部分投资者的风险暴露程度降低的同时,部分投资者的风险暴露程度却提高了。

假设存在一个接序还本结构 CMO,代号为 FM-01。该 CMO 的抵押物是个面值为 500

万元的抵押过手证券。针对这只500万元面值的过手证券设立了四个序列，这四个序列所代表的面值总和为500万元。假定四个序列的息票率都为5%并且等于抵押池中贷款的息票率。四个序列的结构如表8－1所示。

在FM－01中，每期产生的利息都会按规定的方式发放给四个序列的投资者。本金的支付则是按A、B、C、D序列依次进行的。从抵押池中收到的本金先用于偿还序列A的本金，此时序列B、C、D是没有本金收入的。直到序列A的250万元本金被全部偿还，序列B的投资者才开始收到抵押池中产生的本金。以此类推，序列D的投资者在前面三个序列的本金都得到偿付以后才开始收取本金。

表8－1　某CMO的四个序列结构

债券序列	面值(万元)	息票率(%)
A	250	5
B	125	5
C	100	5
D	25	5
面值总计	500	

在上面的例子中，所有不同级别的序列每期都会收到支付的利息，然而许多接序还本结构CMO中，存在着至少一个序列在其他序列本金偿付完毕之前不接收支付的利息，这样的序列被称作本金增值序列(accrual tranche)或Z序列(Z tranche)，代表对这种序列现金流求偿权的证券就相应地称为本金增值债券(accrual bond)或Z债券(Z bond)。那些每期本应支付给Z债券持有者的利息先用来偿还其他具有优先等级序列的本金。对于Z债券，这些未支付的利息会加入其本金中，等其他债券的本金支付结束以后，再以Z债券的原始本金和累积的利息作为新的本金，来计算Z债券每期应支付的利息和计划偿还本金。将Z债券每期的利息作为本金来偿还那些优先等级序列，加快了优先序列本金的偿还速度。

Z债券的出现让持有优先等级债券投资人的不确定性进一步降低了，然而市场参与者们对确定性收益的需求总是永无止境。尽管他们的投资风险由于较低优先等级债券的存在已经降低了，但每期能够收回的本金和持有序列的存续期不确定，这使得许多投资者对CMO产品持观望态度。为了吸引更多的投资者，1987年，计划摊还证券(planned amortization class tranche，PAC)出现了。这种证券的显著特征之一是，如果提前还款率(prepayment rate)在一定的幅度之内，那么PAC序列持有者每期收到的现金流就是确定的，具体金额经由一系列对提前还款率的假定和计算得到。PAC在接序还本CMO重新分配提前偿付风险的基础上更进一步，使PAC序列持有人每期收到的现金流更加稳定，证券的到期时间也容易预测。PAC序列的现金流之所以具有更大的可预测性，是因为对于PAC序列的本金支付有一个事先确定的时间表，抵押池产生的现金流参照当期的提前还款率，应先用于满足 PAC 本金支付时间表要求的还款额，然后再发放给其他 CMO 序列的持有人。当然，这种确定性以非 PAC 序列（support bond，支持债券）持有人不确定性的升高为代价。因为所有的本金都先用于给 PAC 持有人支付还款时间表中确定的数额，所以如果当期收到的本金总量较少，支持债券持有人很有可能无法收到当期归还的本金；如果当期提前偿付的本金数额较大，PAC 持有人还是收取事先规定的本金数额，其余的本金由支持债券的持有人接收。因此支持债券的持有人承受着 CMO 的提前偿付风险。

（三）可剥离抵押支持证券

可剥离抵押支持证券是1986 年由美国联邦国民抵押贷款协会设计发行的一种衍生抵押品。可剥离抵押支持证券重新分配了抵押池中产生的现金流，将现金流具体区分为利息和本金，利息全部支付给一类证券持有人，本金则全部支付给另一类证券持有人。可剥离抵押支持证券可以分为以下三类：

第一，合成息票过手证券（synthetic-coupon pass-through）。合成息票过手证券对息票和本金根据不同的等级采取不同的分配方式。

第二，纯利息/纯本金证券（interest-only/principle-only security）。1986 年，可剥离抵押支持证券正式发行。这类证券从资产池中收到的所有利息都分配给纯利息证券持有人，收到的全部本金都分配给纯本金证券持有人。

第三，剥离式抵押担保债券（CMO strip）。剥离式抵押担保债券是 CMO 结构中的一个纯利息序列或者纯本金序列。可剥离抵押支持证券可以用于对抗利率风险和提前偿付风险。纯本金部分能对抗利率降低带来的风险，因为利率降低时，提前还款率提高了，这时纯本金证券的持有者就能提前收回本金，较快地实现收益。利率上升时，纯本金证券的价值将降低，因为收回本金的时间延长，贴现因子升高，使得未来现金流的现值降低，进而导致纯本金证券的价值降低。

假定有一个由过手证券支持的抵押池，支持纯本金证券的名义本金规模为 200 万元，期限为 20 年。按照纯本金证券的息票率计算，在该证券存续期内，纯本金证券持有人能够收到的全部现金总额为 280 万元。假设市场利率迅速降低致使抵押池中的 200 万元本金全部提前收回，则纯本金证券持有人就可以在极短的时间内收到 280 万元，马上实现 40% 的收益。因此纯本金证券很好地对抗了利率降低的风险。

纯利息部分对于利率的反应不尽相同。利率上升时，提前还款率降低了，未偿还本金的增加使每期能收到的利息数额增加了，这对于投资者似乎是一个好消息。然而，利率上升导致贴现因子上升，会部分抵消每期利息收入增多给投资人带来的喜悦。当利率降低时，提前还款的增加导致利息收入减少，然而贴现率的降低弥补了投资人的部分损失。让投资人失望的是，由利率降低导致的利息减少和贴现因子降低的净结果仍然是纯利息部分价值的降低。

（四）抵押支持证券的提前偿付风险

MBS 的标的物是抵押贷款，和抵押贷款密切相关的风险是提前偿付风险。提前还款这种不确定时间、不确定还款数额的行为使抵押贷款现金流出现了较大的不确定性，从而使 MBS 现金流产生波动，给证券持有人带来了风险。

对于抵押贷款者来说，每期现金支出由三个部分构成，分别是利息、规定偿还的本金和提前偿还本金。通常情况下，许多国家对贷款者提前偿还本金不进行惩罚，因此，当市场情况或者贷款人自身状况发生变化时，他们会提前偿还贷款本金。MBS 分配给投资人的现金流由抵押池现金流做支撑。贷款人提前还款会使 MBS 投资者每期收到的现金流产生波动，从而导致风险。那么，什么情形会促使贷款人提前还款呢？第一，贷款人卖掉抵押品后取得现金，偿还了全部贷款；第二，当前的市场利率降低，使得贷款人能够以低利率进行再融资来还款；第三，贷款人因无法按期支付贷款而导致抵押品被拍卖，得到的收入被用来偿还贷款；第四，有保险的抵押品由于火灾和其他灾害而遭到损坏，保险公司对抵押品的赔偿导致提前还款的发生。

进行 MBS 定价时考虑的提前偿付风险主要和利率变动引起的提前偿付相关，也就是上文中提到的促使贷款人提前还款的第二个原因。总的来说，对于 MBS 投资者和产品设计者来说，要警惕提前偿付风险，因为提前偿付风险通常会转化。

第一，现金流的不确定性。MBS 的每期现金流主要由三个部分构成：利息、计划偿还本金、提前偿付本金。提前偿付是在利息和计划偿还本金支付之后，贷款者额外支付的不定时间、金额的本金。双重不确定性使 MBS 的定价变得复杂。

第二，再投资风险（reinvestment risk）。如果贷款人由于市场利率下降，再融资成本降低而进行提前还款，那么不仅使投资者的现金流产生波动，还会使投资者面临再投资风险。选择进行再投资的证券持有人只能将更多的现金投入利率更低的市场，收益将大幅降低。

二、抵押支持证券的运作

将抵押支持证券打包以在二级市场发行流通主要分为五个步骤：

1. 贷款聚类

储贷会、商业银行等作为抵押支持证券的原始发起人，对本机构办理的抵押贷款进行审慎评估，并根据贷款到期日、偿还方式、贷款类型、风险特征等指标进行分类。分类后，将属性类似的多笔贷款打包汇总为一个大额的资产群组，作为抵押支持证券的基础资产。

2. 交易设计

证券化发起人将根据基础资产群组中抵押支持的特征，设计出现金流来源、支付方式、收益和风险各不相同的证券。证券形式的设计可以由发起人自己完成，也可以通过购买和使用其他金融机构设计的模型，组建相似的证券形式。除了确定证券模型，发起人还要确保投资者的证券偿付不受发起机构经营状况的影响。一般来说，抵押支持证券要隔绝贷款发放机构的信用风险，以确保证券投资人的权益不因放贷机构破产或无法支付等原因而受到影响。为达到这一目标，原始发起人通常会将汇总后的抵押支持群组出售给一家特殊目的机构。这家特殊目的机构再通过公开募集或私募的方式发行以该资产群组的预期现金流为基础的抵押证券，并确保这些现金流首先用于按期支付证券投资者的本金和利息。

在美国，这种特殊目的机构通常是由原始发起人出资成立的金融公司，拥有独立的会计报表和董事会，其资产不会因母公司即原始发起人的破产而遭受损失。当然，特殊目的机构的业务范围被限制在收购抵押支持证券以及发行抵押支持证券之内，不能另行借贷，以免额外负债导致投资人的权益受损。

3. 信用增级

不同抵押资产群组的信用基础各不相同。因此，为了取得投资等级（BBB 级）的信用评级，或取得比原始资产更高的信用评级，以吸引投资者、降低成本，证券发行机构通常会采取额外的信用增级措施。较为常见的信用增级方式有：

（1）超额担保。以价值超过证券现值的抵押贷款资产作为担保，即抵押品的价值超过证券价值。

（2）开设利差账户。开设专门的利差账户，按抵押贷款群组的年收益率与证券票面利率间的利差，扣除手续费后存入利差账户。当抵押资产群组出现坏账不能足额支付时，则提取利差账户内的资金进行补充。

（3）开立担保信用证。委托信用良好、资金充裕的金融机构为证券开立担保信用证在一定程度上保证了担保证券的按期支付。这种增信方式需要向担保机构支付一定的费用。

（4）保险。向信用较高的抵押保险公司购买一定限额的抵押贷款组合保险。

4. 销售

抵押支持证券在进行信用增级后，会得到最终的信用评级，根据该等级将期限、支付方式等基本特征相似的抵押资产群组进行细分，并确定不同等级证券的票面利率和证券价格等交易信息。证券采取公募或私募方式发行，证券承销商往往在二级市场上进行报价，以提高市场交易的活跃度。

5. 管理与服务

抵押支持资产及其相关证券的后续管理和服务通常由原始发起人或第三方机构负责，将抵押支持基础资产每期偿付的本息扣除手续费后，按证券约定的支付方式，将每期收益支付给证券投资者。

第三节　资产支持证券

一、资产支持证券的定义

资产支持证券(ABS)的抵押物是一揽子金融资产的现金流。一般来说,ABS 的抵押物可以分为两类:消费者金融资产和商业金融资产。汽车贷款、学生贷款和信用卡应还款项等都属于消费者金融资产;商业金融资产则包括计算机租赁、商业应收款等。

对于一般的企业债,所有债权人对公司的全部资产享有求偿权,而 ABS 的持有人只对某些特定资产享有求偿权,而不是公司的所有资产。这样的制度安排使得 ABS 的持有人在公司发生违约时有更加明确的求偿对象,而不用与公司的其他债权人共同瓜分公司的全部财产,实现了风险隔离。明确的求偿对象使投资者的利益受到更可靠的保护。资产支持证券在发行时通常会对资产进行信用评级,这些信用等级的高低直接与被抵押资产发生违约后现金流的分配有关。每个 ABS 依据信用评级的不同划分了多个级别,比如优先级(senior class),对应的是 AAA 级别的信用评级;中间级别(mezzanine class),对应的是 A 级别的信用评级;次级(subordinated class),对应的是 BB 级别的信用评级。当然,每个 ABS 所包含的层级数不是固定的,少则两个,多则数个。资产支持证券根据评级从高到低排列,不同等级的资产支持证券具有的获得抵押资产现金流的优先权也由高到低排列。

二、资产支持证券的分类

资产支持债务证券是重组基础(标的)资产未来现金流和风险的过程,因此,资产支持债务证券也叫“结构化债务工具”。

资产支持债券不同于企业发行的附有认股权的债券,也不同于企业、政府发行的一般信用债券或担保债券。这首先是因为资产支持债券的偿债或利息支付的资金来源于被证券化的资产的现金流,它仅以被证券化的资产所产生的现金流为偿债或付息的依据。资产支持债券也不可能给予债券购买者相应的认股期权。资产证券化本质上是既有资产的变现过程,它不会增加资产证券化发起机构的负债和杠杆,而发行非资产支持债券,恰恰是增加负债和杠杆的过程。通过资产支持债券的一般流程,可以看出资产支持债券具有几个明显的特征。

第一,资产支持债务证券是通过特殊目的机构发行的,而不是由需要融资的企业或机构发行的。第二,在会计处理方面,对原始权益人而言,资产支持债券主要是资产销售而不是债务融资,是资产销售或未来收益权的变现过程,不会增加原始权益人的负债总额,也不会提高其杠杆率。因此,资产证券化对其发起机构有盘活存量资产的功效。对于中国这样具有高杠杆率的国家,通过资产证券化来降低杠杆及其所带来的潜在金融风险,似乎有着特别的意义,因为它不会提高杠杆率。第三,资产支持债务证券要求有基础(标的)资产为投资者服务,其本金与利息的偿付资金,是唯一源于基础资产的现金流。第四,资产支持债务证券的信用,主要源于基础(标的)资产的信用。第五,一般有以债券分档为主要形式的不同信用增级,因此,同一次资产证券化可能会产生不同风险与现金流、不同流动性的多只债券。正因为如此,资产证券化为不同风险偏好与收益需求的投资者提供了一些现实的选择。

和 MBS 一样,ABS 的现金流模式也依赖于其抵押物的现金流模式,因此可以将 ABS 按现金流的特性分为规则现金流(regular cashflow)结构和无规则现金流(irregular cashflow)结构。

(一)规则现金流结构

规则现金流结构表现为标的抵押物的还本付息具有摊销时间表(amortization schedule),这类证券的抵押资产主要是抵押贷款,如汽车贷款、民政股本贷款(home equity loan)、农业机械贷款(agricultural machinery loan)。抵押池中资产为抵押贷款的 ABS 通常被构造为过手证券形式和多级证券(multi-class security)形式。过手证券又称为委托人信托(grantor trust),多级证券又称为所有者信托(owner trust)。

1. 委托人信托

委托人信托是市场上最早的 ABS 形态,其现金流(包括利息、计划归还本金和提前偿付本金)按照一定的分配方式同时分配给证券持有人,平均期限取决于抵押资产的提前还款情况。提前还款情况发生得越频繁,证券的平均期限就越短。委托人信托的典型代表是汽车贷款支持证券(auto loan-backed security)。汽车贷款支持证券的发行者主要有汽车生产商下设的金融机构、商业银行和专门发放汽车贷款的金融机构等。汽车贷款支持证券的现金流包括每期规定的还款额(利息和应还本金)和提前偿还的本金。和抵押支持证券一样,提前偿还本金是汽车贷款支持证券的风险之一。顾客提前还款的原因可以归结为以下几点:

(1)全额还款能够享有某些优惠和产品折价。

(2)车辆转手。车辆转手频数的高低与经济周期密切相关。经济萧条时,车主的资金需求增加,因此车辆转手率提高了。

(3)车辆毁损或丢失。

(4)市场利率下降时,提前还款可以减少未来支付的利息,同时以较低的市场利率再融资,还款成本也较低。与抵押支持证券不同,由市场利率降低导致的提前还款不是提前还款增多的主要原因,因为汽车生产厂商为了吸引顾客购车,通常会提供给顾客低于市场利率的贷款利率。

2. 所有者信托

目前市场上用得最多的还是多级证券形式的 ABS,即所有者信托。过手证券的一个不足就是所有过手证券的投资者都面临着提前偿付风险，而多级证券从某种程度上克服了这一不足。多级证券将每期收到的现金流按照证券等级进行重新分配。证券等级包括短期货币市场级别（money-market class）、年期级别（year class）、二年期级别（2-year class）和三年期级别（3-year class）。所有者信托按照不同的投资级别，将每期收到的现金流先支付利息给所有级别证券的持有人，之后按照期限由短到长地依次支付本金。当货币市场级别的本息全部偿还以后，开始偿还一年期级别的本金，以此类推，直到所有本金支付完毕。这样的结构设计类似于接序还本结构 CMO。

（二）无规则现金流结构

无规则现金流结构没有摊销时间表，这类证券的抵押池为循环贷款（revolving loan），比如信用卡应还款、贸易应收款。之所以称这类贷款为循环贷款是因为在循环期（revolving period）内，从这些贷款中收到的本金并没有分配给证券持有人，而是由信托人管理并再投资于与收到的本金额度相当的其他循环贷款，从而将抵押池的规模维持在比较稳定的水平。典型的无规则现金流结构的 ABS 是信用卡应还款支持证券（credit card receivable-backed security）。

顾名思义，信用卡应还款支持证券的抵押物就是信用卡应还款的现金流。信用卡持有人通常具有一定的信用额度（credit limit）。在这个额度内，他们能够随意透支现金以满足日常生活需要。持有人有权利一次性全部或者部分偿还透支款项，然后再进行透支消费，只要他们的总透支额度不超过他们的信用额度。由于信用卡持有人可以随意选择还款时间，信用额度也可以循环使用，因此信用卡应还款支持证券并不存在实际的到期时间，本金数量也是实时变动的。信用卡应还款的利息定期支付给证券持有人，而信用卡持有人支付的本金在循环期内由托管人（trustee）保管并再投资于其他的应收款中。循环期的时间由 18 个月到 10 年不等。循环期结束以后，这些本金将不再进行再投资，而是支付给证券持有人。

习　题

一、名词解释

资产证券化、抵押支持证券、资产支持证券、抵押过手证券。

二、简答题

1. 为什么市场利率降低时 MBS 投资者面临的风险会增加？

2. 如果一个资产池中有 100 份贷款，且每份都为 200 万元。以这个资产池发行 1000 份抵押过手证券，那么每份证券的本金是多少？

3. CMO 如何分配资产池中总的风险？

第九章　金融市场监管

引入案例

英国巴林银行倒闭

巴林银行创立于1762年，最初从事贸易活动，后涉足证券业。19世纪初，巴林银行成为英国政府证券的首席发行商。此后100多年，该银行在证券、基金、投资、商业银行业务等方面取得了长足的发展，成为伦敦金融中心位居前列的集团化证券商。连英国女皇的资产都委托它管理，因此，巴林银行素有“女皇的银行”的美誉。1993年，巴林银行有59亿英镑资产，负债56亿英镑，资本金加储备4.5亿英镑，海内外职员4000人，盈利1.05亿英镑；1994年，税前利润高达1.5亿英镑。当时，巴林银行管理着300亿英镑的基金资产，15亿英镑的非银行存款和10亿英镑的银行存款。

这样一个历史悠久、声名显赫的银行，竟因年轻职员尼克·里森进行期货投机失败而陷入绝境。

28岁的尼克·里森1992年被巴林银行总部任命为新加坡巴林期货有限公司的总经理兼首席交易员，负责该行在新加坡的期货交易并实际从事期货交易。1992年，巴林银行有一个账号为“99905”的错误账号专门处理交易过程中因疏忽造成的差错，如将买入误操作为卖出。新加坡巴林期货有限公司的差错记录均进入这一账号，并发往伦敦总部。1992年夏天，伦敦总部的清算负责人乔丹·鲍塞（Gordon Bowser）要求里森另外开设一个“错误账户”，以记录小额差错，并自行处理，以省却伦敦总部的麻烦。由于受新加坡华人文化的影响，此错误账户以代码“88888”为名设立。

数周之后，巴林总部换了一套新的电脑系统，重新决定新加坡巴林期货有限公司的所有差错记录仍经由“99905”账户向伦敦报告。“88888”差错账户因此搁置不用，但却成为一个真正的错误账户留存在电脑中。这个被人疏忽的账户后来就成为里森造假的工具。倘若当时能取消这一账户，巴林银行的历史就可能改写了。

1995年2月23日，日经股价指数急剧下跌276.6点，收报17885点。里森持有的多头合约已达6万余手。面对日本政府债券价格的一路上扬，持有的空头合约多达26000手。由此造成的损失则激增至令人咋舌的8.6亿英镑，并决定了巴林银行的最终垮台。当天，里森已意识到无法弥补亏损，于是被迫仓皇出逃。

（资料来源：汪威刚《巴林银行倒闭事件的行为金融学解析》，《经营与管理》，2018年第11期）

第一节 金融市场监管概述

一、监管与金融监管

监管的意思是监督管理,而金融监管是针对金融的监督和管理。金融监管是指政府通过特定的机构(如中央银行)对金融交易行为主体进行的某种限制或规定。金融监管本质上是一种具有特定内涵和特征的政府规制行为。综观世界各国,凡是实行市场经济体制的国家,无不客观地存在着政府对金融体系的管制。

从词义上讲,金融监督是指金融监管当局对金融机构实施的全面性、经常性的检查和督促,并以此促进金融机构依法稳健地经营和发展。金融管理是指金融监管当局依法对金融机构及其经营活动实施的领导、组织、协调和控制等一系列活动。

金融监管有狭义和广义之分。狭义的金融监管是指中央银行或其他金融监管当局依据国家法律规定对整个金融业(包括金融机构和金融业务)实施的监督管理。广义的金融监管除了上述含义,还包括金融机构的内部控制和稽核、同业自律性组织的监管、社会中介组织的监管等内容。

二、金融监管的对象与范围

1. 金融监管的主要对象

金融监管的传统对象是国内银行业和非银行金融机构。随着金融工具的不断创新,金融监管的对象逐步扩大到与银行类似的准金融机构,如集体投资机构、贷款协会、银行附属公司或银行持股公司所开展的准银行业务,甚至包括与金边债券市场业务有关的出票人、经纪人。

2. 金融监管范围

一般来讲,主要市场经济国家的金融监管当局的管辖范围主要是商业银行或“信贷机构”。这些机构的特点是能够吸收企业活期存款和社会公众存款(支票账户存款),能够发放流动资金贷款(零售贷款)。一些主要市场经济国家在经历了多次金融危机或金融体系的动荡之后,认识到金融监管范围之外存在大量不受监管的“自由港”或“灰色地带”,对金融体系的稳定构成了巨大的威胁。许多国家通过立法将形形色色的非银行金融机构纳入监管当局注册审批的范围,同时规定这些机构必须严格执行有关监管法规和政策,并接受监管当局的监督检查。

这使得许多国家除了将监管范围由商业银行扩大到所有“信贷机构”,还将过去不受官方监管的一些非银行金融机构纳入监管范围,如财务公司或专业金融公司、投资银行、抵押贷款机构、消费信贷机构、合作金融机构、不动产贷款机构、投资信托机构,同时也开始将商业银行的投资附属机构(包括非金融附属机构)纳入监管范围。对于保险公司和证券机构,由于它们不能吸收公众存款,也不发放贷款,所以一般没被列入金融监管当局的统一监管范围。这些机构,或是另有官方监管当局负责管理,或是由行业自律组织负责管理。

三、金融监管的目标

金融市场监管的目标是实现公平与效率统一。公平主要体现在规则的制订和实施上;效率主要体现在金融产品的价格能敏锐地反映信息变化,成为资源配置的信号。从宏观经济角度看,金融市场监管是为了保证金融市场机制的实现,以高效、发达的金融市场推动经济的稳定发展,进而保证整个国民经济秩序的正常运转。

金融市场监管的目标可以概括为以下四个:(1)使全社会金融资源的配置与政府的政策目标相一致,从而提高整个社会金融资源的配置效率;(2)消除因金融市场和金融产品本身的原因而给某些市场参与者带来的金融信息的收集和处理能力上的不对称性,以避免由这种信息的不对称性造成的交易的不公平性;(3)消除超出个别金融机构承受能力的涉及经济或者金融的系统性风险;(4)促进整个金融业的公平竞争。

第二节　金融市场监管的内容与手段

一、金融监管的方式

1. 法律手段

法律手段是指运用经济立法和司法来管理金融市场,即通过法律规范来约束金融市场行为,以法律形式维护金融市场良好的运行秩序。法律手段约束力强,是金融市场监管的基础手段。各国的法律(如银行法、票据法、证券交易法)对金融市场的各个方面均有详尽的规定。这些详尽的规定能使市场各方以法律为准绳,规范自身的行为。涉及金融市场监管的法律、法规范围很广,大致可分为两类:一类是金融市场监管的直接法规,如在证券市场方面,除证券法、证券交易法等基本的法律外,还包括上市审查、会计准则、证券投资信托、证券保管和代理买卖、证券清算与交割、证券贴现、证券交易所管理、证券税收、证券管理机构、证券自律组织、外国人投资证券等方面的专门法规;另一类是涉及金融市场管理,与金融市场密切相关的其他法律,如公司法、破产法、财政法、反托拉斯法。要使法律手段发挥监管作用,就必须树立金融法律的权威性和有效性,立法要超前,执法要严格。

2. 技术手段

监管当局实施金融监管多采用先进的技术手段,如运用电子计算机和先进的通信系统实现全系统联网。这样监管当局不仅可以加快收集、处理信息资料及客观评价监管对象的经营状况的速度,提高收集、处理信息资料及客观评价监管对象的经营状况的能力,而且可以扩大监管的覆盖面，提高监管频率，及时发现问题和隐患，快速反馈监控结果，降低金融业的不稳定性和风险性。运用电子计算机进行监管，实际上是将监管当局监管的内容量化成各项监测指标，通过对资料进行整理、分析和对比，最后以监控指标的形式反映金融业的业务经营状况来判断风险程度。

3. 行政手段

行政手段是指依靠国家行政机关系统，通过命令、指令、规定、条例等对证券市场进行直接的干预和管理。运用行政手段实施金融监管，具有见效快、针对性强的特点。特别是当金融机构或金融活动出现波动时，行政手段甚至是不可替代的，但行政手段只是辅助性手段。从监管的发展方向看，各国都在朝非行政化方向发展，逐步放弃用行政命令的方式来管理金融业，而更多地采用法律手段和经济手段，因为行政手段和市场规律在一定程度上是互相抵触的。行政手段虽收效迅速，但震动大、副作用多，缺乏持续性和稳定性，但完全放弃行政手段也是不现实的。即使是市场经济高度发达的国家，在特定时期也仍然需要它。

4. 经济手段

经济手段是指监管当局以监管金融活动和金融机构为主要目的，采用间接调控方式影响金融活动和参与主体的行为。金融监管的经济手段很多，如在对商业银行进行监管时采取的最后贷款人手段和存款保险制度等就是非常典型的经济手段。常见的经济调控手段有以下两种：

(1)金融货币手段。在金融市场低迷之际放松银根、降低贴现率和银行存款准备率，可增加市场货币供应量，从而促进市场回升；反之，则可抑制市场暴涨。运用“平准基金”开展金融市场上的公开市场业务可直接调节证券的供求与价格。

(2)税收手段。税率和税收结构的调整将直接造成交易成本的增减，从而产生抑制或刺激市场的效应。

二、金融监管的原则

为实现金融市场监管的目标，应当坚持以下几项原则：依法管理原则、“三公”原则、自愿原则、政府监督与自律相结合原则及系统风险控制原则。

1. 依法管理原则

即金融市场监管必须有充分的法律依据和法律保障，金融市场监管部门必须依据强有力的法制建设，合理地划分各方的权利与义务，严禁欺诈、蒙骗，禁止开展一切非法的金融市场交易活动，保护市场参与者的合法权益。

2. “三公”原则

①公开原则

公开原则又称信息公开原则，其核心是要求市场信息公开化，市场具有充分的透明度。信息公开原则要求信息披露及时、完整、真实、准确。根据公开原则，筹资者必须公开与证券及其价格有关的各种信息，包括首次发行时的“信息的初期披露”和证券发行后的“信息的持续披露”，供投资者参考。根据公开原则，监管者应当公开有关监管程序、监管身份以及对金融市场违法行为的处罚，并努力营建一个投资信息系统，为投资者创造一个信息畅通的投资环境。

②公平原则

公平原则要求参与市场的各方具有平等的法律地位，金融市场的参与者具有均等的交易机会，具有接触、获取信息的平等机会，遵循相同的交易规则，各自的合法权益都能得到公平的保障。监管机构有责任营造公平的市场氛围，禁止直接经手人员及有关人员利用职务之便从幕后交易中获利。

③公正原则

公正原则要求监管部门在公开、公平原则的基础上，对一切被监管对象给予公正待遇。根据公正原则，金融立法机构应当制定体现公平精神的法律、法规和政策，金融市场监管部门应当根据法律给予的权限履行监管职责，要在法律的基础上，对一切市场参与者给予公正的待遇；对金融市场违法行为的处罚，对纷争或争议事件的处理，都应当公正地进行。公开是实现公平、公正的前提，公平是实现公开、公正的基础，公正是实现公开、公平的保障。

3. 自愿原则

自愿原则即金融市场上的一切金融活动必须遵循市场规则以及按照交易各方的需求进行，不允许通过行政干预的手段人为地强行交易，保证交易各方根据自己的意愿和偏好自由成交。

4. 政府监督与自律相结合原则

政府监督与自律相结合原则指在加强政府主管机构对金融市场监管的同时，也要加强从业者的自我约束、自我教育和自我管理。政府对金融市场的监管是管好金融市场的保证，而金融从业者自我管理是管好金融市场的基础。政府监管与自律相结合原则是世界各国共同奉行的原则。

5. 系统风险控制原则

金融体系的内在脆弱性、金融机构的内在羸弱性、金融主体行为的有限理性和金融资产价格的波动性，造成了金融系统内在的不稳定性，并可能在一定的条件下导致金融、经济危机。因此，金融监管者必须采取适当的措施和方法，防范金融系统风险的产生，减少金融系统风险的积累，保证整个金融体系的稳定。

三、金融监管的工具

《巴塞尔Ⅲ协议》出炉之后，我国推出了四大监管工具：

①资本充足率监管

资本充足率(capital adequacy ratio),又叫资本风险(加权)资产率。资本充足率是一个银行的资本总额与其风险加权资产的比率。资本充足率是保证银行等金融机构正常运营和发展所必需的资本比率。各国金融管理当局一般会对商业银行的资本充足率进行管制,目的是监测银行抵御风险的能力。

②杠杆率监管

杠杆率一般是指资产负债表中的总资产和银行资本(所有者权益)的比率。杠杆率是一个衡量公司负债风险的指标,从侧面反映了公司的还款能力。

③贷款损失准备监管

贷款损失准备是当存在客观证据表明贷款发生减值,按贷款损失的程度计提的用于弥补专项损失、尚未个别识别的可能性损失,以及针对某一国家、地区、行业或某一类贷款风险所计提的准备。银行在期末分析各项贷款的可收回性,并预计可能产生的贷款损失。

④流动性风险监管

流动性风险监管是指银行应避免各种业务品种在某一特定的时期风险过分集中和业务中产生的资金流量缺口风险,同时必须考虑自身财务状况恶化时,被交易对手要求提前终止安排或提高信用安排时所需要的融资来源。

实际上近年来危机爆发时,不少银行的资本充足率明显高于巴塞尔协议规定的水平,所以监管指标要避免单一化。

第三节　金融市场监管的体制

一、国际金融市场监管制度

各个国家在金融市场监管过程中会遵循一定的监管原则,具体包括如下原则:

1. 依法监管的原则

这是各国都严格执行的原则。它包括两个方面:一是金融监管部门严格依法监管,保持监管的权威性、一贯性和强制性;二是金融机构必须受金融监管部门的监管,不能有任何特殊和例外。

2. 监管主体的独立性原则

这一原则要求金融监管机构有明确的责任和目标,享有操作上的自主权和充分的资源。同时,为了确保监管的有效性,还应有一些条件做保证,如稳健的宏观经济政策、完善的公共设施、有效的市场约束机制、高效地解决金融问题的程序和提供适当的系统保护机制。

3. 稳健运行与风险预防的原则

金融监管要以保证金融部门的稳健运行为原则。监管活动中的组织体系、程序、技术手段、指标体系设计等都要以保证金融体系的稳健运行为出发点。当出现异常情况,如金融机构无力继续经营时,监管机构要参与促成其被接管或合并。如果这些办法都行不通以致金融机构不得不关闭时,监管机构也要有足够的能力保证金融机构在关闭时不影响整个金融体系的稳定。

4. 内控和外控相结合的原则

由于监管模式和风格各有不同,各国金融监管部门在内控和外控上的侧重点有差异:有的国家以外部强制性监管为主,如美国和日本;有的国家在诱导与劝说的基础上,以约束和自我管理为主,遵循严格规范会计准则以及业务操作上的"双人原则",如英国和日本。事实上,要保证金融监管的有效性,就要将内控与外控结合起来。

5. 母国和东道国共同监管的原则

这个原则是金融全球化形势的必然要求,对金融市场的监管需要母国和东道国共同努力。母国和东道国制定双边协议时,要做到信息共享,监管行为协调,共同对跨国金融业实行有效的监管。

二、国内金融市场监管制度

1. 我国的金融监管系统

我国的金融监管系统包括金融监管组织监管系统、金融机构自律监管系统、行业自律监管系统、市场监督系统、行政监管系统,形成了对金融机构的自我约束与外部约束,行政手段监管与法律手段监管相结合的基本框架。

(1)金融监管组织监管系统。目前,我国已形成了由中国人民银行、中国证券监督管理委员会、中国保险监督管理委员会分别对不同领域的金融活动进行监管的金融监管组织系统,并以立法的形式赋予这些机构法定的监管权限。监管机构对金融机构依法进行监管,通常把这些机构依法进行的监管称为采用法律手段进行监管。这些机构的职责就是对金融机构及其活动进行监管,其管理具有法制性、规范性、连续性、强制性等特点。因此,金融监管组织监管系统是监管系统中最主要、最重要的监管系统。该系统监管的特点是依法监管。法制建设是保障金融监管工作的基础,它可以解决金融监管中用行政手段无法解决的难题,并发挥引导和促进作用。因此,加强金融监管的法制建设是我国的迫切任务。

(2)金融机构自律监管系统。在完善的金融监管系统中,各金融机构既是被监管的对象,也是基础性监管的自律主体。目前,各银行机构内部都设立了稽核、监察等部门以加强内部控制,并按照央行的监管要求,以国家的经济、金融法规及内部控制制度为基础,发挥其自我约束、自我监察、防微杜渐的基础性作用,增强自律能力。

(3)行业自律监管系统。为了避免金融机构之间不正当竞争,规范和矫正金融行为,以促进其协作运行和共同繁荣,必须加强金融行业自律监管。2000年成立的中国银行业协会是银行业利益的代言人、行业纠纷的调解人,也是一种民间金融监管组织,它从平等协商、互助互惠的原则出发,制定同业公约,加强行业管理,协调各方面关系,从而有效地沟通金融监管机构与金融机构之间的信息,有利于金融监管当局实施宏观金融管理。

(4)市场监督系统。市场的监督主要包括客户和社会舆论的监督。要发挥市场的监督作用,就要增加银行业的透明度,包括业务制度方面的规范、经营过程及财务信息的透明度,这样才能通过客户的选择与社会舆论监督系统来协助监管机构对银行业进行监管。一方面,各银行通过建立社会举报制度和问题查处程序形成强大的社会监督威力,促使各金融机构依法经营和规范行事;另一方面,利用社会机构协助进行监督管理,如会计师事务所、律师事务所。

(5)行政监管系统。它包括工商行政管理、财政税务审计等政府部门的各种专项审计和专项检查,以及政府对特种金融工具(如债券、股票)的直接或间接监管。

2. 我国的银行业监管体系

(1)银行业体系和监管组织体系

1978年以来,在我国改革开放及发展市场经济的进程中,我国银行产业结构也发生了巨大的变化,传统的单一银行体制为中央银行体制(二级银行体制)所取代。目前,我国已经形成了以中国人民银行为中央银行,中国工商银行、中国农业银行、中国银行、中国建设银行、交通银行5家国有商业银行为主体,由若干政策性银行(如1994年相继成立的国家开发银行、中国进出口银行、中国农业发展银行)、一定规模的股份银行(如光大银行、招商银行)、一大批城市商业银行及农村信用合作社构成的银行产业。

随着我国金融体系的不断变化和完善,我国的金融监管体系也在不断变化和完善。过去,我国的金融监管权集中于中国人民银行一家。在我国银行体系中,国有银行占据重要的地位,政府较多运用行政手段对其进行管理,对银行业监管工作不够重视。中国人民银行从1993年整顿金融秩序开始,在建立现代金融监管制度方面不断进行探索,但真正意义上的监管是在1995年3月18日颁布《中国人民银行法》之后开始的。1998年10月,为了完善金融调控体系,切实加强监督管理,防范和化解金融风险,促进金融业稳步、健康发展,中国人民银行进行了管理体制的重大改革,撤销了原来按行政区划设立的人民银行省级分行,根据地域关联性、经济总量和金融监管的要求,在9个中心城市设立了大区分行(即跨省、市、自治区分行),分别是天津分行、沈阳分行、上海分行、南京分行、济南分行、武汉分行、广州分行、成都分行和西安分行。9个分行作为中国人民银行的派出机构,划定所辖监管区域。各大区分行重点对辖区内的银行业实施监管,从而形成了中国人民银行全面管理,其分行根据授权对辖区内的银行实施管理,承办职责范围内业务的二级银行监管体系。

(2)银行监管法制体系。目前,大体适应我国社会主义市场经济条件和我国经济体制改革需要的较完备的金融法律体系框架是以《中华人民共和国中国人民银行法》《中华人民共和国商业银行法》为基本法律,以机构管理、行业管理、基本业务管理等行政法规为主体,以单项业务规章为基础,并通过各业务操作规程落实到金融工作的各个岗位,逐步形成的层次分明、相互衔接的具有中国特色的社会主义金融法制体系。

3. 我国的证券业监管体系

我国目前的证券业监管体系属于集中型监管体制模式,具有集中型监管体制的基本特点,同时还有与我国证券市场相关的一些特点。

(1)基本上建立了以证券市场监管方面的法律、法规和规章等规范性文件为架构的框架体系。我国证券市场起步较晚,历史较短,与证券市场发达的国家相比,立法较为滞后,法律体系和市场监管水平还不高。经过努力和探索,我国证券立法取得了一定的成果。证券立法主要由法律、国务院颁布的行政法规和证券主管部门发布的部门规章三个层次组成。第一层次的法律主要有《证券法》《证券投资基金法》等,《中华人民共和国中国人民银行法》和《中华人民共和国商业银行法》等也有部分涉及证券市场监管方面的内容;第二层次的行政法规有《股票发行与交易管理暂行条例》《国务院关于股份公司境外募集股份及上市的特别规定》等;第三层次为证券监管机构颁布的《禁止证券欺诈行为暂行办法》《证券公司管理办法》《上市公司收购管理办法》等部门规章。

(2)设立全国性的证券监管机构,负责监管全国证券市场。目前,证券监管机构是以1992年10月成立的中国证券监督管理委员会为主体,由中国人民银行、财政部、国家发展改革委员会和有关部委以及我国证监会的地方派出机构共同组成我国证券市场监管的基本架构。中国证券监督管理委员会是我国对全国证券市场进行集中监管的主管机构。其主要职责是:负责组织拟定有关证券市场监管的法律、法规草案;研究制定有关证券市场的方针、政策和规章制度;制订证券市场发展规划并提出计划建议;指导、协调、监督、检查各地区各有关部门与证券市场有关的工作;拟定有关证券市场监管的规则,对证券经营机构实施监管,依法对证券发行和交易以及上市公司进行监管;会同有关部门进行证券统计,研究分析证券市场发展形势,并及时向国务院报告工作、提出建议。

(3)证券交易所。从1997年开始,上海、深圳证券交易所由原来地方和证监会共管划归中国证券监督管理委员会直接领导,强化了证券市场监管的集中性和国家证券主管机构的监管权力。根据1997年12月10日国务院证券委员会发布的、2001年经中国证券监督管理委员会修订的《证券交易所管理办法》,证券交易所的监管职能包括对证券交易活动、交易所会员会籍的变动以及上市公司信息披露等方面进行管理。

(4)证券自律组织。证券自律组织采取两种形式:

①社会性的监督组织。它包括注册会计师及会计师事务所、律师及律师事务所、资产评估师及资产评估事务所等证券业中介服务机构。

②行业自律。行业自律分场内和场外两种。一是证券交易所的场内自律。证券交易所对其会员在交易所的交易进行监管,主要是审核和批准会员资格,制订业务规则,收取保证金,审核证券上市申请。证券交易所也对上市公司进行监管,主要是对上市公司的信息披露是否及时、准确、真实等方面实行监管。二是证券交易所的场外自律。1991 年 9 月成立的中国证券业协会,是全国性的证券业自律管理行业组织。它一方面是政府监管部门与证券发行人、投资者、交易者之间的桥梁;另一方面通过制定和实行行业性的自律制度监管证券场外交易,保证场外交易的公平与规范。

4. 我国的保险业监管

保险监管在我国是一项刚刚起步的工作。在 1983 年以前,我国只有保险经营,而没有实质上的保险监管。1983 年 9 月,国务院发布了《中华人民共和国财产保险合同条例》,规定了保险合同的订立、变更和转让,投保人的义务,保险人的责任等内容,遵循各国保险合同立法的普遍原则。但由于当时我国只有一家保险公司——中国人民保险公司。中国人民保险公司独家垄断经营保险业务,充当着国家保险公司的角色。因此,事实上当时并无专业的保险监管机构与保险监管活动。

在总结国内保险业恢复和发展经验的基础上,1985 年 3 月,国务院颁布了《保险企业管理暂行条例》,对保险企业的设立原则、经营活动、法定再保险等做了较多的规定,但很多方面仍存在局限性,如确立了中国人民保险公司在保险业中的垄断地位,在许多业务方面限制了竞争。

这一文件在《中华人民共和国保险法》颁布前一直是中国人民银行实施保险机构监管和保险业务监管的重要依据。在 20 世纪 90 年代以前,我国虽然也制定并施行了有关法规,作为全国保险管理机关的中国人民银行也采取了一些监管行动,但主要局限于禁止非保险机构经营保险业务方面,其出发点是保护中国人民保险公司的独家垄断地位。因此,这种监管与现阶段保险商品化、市场竞争化条件下的监管不可相提并论。

1995 年 6 月,第八届全国人大常委会第十四次会议审议通过了《中华人民共和国保险法》,标志着我国保险业步入了新的发展阶段,同时也为建立我国的保险监管体制奠定了基本的法律基础。为配合《中华人民共和国保险法》的实施,1996 年 7 月,中国人民银行下发了《保险管理暂行规定》细化《中华人民共和国保险法》关于保险公司及其经营行为的规定,加强了它的操作性。此后,中国人民银行又根据《中华人民共和国保险法》的规定,相继制定了《保险代理人管理办法(试行)》和《保险经纪人管理办法》等配套规章制度。这一系列文件的制定和实施,理顺了我国保险监管法规体系,为保险市场的发展提供了法律保证。

在加强保险立法的同时,我国还不断加强保险监管的机构建设。为适应银行业、保险业、证券业分业经营和分业管理的要求,将保险监管职能从中国人民银行分离出来,1998年11月18日,中国保险监督管理委员会(下称"中国保监会")正式成立,标志着我国保险监管体制开始按照专业化的标准构建。这是我国保险监管发展进程中的又一重大事件。

根据国家的规定,中国保监会是国务院直属事业单位,是全国商业保险的主管机关,根据国务院授权履行行政管理职能,依照法律、法规统一监督管理保险市场。其主要任务是拟定有关商业保险的政策法规和行业规划;依法对保险企业的经营活动进行监督管理和业务指导,依法查处保险企业的违法违规行为,保护被保险人利益;维护保险市场秩序,培育和发展保险市场,完善保险市场体系,推进保险业改革,促进保险企业公平竞争;建立保险业风险评价与预警系统,防范和化解保险业风险,促进保险企业稳健经营与业务的健康发展。中国保监会成立后,开始依法对保险市场进行全方位的监管,使我国保险监管工作进入了新的历史时期。

第四节　金融市场监管的协调与合作

一、协调与合作的必要性及局限性

1. 金融全球化发展是必然趋势

一国范围内的金融监管协调合作是指一个国家(地区)的各个金融监管主体为了实现金融监管的整体有效性、降低监管成本、提高监管效率,通过各种机制努力实现监管工作的和谐一致。按照纳入协调范围的监管主体的多少,监管协调合作有狭义和广义之分。狭义的监管协调合作的监管主体包括一国(地区)的中央银行、专门的金融监管机构(如证监会、保监会、银监会)和政府有关部门(如财政部);广义的监管协调合作的监管主体除了以上各机构部门,还包括金融行业公会、各种专门的服务性机构(如会计师事务所、资信评估机构)。由于狭义的金融监管协调合作的主体承担了绝大多数的监管工作,因此一般所说的金融监管协调合作主要是指狭义的金融监管协调合作。

随着金融自由化和全球一体化的发展,金融监管协调合作已经成为一种全球化的趋势。自20世纪60年代以来,世界各国金融创新层出不穷,金融自由化、全球化趋势越来越明显,其直接后果是大型、综合型、创新型金融企业大量涌现。这些金融企业在全球配置资源,交叉开展各项业务,汇集传统银行、证券、保险业务特征的新型金融产品不断涌现,对传统金融监管的有效性提出了挑战。同时,全球一体化的发展使全球金融监管合作成为必然的选择,各国金融监管的模式、标准都有趋同化倾向。在全球主要经济体坚持混业经营、混业监管的趋势下,实行分业监管的经济体的金融监管机构之间不得不加强金融监管协调,以实现总体的监管目标,开展国际合作。

2. 协调与合作的局限性

(1)监管指标单一,过分看重资本充足率

实际上近年来危机爆发的时候,不少银行的资本充足率都明显高于巴塞尔协议规定的水平,所以要避免监管指标的单一化。1988 年的巴塞尔协议非常简单,巴塞尔协议的核心内容之一,就是关于资本充足率的约束规定。比如,对比不同银行的资产负债表可以发现,银行为了保证资本充足率,有的用了分子策略,有的会用分母策略。这个小小的公式发挥了重要的作用,现在也是金融监管的基础之一。

(2)监管不协调

各国历史、经济、文化背景和发展水平存在差异,使得各国在具体监管目标上的侧重点有所不同。这种具体目标的差异会导致各国监管措施不完全一致。

(3)救助机制不健全

在通常的金融监管体系中,金融机构往往很多年没有出过危机和大的问题,所以当一个规模稍微大一点的金融机构真的出了大问题的时候,整个市场就会出现巨大的震荡。比如说雷曼,对于雷曼的倒闭,市场很惊讶。这种惊讶实际上就是因为市场没有预料到这种风险,同时也没有事先做出救助机制安排,这种风险往往对市场的冲击非常大。

二、协调与合作的效应及发展

1. 建立全面覆盖的金融监管协调合作机制

现行的分业监管体制使银行、证券、保险三大金融行业监管各自为战,相互隔离,造成重复监管、监管缺位的问题。近几年来,中国非正规金融机构发展迅猛,特别是国家鼓励民间金融业发展的政策,使一批典当行、担保公司、小额贷款公司、第三方支付平台等不持有金融牌照但实际开展金融业务的融资机构大量发展。这些融资机构与未经有关部门批准的非法金融机构、活跃的民间借贷,共同形成了独具中国特色的影子银行体系。这些非正规金融机构在活跃金融市场、满足多元化金融需求方面发挥了重要的作用。但是,这些金融机构普遍存在内控机制不健全、风险管理薄弱、监管主体不明确的问题,抵抗风险能力差,极易造成金融市场动荡。特别是一大批披着合法外衣的非法金融机构,乱办金融业务,开展非法集资,给金融安全和社会稳定带来了风险。如果说“一行三会”的监管协调还有一定的制度安排,那么这四个金融监管部门与多头审批和管理的影子银行体系的监管者之间的协调就是空白了。分管这些机构和市场行为的部门与“一行三会”之间实际也存在监管的协调问题。

现行分业经营、分业监管体制的主要架构是中国人民银行主要负责金融宏观调控,提供金融基础设施，监管金融市场，中国银监会、中国证监会、中国保监会分别负责银行业（包括资产管理公司、信托租赁公司、合作金融等）、证券期货业、保险业（包括保险中介服务等）的监管。“一行三会”形式的金融监管合作主要体现为对金融控股公司、交叉性金融业务、创新性金融产品的监管，但对地方政府负责审批的典当行、小额贷款公司、融资性担保公司、公益性基金等中国特色的影子银行体系却缺乏监管。这些单位都具有融资功能，按照法律法规的规定，大都有从正规金融机构融资的权利，并享有法定利率数倍的利息收入，实际上是沟通正规金融与民间金融的合法渠道。强大的资金需求和这些准金融机构有限的融资能力之间的矛盾必然会使其高负债经营，很容易形成风险源。在金融监管协调合作机制的建立上，应明确有权审批的地方政府部门（包括政府金融办、商务部门、中小企业管理部门、工商管理部门）必须参加金融监管协调合作联席会议，并在监管标准和信息共享方面接受联席会议的指导，以实现对影子银行体系监管的全面覆盖，确保准金融机构在健康轨道上运行。

2. 构建保证协调合作有效运行的激励约束机制

在设计一个有效的运行机制时，应明确参与各方受到必要的约束及具有积极性，一个既没压力也没动力的机制设计肯定是失败的。“一行三会”模式的监管协调合作只是规定各方参加必要的会议，通报有关信息，提出监管合作的需求，但不具有约束作用。《中华人民共和国中国人民银行法》中规定的中国人民银行根据执行货币政策和维护金融稳定的需要，可以建议银行业监管机构对银行业金融机构进行检查监督。但这种建议权 8 年来从没有实施过，也没有出台过具体的操作办法。从立法精神和实践看，这种规定更像是为了限制和约束中央银行对银行业金融机构进行检查监督，以避免对金融机构监管过度，协作难以得到落实实属正常。因各监管主体具有平等性，当监管主体之间出现冲突时（这种情况的出现是必然的），有的部门便会采取一些有利于自身利益的行动。要保证协调合作的有效性和持续性，就必须建立与之匹配的激励机制和约束机制，使参与各方对协调合作有积极性和压力。在激励约束机制建设方面，可以进一步完善金融监管联席会议，使它具有充分的信息共享职能。各金融监管部门可以在联席会议上提出自己的信息需求，有关方面必须予以最大限度的满足。联席会议也有监管合作职能，监管各方可以就自己的监管目标向其他各方提出监管合作要求。在法律允许的情况下，有关方面应给予充分的协助。这些事项和要求可以用联席会议纪要的形式进行确定，纪要事项对参加会议的各方具有约束性。对于不按纪要要求给予充分合作的监管方，作为牵头人的中国人民银行可以向国务院报告情况，国务院可以通过会议纪要进行核实和问责。

习　　题

一、单项选择题

1. 中国证券业协会正式成立于(　　)。

A. 1991 年 8 月 1 日　　B. 1991 年 8 月 28 日

C. 1992 年 8 月 1 日　　D. 1992 年 8 月 28 日

2. 信息持续披露制度是(　　)。

A. 公开原则　　B. 公平原则　　C. 公正原则　　D. 及时性原则

3. 核准制的实质是遵循(　　)。

A. 公开原则　　B. 实质管理原则　　C. 公正原则　　D. 公平原则

二、简述题

1. 请简述金融监管的含义及其目标。

2. 请简述金融监管的手段。

3. 请简述金融监管的原则。